Graphic text book

グラフィック
性格心理学

戸田まり／サトウタツヤ／伊藤美奈子＝共著

サイエンス社

はしがき

　性格という語は日常的に使われている。心理学や関連領域での学問的知識がなくとも，性格の話題には事欠かない。また自他の性格を読みとることは，プライベートな人間関係から人事査定にいたるまで，あらゆる場面で重い役割を担っている。ところが，そうした大きな役割にもかかわらず，往々にして私たちはさしたる根拠も考えず，経験や直感，時には思いつきで他者の性格を推測し，自らの性格を判断している。中にはまったく見当違いな自己流理論を持ち，やみくもに落ち込んだり，他者について勝手にこうだと決めつけて不利な立場に追い込むことすらある。

　本書は，心理学を学ぼうとする人々に，現在「性格」についてどのようなことがわかっており，何はわかっていないのかをわかりやすく解説しようという意図のもとに作られたテキストである。「性格」はどちらからどう見るとどのように見えるのか，「性格」というものの実態をどう考えるかを，図版を多用してビジュアルに示している。ふだん私たちが「性格」を口にするとき，性格とは，あたかも相手に備わった不変の特徴であるかのように考えることが多い。「明るい」人は，いつもどこでも誰を相手にしても「明るい」ということが，暗黙のうちに前提となっている。しかし本書を手に取り，はたしてそうだろうかと問う機会にしていただきたい。

　人は自分とのかかわりの中で，相手がどのような態度，行動をとるかをモニターしながら自らの態度や行動を決めていく。その相手でなければ，その言葉でなければ，その場所でなければ，まったく別の「性格的側面」が出ることもある。ところが往々にして，私たちは自分が見たもの，意識したもの，経験した部分だけを「性格」と決めてしまいやすい。たとえば自分の親のことを考えてみるとよい。息子や娘として親を見るとき，私たちは「親としての側面」以外を見ていない。親が職業人としてどのような態度をとっているのか，家族以外の友人に対してどのような受け答えをするのか，私たちは知る由もない。そして自分が見た範囲での親の「性格」が，唯一のものだと考える。同様に親として自分の子どもを見るとき，子

どもの「親に対する」側面しか見ることはできない。子どもがどのような友人関係を持ち、教師とどうつきあっているかを実際に知ることなく、主として親に対する態度や行動だけで「この子はこういう性格」と見なすのである。

　このように私たちは自分が経験する範囲でしか、他者の性格をとらえていない。自分の性格を判断するときでさえ、そこには常に多くのゆがみが生ずる。この事実をふまえながら、人間の性格について考えていこうとするのが本書である。

　1章から4章では、臨床心理学的見地から「性格」というものをどうとらえるかを見ていく。5章から7章では、人間の発達を縦軸として、その折々に「性格」がどのような形であらわれるかを、8章から10章では、心理学の歴史的経緯の中で「性格」がどう扱われてきたかと共に、社会の中のひとりの人間を「性格」という側面から見るときのさまざまな現象について説明している。いわば、性格心理学を、臨床、発達、社会そして歴史の観点から縦横に論じたという点で、本書は類書とはひと味異なるものとなったのではないかと自負している。性格は見る場面により、立場により、歴史や社会によりさまざまに異なる。そのことを理解した上で、性格心理学へもう一歩、深く踏み出していただきたい。

　最後に、本書を作り上げるにあたっては、サイエンス社編集部の清水匡太氏に並々ならぬご尽力をいただいた。まったく予定どおりに進まない執筆を辛抱強く励ましてくださったご厚意にはお礼の言葉もない。ただただ厚く感謝申し上げる次第である。

　　2005年6月

　　　　　　　　　　　　　　　　　著者を代表して　戸田　まり

目　次

はしがき …………………………………………………………………… i

1章　臨床心理学から見た性格　　1

1.1　類型論・特性論 ……………………………………………… 2
1.2　ユングのタイプ論 …………………………………………… 4
1.3　性格特性論：エゴグラム …………………………………… 6
1.4　精神分析から見たパーソナリティ ………………………… 10
1.5　転移と逆転移 ………………………………………………… 12
1.6　影 ……………………………………………………………… 14
1.7　無意識を探る方法 …………………………………………… 18
参考図書 …………………………………………………………… 22

2章　今，学校現場で起こっている課題　　27

2.1　学校現場での心理臨床活動 ………………………………… 28
2.2　スクールカウンセラー ……………………………………… 32
2.3　不登校 ………………………………………………………… 34
2.4　いじめ ………………………………………………………… 38
2.5　教師のメンタルヘルス ……………………………………… 40
参考図書 …………………………………………………………… 46

3章　精神病理に現代を見る　　47

3.1　病理現象のボーダレス ……………………………………… 48
3.2　PTSD（心的外傷後ストレス障害） ……………………… 50
3.3　対人恐怖 ……………………………………………………… 54
3.4　摂食障害 ……………………………………………………… 56
3.5　現代社会の病理を背負った現象 …………………………… 60
参考図書 …………………………………………………………… 64

4章　文化と性格　67
- 4.1　比較文化的性格論 …………………………………68
- 4.2　パーソナリティ形成要因としての風土 …………74
- 4.3　県 民 性 …………………………………………………78
- 参 考 図 書 …………………………………………………82

5章　子どもの「性格」とは　85
- 5.1　生まれた時点での個性 …………………………………86
- 5.2　アタッチメント …………………………………………94
- 5.3　社会の広がり …………………………………………102
- 参 考 図 書 …………………………………………………114

6章　人の輪の中で　117
- 6.1　学校への移行 …………………………………………118
- 6.2　自分をどう見るか，他人をどう見るか ……………124
- 6.3　第2の誕生 ……………………………………………132
- 6.4　他者とどう付き合うか ………………………………140
- 6.5　生きる方向をどう決めるか …………………………150
- 参 考 図 書 …………………………………………………160

7章　生涯発達の時代　163
- 7.1　何を「性格」と呼ぶか ………………………………164
- 7.2　イニシエーション ……………………………………176
- 7.3　ストレスをどう処理するか …………………………184
- 7.4　アイデンティティが問われるとき …………………192
- 7.5　生涯発達の枠組みから見る性格 ……………………200
- 参 考 図 書 …………………………………………………209

8章　性格心理学の源流と成立　213

8.1　性格心理学の成立 …………………………………214
8.2　知能と性格（永遠の交絡関係）………………………230
参 考 図 書 ……………………………………………240

9章　性格心理学の展開　243

9.1　性格検査の自立からオルポートの性格心理学まで ……244
9.2　現代の性格心理学：興隆の基礎 ………………………256
参 考 図 書 ……………………………………………270

10章　性格心理学の新潮流：性格の可変性
　　　　──人か状況か論争からの展開　271

10.1　人か状況か論争 ……………………………………272
10.2　論争以後の性格心理学 ………………………………282
10.3　個人の多様性の記述と理解へ向けて ………………294
参 考 図 書 ……………………………………………300

引 用 文 献 …………………………………………………301
人 名 索 引 …………………………………………………313
事 項 索 引 …………………………………………………314
執筆者紹介 …………………………………………………317

本文イラスト：花園あやめ

臨床心理学から見た性格

　本章では，臨床心理学的な立場から性格のとらえ方や無意識の不思議について取り上げる。性格をとらえるというのは難しい。なぜなら性格は一面的ではなく，なおかつ変わり得るものであるからである。さらに，人間の無意識まで含めると，その世界は無限に広がりを持つものとなり，ますますとらえがたい。

　無意識は意識されないものである限り，それを言語化することは容易でない。その形のないものに形を与えるのが夢であり，イメージである。本章では，臨床心理学にもとづく考え方や理論を紹介しながら，人間の心が持つ矛盾や不可思議さをとらえる際の視点を提供したい。

1.1 類型論・特性論

性格を心理学的にとらえようとする場合，**類型（タイプ）論**と**特性論**という2つの見方がある。前者は，一定の原理にもとづいて組織的に類型を決定し，それによって性格を整理し分類する方法である。たとえば，ユングの「内向型・外向型」，クレッチマーの「細身型・肥満型・闘士型」やシュプランガーの価値類型論（**表 1.1**）などにみるように，個々の人間をいくつかの類型に分類しようというものである。これに対し，後者は，人格を構成する比較的多数の基本的単位（変数）に分析し，それぞれの程度を量的に測定し，諸変数の組合せによって個人の性格を記述しようとする考え方である。つまり，人間に備わっているいくつかの特性について，個々人がそれぞれの特性をどのような割合で持っているかというとらえ方をする。この見方に立つと，Y-G性格検査やエゴグラム（1.3参照）のように，ある人の性格をいくつかの因子得点からなるプロフィールで表すことができる。

1.1.1　類型論・特性論の長所・短所

類型論で人の性格をとらえた場合，1人の人間を全体的・総合的にとらえることは可能となるが，その反面で，多様性に富む人間の個人差や中間型を無視し画一化してしまう危険性が指摘されている。一方，特性論の場合，人間の性格を分析的・質的に把握できるというメリットはあるが，人としての全体像が見えにくく，断片的なとらえ方になるというデメリットも挙げられる。このように，これら2つの見方は，相対立する特徴を持っているように思われる。しかし，Y-G性格検査などに見るように「情緒安定因子＝低・社会適応性因子＝低・活動性因子＝低・内省性因子＝高」というような特性が集まると，これはE型と分類することも可能である（**図 1.1**）。あるいは逆に，E型に分類された人の特徴を，いくつかの特性の組合せとして論じることもできる。つまり，ある人の性格特徴を表現する場合，特性論と類型論のどちらか一方だけでとらえるのでなく，この双方を補完的に組み合わせながら総合的に判断することが必要になる。

表1.1　シュプランガーの生活形式による6類型

理論型……事物を客観的に見て，論理的な知識体系の創造に価値をおく。
経済型……事物の経済性・功利性をもっとも重視する。
審美型……繊細で過敏であり，美しいものに最高の価値をおく。
宗教型……神への奉仕，宗教体験を重視する。
権力型……権力を求め，他人を支配しようとする。
社会型……人間を愛し，進歩させることに価値をおく。

シュプランガーの類型論……6つの基本的生活領域を考え，その中でどこにもっとも価値をおき，興味を持っているか，により分類。

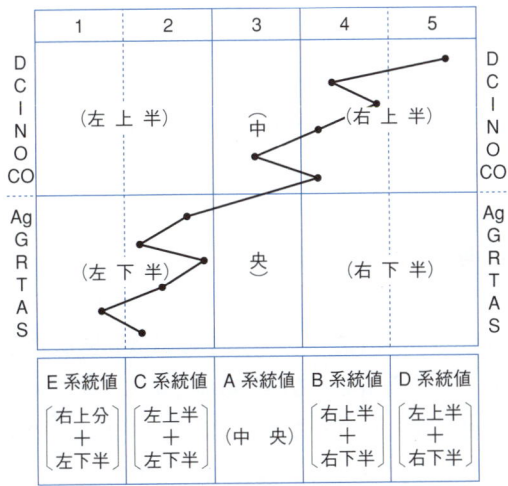

図1.1　Y-G性格検査の分類

12の尺度得点をプロフィールで表した後，5つの各領域（中央・左上半・左下半・右上半・右下半）に位置するプロットの数によって系統値を算出する。それぞれの特徴は以下のようになる。

　A型（中央に集まる）：すべての性格特性が平均的で，積極的な特徴がない。
　B型（右寄り型）：情緒不安定で活動的，社会的接触に積極的な特徴を示す。
　C型（左寄り型）：情緒は安定しているが，非活動的で，社会的接触に消極的。
　D型（右下がり型）：情緒安定，活動的で社会的接触に積極的な型。
　E型（左下がり型）：情緒不安定で非活動的，社会的接触に消極的。

1.2 ユングのタイプ論

初期の精神分析を学びながらも，後年フロイト（p.225 参照）と決別し，独自の分析心理学を確立したのがユング（Jung, C. G.）である。ユングは，心のエネルギーの向かう方向によって，内向型—外向型という人間の根本的態度ともいえる 2 タイプを見出した。

1.2.1　外向型・内向型

外向型の特徴としては，客体の持つ意義を高く評価して，自分の態度を常に客体との関係で，または客体を基準として決定しようとする点にある。その結果，その態度は，外的・客観的事象に心的エネルギーを向けていくことになる。一方**内向型**においては，外的な状況そのものでなく，状況が自らの主体によって知覚された認識・見解こそが行動の基準となる。そのため，主体自身の内にある内的・主観的な世界が大切にされる（それぞれの具体的な特徴については，**表 1.2** を参照のこと）。

1.2.2　4 つの心理機能

ユングは，この根本態度に加えて，人間には 2 つの軸からなる 4 つの心理機能があると考えた（図 1.2）。まず第 1 の軸は判断機能と呼ばれるもので「思考—感情」という相反する心的機能である。第 2 軸は知覚機能で，これは合理機能を補助するものと考えられ「感覚—直観」の軸で，ともに無意識に機能する。ユングのタイプ論では，根本的態度（内向—外向），判断機能（思考—感情），知覚機能（感覚—直観）の組合せによって 8 つのタイプが分類される。

これら 4 機能がすべて均等に発達することはまれである。思考機能と感情機能，感覚機能と直観機能のうち，どちらか一方のみが分化し，もう一方は未分化なままとどまることも少なくない。

このように，4 機能のうちもっとも発達し役に立つものを優越機能，その対にあたる劣等機能は未分化なまま無意識のうちに機能する。ただしこれらは相補的な関係にあり，一方の機能があまりに重視されると，もう一

表1.2　ユングの外向型・内向型

外　向　型	内　向　型
【感情的側面】 ● 情緒の表出が自由で活発。 ● 気分の流動が早い。 ● あっさりしてあきらめも早い。 ● 陽気で心配することが少ない。 【意志的側面】 ● 精力的で独立心・指導力が強い。 ● 決断が早く実行力も旺盛。 ● 慎重に考慮せずに着手し失敗する。 ● 飽きやすく気持ちが変わりやすい。 ● 新しい状況に対する適応は早い。 【思想的側面】 ● 常識的で奇をてらうことがない。 ● 概して折衷的である。 ● 他人の考えを良いと思えば抵抗なく受け入れる。 【社会的側面】 ● 広い範囲の人と交際する。 ● 流暢な話し方と巧みな機知。 ● 他人におだてられたりだまされる。	● 感情の表出は控えめ。 ● 気分の変化は少ない。 ● 気難しい。 ● 内気で心配しがちである。 ● 自分が先に立つより，人に従う。 ● 思慮深いが実行力は乏しい。 ● 人との関わりがない仕事を好む。 ● 新しい事態への適応には時間がかかるが，良心的。 ● ものごとに対して懐疑・批判的。 ● 理論的分析に長じている。 ● 自説に固執し，こだわり強い。 ● 交友範囲は狭くおとなしい。 ● 多くの人とつきあうのが苦手。 ● 自分に対する意見には敏感。

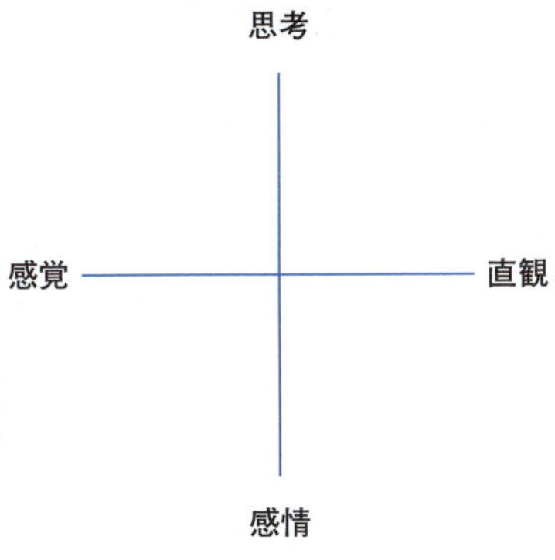

```
          思考
           │
           │
感覚 ──────┼────── 直観
           │
           │
          感情
```

図1.2　4つの心理機能（河合, 1967）
感覚と直観は，まず何かを自分の中に取り入れる機能であるのに対し，思考と感情は，それらを基にして何らかの判断をくだす機能であるとも考えられる。これらのことより，思考と感情を合理機能，感覚と直観を非合理機能とも呼んでいる。

1 臨床心理学から見た性格

方の劣等機能が賦活され，補償的に作用することになる。このように，意識と無意識のダイナミックな補償関係に注目した点もユング理論の特徴である。そしてこのタイプ論は，人間をいくつかの範疇（はんちゅう）に分類するためのものではなく，意識と無意識，内向と外向などの対立のダイナミズムを理解し，自分自身を意識化することを通して自己実現をはかるという視点を提供した点に意義がある点を強調しておきたい。

1.3　性格特性論：エゴグラム

　タイプ論では，人間を外向タイプと内向タイプの2つに分けるというとらえ方がなされている。これに対し特性論は，人間の性格にいくつかの特性を想定し，それぞれの特性をどの程度備えているかという組合せでとらえようというものである。その一つとしてバーン（Berne, E.）の理論を取り上げる。

1.3.1　自我状態の構造

　アメリカの精神科医バーンは，自我状態の構造を分析し「人は誰でも自分の中に3つの部分を持っている」と論じた（図1.3）。まず一つは「P：親」の自我状態である。これは，幼いときに父母やそれに準ずるような人たちが感じたり，考えたり，行動したりしたことがメッセージとなってその人の中に取り入れられたものとされる。そしてこの「親」はさらに「CP：批判的（支配的）親」と「NP：養育的親」とに二分される。前者は厳しいしつけや価値が内面化されたもので，後者は人の世話をしたり面倒を見たりという特性を意味する。2つめは「A：成人」の自我状態で，これは情報を収集し分析・判断を下す部分で，現実吟味の役割を果たす。そして3つめは「C：子ども」の自我状態で，人間が生まれたままの姿で，本能的欲求や感情などの生命の原点を意味する。そしてこの「子ども」は，「FC：自由な子ども」と「AC：順応した子ども」に二分される。前者は快感を求めて天真爛漫（らんまん）に振る舞う部分であり，無邪気さやわがままにつながる。後者は親の期待に添うように気遣いをし，自由な感情を抑える特性を意味する。

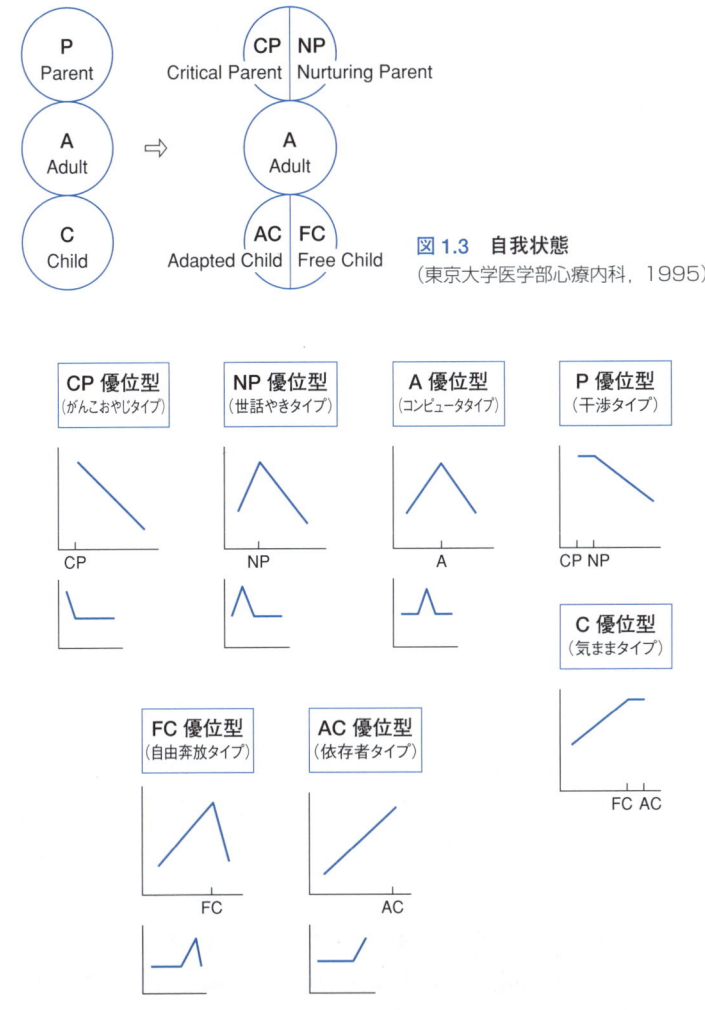

図 1.3　自我状態
（東京大学医学部心療内科，1995）

図 1.4　エゴグラム・パターン（東京大学医学部心療内科，1995）
1つの尺度が極端に高い値を示す「優位型」では，高い自我状態の働きをエゴグラムが純粋に表現しているが，複数の尺度が高い「混合型」では各自の状態が相互に影響を与え合う「連動」が機能し，各自の状態の独立した働きは抑えられ，その特徴が複合して現れる傾向にある。エゴグラム・パターンを読む場合は，「連動」という概念をさらに精密かつダイナミックに導入し，解釈を進めていくことが大切な課題となる。

1.3.2 エゴグラム

これら3つの自我状態（5つの特性）がどの程度備わっており，これらがどのようなバランスで保持されているかを調べるために開発されたのがエゴグラムという性格検査である．各特性につき12項目からなり，これらの得点の高低によりパターンが抽出される．たとえば，図 1.4 に示すように，CP 優位型は「がんこおやじタイプ」といわれ，責任感が強くまじめ，面倒見も良い頼れるタイプである．FC 優位型は「自由奔放タイプ」ともいわれ，明るく自由奔放で行動力が旺盛，ただしわがままにもなりやすいという人が多い．また，CP が低く AC が高い N 型にはいくつかのサブタイプがあり，NP が高く A が低い場合は「お人好しタイプ」，NP が高く FC が低い場合は「おふくろ（世話やき）タイプ」となる．さらに A が高い場合は「ワーカホリックタイプ」といわれ，仕事に献身的で，会社からの命令にはノーと言えない者が多い．このように各自我状態には，それぞれ長所と短所があるため（図 1.5），検査結果を解釈する際には得点の高低だけでなく5つのバランスと連動に注目しつつ統合的に判定する必要がある．

このエゴグラムは，自分の性格特性や行動パターンを知って自分自身に気づいたり，自己成長を促すことを目的として使われることが多い．ただし，留意しておきたいのは，エゴグラムに表れた性格特性は「自分自身で意識できている自分の側面」である．そのため，エゴグラムで描き出されたプロフィールは，自分の気持ちの持ち方や努力により，ある程度変わり得るといってもよいであろう．したがって，より望ましい自我状態を保つには，FC の高すぎる人は AC や NP を高め，なるべくわがままを押さえるようにし，逆に AC が高すぎる人は A や CP を高めて周りに振り回されずに自分自身を主張できるように努力すればいいのである．ただし性格特性の中には，「変える必要のないもの」や「（本質的には）変えられないもの」もある．どの点を変えようと努力し，どの点は変えられないものとして受け容れるのか，その判断がその人らしさを形づくっているといえるのかもしれない．

	CP	NP	A	FC	AC
アドバイス（得点が高い場合）	完璧主義をやめ、相手の良いところや考えを認める余裕をもつ。仕事や生活を楽しむようにする。	自分と相手の関係をできるだけクールにとらえ、おせっかいや過干渉にならないようにする。	何事も打算的に考えず、自分の感情や相手の気持ちなどにも目を向ける。	その時の気分や感情で行動せず、後先を考えるようにする。ひと呼吸おいて行動するとよい。	感じたことを、ためらわず表現する。自分に自信のあることから実行してみる。
マイナス面（得点が高い場合）	・タテマエにこだわる。・中途半端を許さない。・批判的である。・自分の価値観を絶対と思う。	・過度に保護、干渉する。・相手の自主性を損なう。・相手を甘やかす。	・機械的である。・打算的である。・冷徹である。	・自己中心的である。・動物的である。・感情的である。・言いたい放題である。	・遠慮がちである。・依存心が強い。・我慢してしまう。・おどおどしている。・うらみがましい。
プラス面	・理想を追求する。・良心に従う。・ルールを守る。・スジを通す。・義務感、責任感が強い努力家。	・相手に共感、同情する。・世話好き。・相手を受け入れる。・奉仕精神が豊か。・弱い者をかばう。	・理性的である。・合理性を尊ぶ。・沈着冷静である。・事実に従う。・客観的に判断する。	・天真らんまんである。・好奇心が強い。・直感力がある。・活発である。・創造性に富む。	・協調性に富む。・妥協性が強い。・イイ子である。・従順である。・慎重である。
平均	**CP**	**NP**	**A**	**FC**	**AC**
プラス面（得点が低い場合）	・おっとりしている。・融通性がある。・ワクにとらわれない。・柔軟さがある。・のんびりしている。	・さっぱりしている。・淡泊である。・周囲に干渉しない。	・人間味がある。・お人好し。・純朴である。	・おとなしい。・感情に溺れない。	・自分のペースを守る。・自主性に富む。・積極的である。
マイナス面（得点が低い場合）	・いいかげんである。・けじめに欠ける。・批判力に欠ける。・規律を守らない。	・相手に共感、同情しない。・人のことに気を配らない。・温かみがない。	・現実無視。・計画性がない。・考えがまとまらない。・論理性に欠ける。・判断力に欠ける。	・おもしろ味がない。・暗い印象を与える。・無表情。・喜怒哀楽を素直に出さない。	・相手のいうことを聞かない。・一方的である。・近寄り難い印象を与える。
アドバイス	自分自身に義務を課し、責任を持って行動するようにする。物事のけじめを大切にする。批判力を育てる。	できるだけ相手に思いやりを持つように努力する。家族や友人にサービスをする。ペットの世話をする。	情報を集め、様々な角度から物事を考える。うまくいかなくても自分で答えを出してから人に相談するようにする。	気持ちが内にこもらないようにできるだけ陽気に振る舞って気持ちを引き立てる。スポーツ、旅行、食べ歩きもいい。	相手の立場になって考えたり、相手の意見を聞く。相手をたて、尊敬する。他者優先の態度を身につける。

図1.5 エゴグラム5特性の現れ方（東京大学医学部心療内科, 1995）

1.4 精神分析から見たパーソナリティ

1.4.1 自我構造と性格

　精神分析では，人間の心は，エスと自我と超自我と呼ばれる3つの「場所」から成り立っていると仮定する。エスは本能衝動が支配する場であり，自我から抑圧された心的内容が閉じこめられる無意識の闇である。自我は，エスからの要求を外界の現実に適応させ，コントロールさせる現実的機能を持つ。一方超自我は，幼児期からの親からの支持や統制が内面化されたもので，規範・道徳・倫理などの機能を持つ。

　正常な自我状態は，この自我・エス・超自我が互いに衝突せず，自我の統制のもと1つの全体として機能している。しかし，この3つの領域からの刺激を受けて，不安（現実不安，本能不安，超自我不安）が生じると，その不安を防衛し適応するためにさまざまな手段をとることになる。その一つが防衛機制である。図1.6に挙げるように，防衛機制の多くは，未熟で弱い自我が不安や不満を処理するために，無意識的，反射的に行う自我の機能である。防衛機制を使うことで，一時的に不安は解消されるが，慢性的に常用したり，過度に使われ続けたりすると，自我は柔軟性を欠き，硬直してくる。つまり防衛機制は諸刃の剣のようなもので，うまく用いられると適応に役立つが，下手に用いられると逆に不適応のもとになる（前田，1985）。

1.4.2 病前性格

　さまざまな精神病理にかかる人と，その人の病前性格との関連をみようという病前性格論を紹介する（表1.3）。

　たとえば，クレッチマー（Kretschmer, E.）によると，統合失調症（精神分裂病）になる人はもともと分裂気質ないしは分裂病質であり，このもともとの性格に思春期・青年期の生物学的変化（ホルモンバランスの崩れなど）や社会的課題（自立や同一性形成）の失敗という要因が加わったときに統合失調症（精神分裂病）が発症すると考えられている。また躁うつ病についても，この病前性格が論じられている。躁うつ病の中でも躁病に

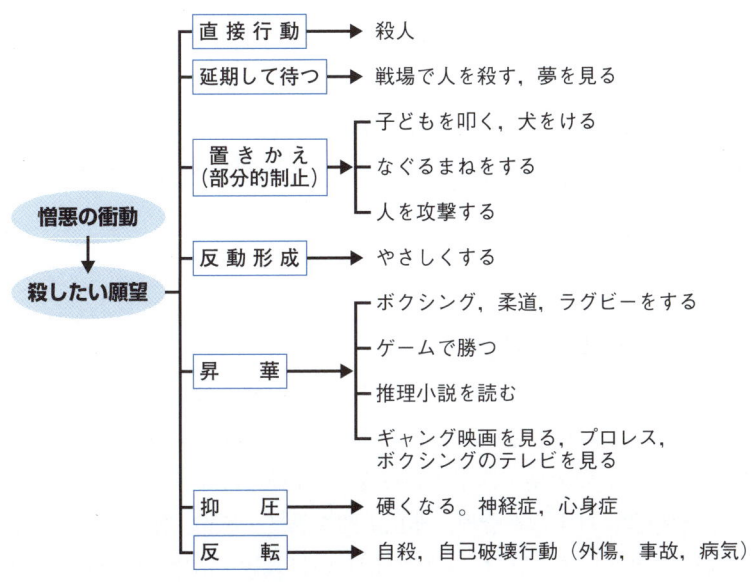

図1.6　防衛機制の具体例（前田，1985）

なりやすい人は，対象と自分を一体化させ，すぐに共鳴したり熱中したりすると言われる。この幻想的な一体化への希求が躁状態である。一方，うつ病になる人は，対象を他者として距離をおいて見，対象化しようとする傾向が強い。そして勤勉に働き献身的に尽くそうとするのであるが，その努力が自分に重荷を背負わせることになり，その結果，うつ状態に陥るとみられている。

このように，統合失調症（精神分裂病）にしても躁うつ病にしても，もともとの性格（病前性格）だけでなく，そこにその後の状況が関わることによって発病に至るというのが**発病状況論**の考え方である。したがって，どんなパーソナリティが精神病理になりやすいかという単純な見方でなく，どういう状況のときに，どういうパーソナリティの人が，どんな病気に陥りやすいかという，個人の背景までも含み込んだ視点でとらえることが重要になってくる。

1.5 転移と逆転移

転移を最初に発見したのはフロイトである。**転移**とは，過去に経験された特定対象（多くは父・母）との間の対象関係のパターンや，これらの対象に向けられていた感情・欲望・葛藤などが治療者に向けられることで，一般に，治療者に対する不合理，非現実的な態度・感情・空想・イメージなどの形で現れる。たとえば，寛大で優しい母親像を治療者に転移し，治療者を理想的な人物とみなし全面的に依存するという場合がある。逆に，小さいころの父親への恨みを治療者に映し出し，非常にネガティブな態度をとる患者もいる。

1.5.1 陽性転移・陰性転移

このように，転移される感情やイメージが友好的か敵対的かによって，陽性転移・陰性転移が区別される。この**陽性転移**（好意・親しみ・甘え・依存・信頼・愛情・性愛感情・尊敬・理想化など）と**陰性転移**（敵意・嫌悪・なじみにくさ・腹立ち・不信・軽蔑・恐怖など）とは表裏一体になっ

表 1.3　病前性格（福島, 1984）

分裂病	①分裂気質・分裂病質
	②｛おとなしい子，いい子，目立たない，おとなしい子，内向的 　変わった子，突飛，何をするかわからない子
躁うつ病	①循環気質・循環病質
	②執着気質
	③けなげな子，優しく，気のつく子
	④メランコリー型，秩序愛，良心的，他者配慮的，勤勉
	〔発病状況論〕
	｛躁　型　一体化傾向，執我欲，共鳴・熱中→幻滅・虚脱 　うつ型　対象化傾向，捨我欲，几帳面・勤勉→重荷・絶望 　循環型　几帳面＝熱中性→重荷＝幻滅→幻滅・虚脱
境界例	①内弁慶，宿の強い子，やんちゃ，わがまま
	②早期母子共生期の障害→一体化の不在→
	｛男根期的 - 知的防衛→自己愛的人格障害→その破綻 　　伝統的社会への一体化→メランコリー性格形成不全症候群

ていることが多く，1人の患者がいくつもの転移を同時に起こすこともある。フロイトは最初，これを分析者の抵抗ととらえたが，今日では，患者の話に耳を傾け転移の意味を正確に理解することにより，何が治療の妨げになっているのか，何が求められているのかといった患者の心理が見えてくるとして，この転移現象に注目しようという見方は積極的に評価されている（図1.7）。

1.5.2 逆転移

このように，患者から不合理な感情を向けられることもあるが，治療の中であくまで中立的な立場を守らねばならないとされる治療者自身の深層の問題が揺さぶられて，いろいろな感情が引き起こされることがある。これを逆転移という（図1.8）。この逆転移によって，治療者は自分の問題を患者に投影したり，自分の問題に触れることを恐れて防衛的になったりする。このように，治療者側に内的な問題があると，逆転移が治療を阻害する危険性があるのであり，こうした逆転移の弊害を防ぐためにこそ，教育分析の必要性が強調されるのである。ただし，逆転移が患者の心を正しく反映している場合には，むしろ患者理解を深める働きをすることもあるので，逆転移を自覚できたときは，そこから患者と治療者自身の深層にまで光を当てる一つのチャンスとなる。

なお転移現象は，必ずしも治療場面だけに現れるだけでなく，あらゆる人間関係にも生じ得る。相手に生じた感情，自分に起こった感情から，自分を知り，そして相手を知るという点で，きわめて重要な意味を持つ現象である。

1.6 影

ユングにより，夢の研究から導かれた概念の一つである。影とは，その人の意識によって生きてこられなかった反面のことで，その人にとって認めがたい心的内容である。ユングによると「影は，その主体が自分自身について認めることを拒否しているが，それでも常に，直接または間接に自

転移感情 ─ 陽性転移……好意・親しみ・甘え・依存・信頼・愛情・性愛感情・尊敬・理想化など。
　　　　 └ 陰性転移……敵意・嫌悪・なじみにくさ・腹立ち・不信・恐怖など。

転移の種類 ─ 父親転移
　　　　　 ├ 母親転移
　　　　　 ├ 構造転移（転移反応）……分析者を含めた治療構造全体に対する転移。
　　　　　 └ 自己－対象転移……理想化転移・鏡転移。

図1.7　転移の種類（前田，1985）

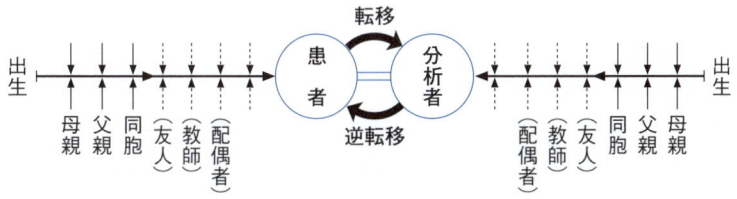

図1.8　転移と逆転移（前田，1985）

分析者の逆転移でしばしば認められる反応。
①嫌悪感，不快感，不安，抗うつ感，無力感，焦りなどの感情。
②共感できない，特定の話題のみにとらわれる，眠くなる，身構える，自分のことにとらわれる，遅刻やど忘れ。
③過度に好意を向ける，援助したがる，恋愛的，性愛的な感情がつづく。
④患者の夢を見る。

①臨床心理学から見た性格

分の上に押しつけられているすべてのこと——性格の劣等な傾向やそのほかの両立しがたい傾向など——を人格化したもの」とされる。たとえば，子どものころから厳しいしつけにより，わがままを抑えるように育てられてきた子どもにとっては，自由奔放な生き方をするものが影となる。

1.6.1 影のとらえ方

このように影は，意識されない無意識の領域に存在するため，なかなか把握しにくい。このイメージの世界（図 1.9）に形を与えたものが夢であり，影はこの夢の中に象徴的に現れることが多い。たとえば，夢の中の登場人物が，本人の生き方と相反する傾向を持っていたり，自らについて認めることを拒否しているような影の部分を備えていたりすることがある。またこれ以外にも，投影という形で影が実体を現すことがある（図 1.10）。たとえば，身近な人の中にも「どうしても虫が好かない人」という存在がいる。その人のことをよく見ると，自分が生きてこられなかった行動特徴や性格を持っていることに気づくことがある。よく見ることによって，その人がそれほど悪い人ではないと気づいたとき，相手に投影していた自分の影に気づくことができる。そしてこの影を統合することが全体性の回復につながるが，影そのものは自我と対立するような傾向を表すことが多いため，自らその存在を認め自分自身の一部として統合するのは容易なことではない。

一方，影の肩代わりという現象もある。これは，まじめな教師や牧師の子どもが，犯罪や非行を犯す場合などにあてはまる。この場合，親の「影のない」生き方自身に，子どもの肩代わりを呼び起こす力が存在しているのであり，子どもは親の影を背負わされることになる。こうした親子を見ていると，一人の人間が影を統合し，相容れない面を共存させることの難しさがうかがわれる。

1.6.2 影の病理

またこれ以外にも，二重身や二重人格は影の病と考えられている（参考文献を表 1.4 に挙げる）。二重人格とは，自分の心の内に存在するもう一

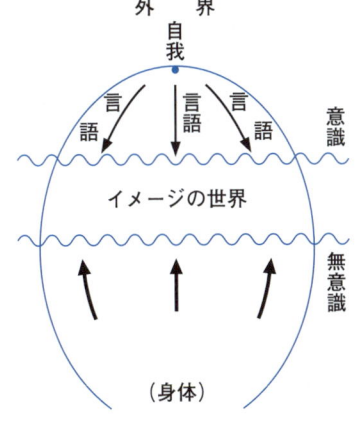

図1.9　イメージの世界
（河合，1987）
意識と無意識の領域はそれほど画然としたものではなく，その中間領域あたりの動きはイメージとして把握される。睡眠中は自我の統制力が弱まるため，無意識の動きが活発となり，イメージとして把握されやすくなる。それが夢としてあらわれる。

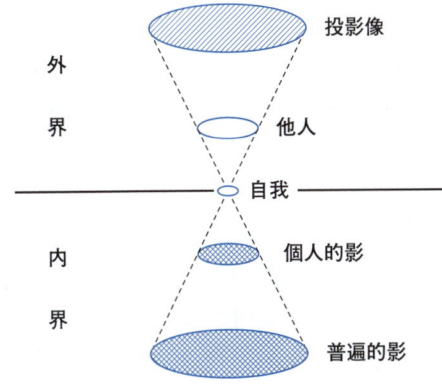

図1.10　投影のメカニズム
（河合，1987）
自分が内面に持っている「影」（個人的な「影」の場合も，より無意識的な「普遍的影」の場合もある）を相手に投影させて，過剰に批判したり攻撃したり，あるいは過剰に誉めたりすることがある。

人の自分が，本来の自分と入れ替わって行動するような現象である。この場合，あまりにも強く抑圧され疎外された影が，もう一つの人格（第2人格，交代人格という）となって，自我と影とが入れ替わっているとみることもできよう（表1.5）。このように影は，非常に大きな力を持っており，この影との対立は「死と再生」のプロセスを伴うことがある。

しかし影があってこそ，人間的な陰影と深みが備わるともいえる。意識によって生きられている自分自身だけでなく，無意識の部分，生きられていない部分にも目を向け，それを受け容れることによって，人格はより統合されると考えられる。

1.7 無意識を探る方法

無意識とは言語化することのできない闇の世界である。したがって，直接取り出すことは容易ではないが，いろいろな方法が模索されてきた。先述したように，夢を分析することにより心の内面を読み解く夢分析という手法はその一つである。さらにこれ以外によく使われる方法として，言語連想法と投影法について述べる。

1.7.1 言語連想法

無意識の中に潜むコンプレックスを調べる方法としては言語連想法がある。コンプレックスとは，ユングによると「複合的な色彩を帯びた感情」のことであり，無意識内に存在し何らかの感情によって結ばれている心的内容の集まりのことをいう。具体的な手順としては，ある言葉（表1.6に挙げた100の刺激語）から連想することを挙げてもらい，回答するまでの時間を測定する。そしてそれが終わったら，再度同じことを繰り返し，1回目の内容との比較を行うのである。この実験で注目されるのがコンプレックス指標で，①反応時間の遅れ，②反応語を思いつけない，③刺激語をそのまま繰り返して答える，④明らかな刺激語の誤解，⑤再検査のときの忘れ，⑥同じ反応が繰り返される，⑦明らかに奇妙な反応，⑧観念の固執などである。コンプレックスは連想の中断・まちがい・当惑・混乱という

表 1.4 影と多重人格

【影に関して】
シャミッソー『ペーター・シュミレールの不思議な物語』。
アンデルセン『影法師』。
影を失った悲哀や，影との接触を断ってしまったために生じた悲劇を描いた作品。

【多重人格に関して】
R. L. スティーヴンソン（田中西二郎訳）『ジーキル博士とハイド氏』。
セグペン／クレックレー（川口正吉訳）『私という他人』。
D. キイス（堀内静子訳）『24 人のビリー・ミリガン』。

影に関する童話 2 編は，人間にとっての影の大切さをよく表したものであり，多重人格の 3 編は，その心理的・行動的特徴が具体的に理解できる。とくに『私という他人』は，イブ・ホワイトと，その影イブ・ブラックの共存関係と，その 2 つの人格が統合に至る過程がみごとに描かれている。

表 1.5 交代アイデンティティ（交代人格）のタイプとその出現率（%）（一丸, 1989）

1. 子どものアイデンティティ	86.0
2. 年齢の異なったアイデンティティ	84.5
3. 保護してくれるアイデンティティ	84.0
4. 迫害するアイデンティティ	84.0
5. 異性のアイデンティティ	62.6
6. 悪魔のアイデンティティ	28.6
7. 生存している人のアイデンティティ	28.1
8. 人種の異なったアイデンティティ	21.1
9. 死亡した身内のアイデンティティ	20.6

第一人格は交代人格の存在を知らず，一方，第二人格は第一人格を別の人物として語り，他者と認識している場合が多い。

言語・精神活動に関わる意識的な心の働きを通して姿を現す。その中核をなすのは，その人にとって受け入れがたかったため無意識的に抑圧された経験と，その個人の中に内在しているがいまだかつて意識化されたことのない内容の2種類に分けられる。

1.7.2 投影法

投影（映）法とは，曖昧な刺激（図版や文章）を，どのように受け取り反応するかによってその人の人格特徴を判定しようという手法である（表1.7）。投影法の特徴としては以下の3点が挙げられる。①与えられる刺激の非構造性または曖昧性，②求められる反応の自由度が高いこと，③人の内部状態を表すパーソナリティ要因を推測する手続きであること。以上の点において，質問紙法や作業検査法とは大きく異なると言える。

刺激の曖昧さに加えて，解釈基準も自由度が高い反面で主観的な場合も多く，統計的な妥当性については高くない。しかし，意識レベルではすくい取れない，無意識レベルに近い心的特性を明らかにするには有効な手段である。

1. ロールシャッハ・テスト

たとえば，もっとも自由度の高い刺激を使うロールシャッハ・テストは，図のような「左右対称のインクのシミ」が何に見えるかを聞くテストである（図1.11）。反応結果を分析する際に注目されるのは，以下の諸点である。

(1) 反応数。
(2) 反応時間。
(3) 反応領域（どこに反応したか，全体か部分かなど）。
(4) 反応領域における傾向（用いる領域が多様で変化に富んでいるか，あるいは乏しく偏りがあるか）。
(5) 反応領域の規則正しさ（厳格か，適当か，支離滅裂か）。
(6) 個々の反応は図版のどんな特徴を手がかりとして生じたものか（形か，色か，濃淡か）。
(7) その反応はどの程度一般に見られるか（ポピュラーか，まれな反応か）。

表1.6　ユング連想検査法の刺激語（河合，1987）

1. 頭	21. インキ	41. 金	61. 家	81. 礼儀
2. 緑	22. 怒り	42. 馬鹿な	62. 可愛い	82. 狭い
3. 水	23. 針	43. ノート	63. ガラス	83. 兄弟
4. 歌う	24. 泳ぐ	44. 軽蔑する	64. 争う	84. 怖がる
5. 死	25. 旅行	45. 指	65. 毛皮	85. 鶴
6. 長い	26. 青い	46. 高価な	66. 大きい	86. 間違い
7. 船	27. ランプ	47. 鳥	67. かぶら	87. 心配
8. 支払う	28. 犯す	48. 落ちる	68. 塗る	88. キス
9. 窓	29. パン	49. 本	69. 部分	89. 花嫁
10. 親切な	30. 金持ち	50. 不正な	70. 古い	90. 清潔な
11. 机	31. 木	51. 蛙	71. 花	91. 戸
12. 尋ねる	32. 刺す	52. 別れる	72. 打つ	92. 選ぶ
13. 村	33. 同情	53. 空腹	73. 箱	93. 乾し草
14. 冷たい	34. 黄色い	54. 白い	74. 荒い	94. 嬉しい
15. 茎	35. 山	55. 子供	75. 家族	95. あざける
16. 踊る	36. 死ぬ	56. 注意する	76. 洗う	96. 眠る
17. 海	37. 塩	57. 鉛筆	77. 牛	97. 月
18. 病気	38. 新しい	58. 悲しい	78. 妙な	98. きれいな
19. 誇り	39. くせ	59. あんず	79. 幸運	99. 女
20. 炊く	40. 祈る	60. 結婚する	80. うそ	100. 侮辱

一応，ユングの用いていたものを訳したが，名詞を形容詞にするなど，やむなく品詞を変えたものがある。なお，こうしてみると文化的な差によって，わが国で用いるのが不適当なものがある。たとえば93の乾し草などで，これはたんに草としたほうがいいだろう。また，85は，こうのとりで，これはこうのとりが赤ちゃんを持ってくるお話は，ヨーロッパであれば誰でも知っているためであるが，一応，鶴に変えておいた。なお，英語のものは，文化差を考慮してドイツ語のとは少し変えてある。わが国でも，もし本格的に使用するときは，不適当なものは変えるべきであると思う（河合，1987）。

表1.7　投影法の分類

1. 言語連想法
言語連想法，文章完成法。
2. 視覚的刺激を用いる方法
ロールシャッハ検査法，TAT，ソンディ・テスト，ローゼンツヴァイク絵画欲求不満検査法（P-Fスタディ）。
3. 表現運動およびそれに関連した検査法
筆跡分析，ベンダー・視覚運動ゲシュタルト・テスト，描画法（バウム・テスト，人物画など），フィンガー・ペインティング。
4. 遊戯，劇，およびそれに関連した方法
遊戯，心理劇。

(8) その反応はその図版が実際に持っている特徴とどの程度適合しているか。
(9) 反応の内容。

2. 絵画統覚検査：TAT

マレイ（Murray, H. A.）が自分自身のパーソナリティ理論（欲求―圧力理論）を検証するために考案した方法である。絵を見せて物語（現在，過去，未来）を作ってもらい，その物語を分析することによってパーソナリティを診断する。成人用 TAT は，人間が登場する図版 20 枚からなる。また児童用 CAT は，ベラック（Bellak, L.）により創案されたもので，動物が登場する 10 枚の図版を用いる（図1.12）。

● 参 考 図 書

河合隼雄　1967　ユング心理学入門　培風館
　ユング心理学の基本的な枠組みと概念・方法を，さまざまな臨床例の分析によって具体的にわかりやすく説かれている。

河合隼雄　1971　コンプレックス　岩波書店
　ユングが「心的生命の焦点であり，結節点である」ととらえたコンプレックスについて，さまざまな精神病理と関連づけ論じられている。

河合隼雄　1977　無意識の構造　中公新書
　ユング心理学の観点から，人間の無意識のはたらきやイメージの世界についてわかりやすく解説されている。

氏原　寛・成田善弘（編）　1997　転移／逆転移　人文書院
　あらゆる人間関係の中で起きている「転移・逆転移」現象について，さまざまな臨床の現場から，その経験と考え方が述べられている。

桑原知子　1994　もう一人の私　創元社
　「もう一人の私」という切り口から，現代人のアイデンティティ探索にヒントを与えてくれる。

図 1.11　ロールシャッハ・テスト図版の一例
【教示の一部】「この図形はあなたには何に見えますか？　思いついたものを自由に言ってください」「＊＊＊はどこに見えましたか？　どういうところから＊＊＊を思いついたのでしょう？」

（図版 6）

（図版 13）

図 1.12　CAT 図版の一例
図版は一部修正されている。

コラム　ペルソナ（仮面）

　ペルソナというのは，古来「仮面」のことを意味する言葉であった。役を演じるときにつける面であり，それは役柄そのものを意味していた。それが転じて，パーソナリティとなり，人の性格という意味になった。

　ところで人は，仮面をつけることによって自分の素顔を隠すという場合がある。この場合の仮面は，見せかけ，うわべという意味を持つ。しかし，それと同時に，その仮面をつけて社会に向けて積極的に自分自身を見せるというような意味を持つこともある。つまりペルソナ（仮面）とは「隠すもの」であると同時に「顕すもの」という二重性を担った概念であるといえる（和辻，1937）。

　このようにペルソナ（仮面）は「社会への適応のために個人が身につけた態度」という意味を持つ。「〜らしさ」と言われるものである。この仮面の着脱自在性が失われたとき，不適応状況が起こってくる。まず一つは，「仮面がかぶれない」という病理であり，これは役割を演じきれない状態を意味する。その場その場にあった言動や振る舞いができず，浮いてしまったり，人からの顰蹙を買ったりする場合である。他方，仮面に同化しすぎるという病理もある。これは，役割に縛られすぎて自己を抑圧してしまい，「どれが本当の自分かわからない」という混乱を引き起こす。

　ところで「相手によって性格を変える自分が嫌になることがある。こんな私は，多重人格なんだろうか」と悩む人がいる。「仮面」の数が多すぎる自分，相手によってコロコロ態度を変える自分が，どこかコウモリのようなずるい存在に思えるという。しかし逆に，その場そのときに合わせ臨機応変に対応できていないという場合には，社会人としてはきわめて不都合な場合も多い。相性の合わない人と接する場合，嫌いな人と仕事をしなくてはならない場合，積極的にペルソナをつけることでその場を乗り切れることもある。大人として生きるにはペルソナは必需品なのかもしれない。大切なのは，仮面の多さではなく，仮面をかぶって役を演じている自分自身を少し離れて眺めることのできる「素顔の自分」を見失わないことである。その仮面を選び役割を演じている「主体」であるこの自分自身が見失

われない限り，仮面だけが一人歩きすることはない。いつ，どんな仮面を，どのように付け替えることができるか，その点にこそペルソナの真価が問われるのではないだろうか。

今，学校現場で起こっている課題 2

　今，学校で何が起こっているのか。教育現場での問題が深刻化する中で，子どもたちの心の闇に注目が集まっている。その現実に対応するために，学校現場ではさまざまな取組みが続けられている。スクールカウンセラー制度の試みもその一つであるといえる。教師たちも，子どもの心の問題に対処するために，絶え間ない努力を続けている。

　学校で起こっている問題は社会病理の反映でもある。近年の不登校やいじめがもはや特殊例ではなく，普通の子どもの生活の中に入り込んでいるという現在。本章では，学校現場でとくに課題とされているいじめや不登校現象に言及しつつ，学校という場が持つ特殊性や病理について考えてみたい。

2.1 学校現場での心理臨床活動

　近年，子どもの心の問題に対処するために，学校現場ではさまざまな取組みがなされてきた。1960年代ごろより，学校現場では不登校や校内暴力，いじめや非行という問題が次々と起こり，これまでの生徒指導の体制では十分に対応しきれない実状が明らかにされてきた。そのような流れの中で，カウンセリング・マインドにもとづく教育相談的関わりが模索され取り入れられてきた（表2.1）。

2.1.1　カウンセリング・マインドの歴史

　カウンセリング・マインドとは，カウンセリングの原理を活かした態度や対応のことを意味し，カウンセラーとクライエントの関係にとどまらず，広く人間関係を大切にするあり方を意味する。

　学校では，1960年前後から不登校（当初は「学校恐怖症」「登校拒否」と呼ばれていた），1970年代に入ると校内暴力や非行が問題とされ，それに対処するためにさまざまな生徒指導のあり方が論じられてきた。そういう背景の中，日本に大きな影響を与えたのがロジャーズの来談者中心療法である。ロジャーズが強調した「受容的・共感的に聴く」「相手をありのままに受け入れる」という基本原理が，問題をもつ児童・生徒への対応に取り入れられたのである。このころから，生徒指導においては「児童・生徒の心を十分に理解し，その気持ちになって指導・援助・助言しよう」という新たな方向が提起され，多くの学校で，人間関係や個性を尊重した「カウンセリング・マインドによる教育を」というスローガンが掲げられることになった。ここでいうカウンセリング・マインドとは，心理臨床や心理療法そのものではなく，カウンセリングの基盤とされる「人間尊重」の精神を教育現場や看護場面，その他の人間関係のあり方に活かそうとする態度や姿勢のことである（表2.2）。

2.1.2　カウンセリング・マインドの応用

　また，この精神にもとづいて授業場面で実践しようというのが「カウン

表2.1　教育についての考え方の比較 (村山，1992)

伝統的教育の考え方	カウンセリング的教育の考え方
知識そのものに重点。一度きりの"正しい"知識の習得。	知識を得る方法，質問の発し方に重点。新奇な発想にも心を開き，既存の事実，知識も絶対ではなく変化するものと認める。全体とのつながりに重点。
学ぶことが目的そのもの。	学ぶことはひとつの過程，ひとつの旅。
画一性を助長し反逆を抑え込む。	生徒と教師は人間同士の付き合いであり，形式ばった役割にこだわらない。
前もって決められたカリキュラムに基づく系統だった教育。	比較的柔軟な教育。ひとつのことを教えるにも幾通りもの方法があるという信念。
成績に焦点。	自分の信じるものがいちばん大切なのであって，成績はそれに付随するもの。
外面世界を強調。内面の世界は学校教育の場であつかうにはふさわしくない。	内面世界こそが学習の基本。想像力，創作力を重視。夢の記録をつけたり，精神を集中する訓練をする。自分の感情を大切にする。
推量やわき道にそれることはよくない。	推量やわき道は人間の独創力を養う。
分析力つまり，左の脳の機能を重視。	左右両方の脳を使うように教育する。左脳の合理性を右脳の全体的，非直線的，直観力で補う。2つのプロセスの統合に意義を見つける。
人間には能力差がある。	人間の教育の可能性を限定するような差を設けるべきではない。
主として理論的，抽象的な"本からの知識"に頼る。	理論的な知識を大きく補うものは実験や経験であり，それは学校外でもできる。
教室は効率性と便利性を考えてつくる。	学習環境が大切なので，照明，室内の色，換気，姿勢，プライバシーなども考える。
社会の要請よりも，官僚的にものごとを決める。	社会の要請を受け入れる。
教育は一定期間おこなうものであり，特定の技能を与えることを目的とする。	教育は生涯かけておこなうものであり，学校は教育のごく一部でしかない。
視聴覚機器，コンピューター，テープなどの技術にますます依存する。	技術はほどほどにして，教師と学習者の人間関係を第一に置く。
教師は一方通行のように生徒に知識を分け与える。	教師もまた学ぶ人であり，生徒からも学ぶ。

(M. ファーガソン『アクエリアン革命』327-328 ページより作成)

表2.2　カウンセリング・マインドで重視する態度・心構え

1. 傾聴する……説教や説得でなく，相手の話に積極的に耳を傾ける。
2. 情緒を重視する……知的側面だけでなく，感情や情緒に注目する。
3. ことばや行動の背景に目を向ける……ノン・バーバルな部分に隠された意味。
4. 根気強い努力……長い目で見守り，粘り強く努力し続ける。
5. 視線を同じく……子どもの立場に立って，まずは共感。

セリング・マインドを活かした授業」への取組みである。具体的には，児童・生徒とのふれあいや対話を大切にする関わりや，児童・生徒の発言に対し受容的に最後まで耳を傾ける態度などが挙げられる。しかし，効率よく知識を伝授しようという従来の一斉授業形態においては，児童・生徒一人ひとりを大切にするというあり方は，時に矛盾や衝突の危険性をはらんだものとなる。そのため，学校現場でカウンセリング・マインドを活かした授業を成功させるには，クラス全体を視野に入れたうえで児童・生徒を一人の人間（個的存在）として尊重するという進め方を工夫することが求められるのであり，そこに新たな教育の可能性が秘められていると考えられる。

2.1.3　教師とカウンセリング研修

　学校現場にカウンセリング・マインドという言葉が取り込まれたころから，教師を対象としたカウンセリング研修が各地で開かれるようになった（表 2.3 に一例を示す）。学校で子どもたちと接する際，カウンセリングの精神を活かし一人ひとりを大事にした関わりを目指そうという教師が増えている。ところが，教師とカウンセラーとは前述したように，子どもに対する場面もそこで求められる役割もまったく同じではない。教師は「教えること」が本来の仕事であるのに対し，カウンセリングでは教え導く対応よりも，本人が自分の力で立ち上がるのを側からそっと支えるというのが基本姿勢とされる。

　そのため，教師がカウンセリングを学ぼうとすると，いろいろな壁にぶちあたる。子どもがなかなか動き出せずにいるのをじっと見守ることができないで，すぐに答えを出させようと焦ったり，すぐにヒントを出してしまったり，カウンセリングの基本ともいえる「待つ」ことができずに混乱する教師も少なくない。そのため，研修の初期段階では，教師役割とカウンセラー役割との葛藤に苦しむこともある。クラス全体を相手にしていても，個ばかりに目が向いてしまい，全体が見えにくくなるというケースも出てくる。教師アイデンティティの揺らぎと考えてもいいだろう。

表2.3 カウンセリング研修の内容（ある都道府県の一例）

	ねらい	内容	回数
初級	学級担任として必要な教育相談の基礎的な知識・技能・態度を身につける。	教育相談の基礎 1. 教育活動とカウンセリング・マインド 2. 事例研究 3. 児童・生徒理解の意識と方法 4. 面接の進め方と実際 5. 思春期の心の健康	7回
中級	学校における教育相談担当者として必要な教育相談に関する幅広い知識・技能・態度を身につける。	教育相談の演習 1. 学校における教育相談の理論と方法 2. 事例研究 3. 面接の理論と方法 4. 学校教育相談の計画・組織・運営 5. グループ体験学習・ロールプレイング	30回（宿泊研修を含む）
上級	地区における学校教育相談の充実，推進の役割を果たせるように専門的な知識・技能を身につける。	教育相談の実習 1. 教育相談研究 2. 教育相談実習 3. 学校教育相談ゼミ 4. 課題研修 5. 事例研究ゼミ 6. 臨床教育相談ゼミ	1年間（2年次目は週1回）

表2.4 各教師のカウンセラー的役割と利点（長尾，1991）

役	カウンセラー的役割	利点
担任教師	兄的・姉的役割	●身近に関われる。 ●継続的に指導できる。 ●計画的に指導できる。
生徒指導教師	現実原則に即した父親的役割	●指導計画を立案できる。 ●他教師との連携ができる。 ●生徒の環境調整を積極的に行える。
養護教師	何でも話せる母親的役割	●心身両面から関われる。 ●担当教科をもたないために，深く関われる。 ●他教師にいえない生徒のホンネが聞ける。

担当教師は，生徒ともっとも身近にしかも継続的・計画的に関わっていくことが重要であることがわかる。とくに担任教師が生徒に対し相談を行う場合「教えるもの」「教わるもの」というタテ関係が生じやすいが，むしろ教科教授とは異なったナナメの関係，つまり担任教師が生徒に対して兄的，姉的な役割を果たすほうが生徒の心の問題の解決を援助しやすい（長尾，1991）。

2.2 スクールカウンセラー

　学校現場では，教師自身が担任業務の一環として相談活動を進めていることが多い。立場によって教師自身の関わり方は異なるが（表 2.4），教師が相談活動をするにあたってはメリットと同時に難しさがあることも事実である（表 2.5）。また思春期となって子どもの悩みも多様化する中，「担任の先生に相談したい」という悩みもあれば，「先生には知られたくない」悩みも増えてくる。親や教師という直接的な関係にない第三者のほうが相談しやすいという状況もあるだろう。

2.2.1　スクールカウンセラー制度

　学校現場では，不登校はとどまるところを知らず，陰湿ないじめ事件も跡を絶たないという状況が続いた。この事態を打開するために，日本でも平成7年度より「スクールカウンセラー活用調査研究委託事業」が始まった。その後，派遣校は増え続け，平成17年度の公立中学校全校配置に向けて制度化が進められている。

　ところで，このスクールカウンセラーの役割については，①学級担任への援助，②子どもや親への援助，③専門機関との連携，④校内研修の企画・運営，⑤行事計画の立案・実施，などが挙げられる。しかし現状では，派遣先のニーズや受け入れ態勢，生徒の実状，さらにはスクールカウンセラー自身の考え方や技法などにより，活動内容はさまざまである（その一例を表 2.6 に示す）。

　この取組みは，学校現場での新しい教育臨床のあり方を模索する試みであり，教育と心理臨床，教師とカウンセラー，それぞれ専門性を異にするもの同士のぶつかり合いは必定である。しかし，そこには，異質なもの同士がぶつかり合い，互いに補い合うことで新しい学校臨床のあり方が展開されるという可能性も秘められている。

2.2.2　コンサルテーション

　もう一つ，スクールカウンセラーに期待されている役割の一つが教師へ

表2.5 教師がカウンセリングを行う際のメリットと難しさ（伊藤，1998）

【メリット】
- 早期発見と予防。
- 浅いレベルでの経験の累積。
- 情報が豊富。
- 健康な子どもの姿を知っている。
- 積極的・指示的関わり。
- 相互協力と有機的連携。
- 導入，現実場面適応が容易。
- 集団と個人の両方を見る目。
- 他教師との連携プレー。
- 友人や家庭との連携。

【難しさ】
- 多忙な教師の負担が増大。
- タテ関係とヨコ関係の矛盾。
  タテ：教え vs 教えられ。
  ヨコ：カウンセラー vs クライエント。
- 評価する立場との矛盾。
- 個と集団の矛盾。
  生徒：生徒個人とクラス。
  教師：教師個人と教師集団。
- 枠（時間的・空間的守り）が弱い。
- 秘密が守りにくい。

教師が相談活動を行う場合，学校という場の特殊性がメリットにも難しさにもなる。メリットとしては，子どもを多角的に見ることができ，教師集団内での連携（チームプレー）や家庭や友人との連携が可能である点が挙げられる。一方難しさとしては，教師と子どもとの関係上の役割葛藤（個 vs 集団，タテ vs ヨコ）や，立場上のジレンマがある。

表2.6 活動内容の一例（桑原，1996）

校内での活動	児童生徒対象	紹介，行事参加（遠足・運動会），授業見学，給食参加。
	教職員対象	校内研修，校内問題事例研修会，学年会参加。
対外的活動	保護者対象	PTA広報部座談会，PTA広報誌での紹介，学校保健委員会，相談活動（親面接）。
	他機関	市の教育相談室訪問，県立教育センター視察。

スクールカウンセラーの活動は，相談者との個人的な面接にとどまらない。悩んでいる子どもだけでなく，健康な子ども，さらにはその保護者や教職員全体を対象とした「学校そのものをクライエントとする活動」である。また，カウンセラーの考え方や得意とする技法，学校側のニーズにより，その活動も変わってくる。

のコンサルテーションである。**コンサルテーション**とは，心理的サービスを提供する責任を負うキー・パーソン（コンサルティ）が，クライエントにより良いサービスを提供するために，専門家（コンサルタント）の援助を受けるという作業である。

　学校におけるコンサルテーションは，従来以下のような方法で行われてきた。まず第1は，校内研修の機会に専門的な立場の人を招き，教師自身が児童・生徒理解や対応の仕方などを研修する方法であり，第2は，問題行動を示す児童・生徒について，教師がコンサルタントと情報共有や話し合いを進めながら，その指導・援助に当たるという方法である。今，このコンサルタントとしての機能（とくに後者）がスクールカウンセラーに求められている。

　このコンサルテーションは，以下の理由により学校現場に適した方法であるといわれる。①大勢の生徒と接する教師に働きかけることにより，より多くの児童・生徒に対し，1対1の面接よりも効率がよく予防的な働きかけをすることができる。②教師の専門性を高めるという効果を挙げることができる。つまり，教師は児童・生徒への直接的な援助に成功することで教師としての自信を深め，それが教育活動をさらによい方向へと展開させると期待される（コンサルテーションの構造については図2.1）。

　現在，学校や病院という現場で，教師と心理臨床家，医師とセラピストという異なる専門性を担った者同士の協働作業が求められている。これら相異なる専門性が互いに尊重しながら連携していく際の手法として，コンサルテーションはきわめて有効なネットワーク構築の手段であり，今後ますますその発展が期待されているといえよう。

2.3　不 登 校

2.3.1　不登校の分類

　1960年前後に「学校恐怖症」として注目されて以来，増え続けている不登校現象。その様態から分類してみたい（図2.2）。
　不登校の中核ともいえるのが「神経症的不登校」である。母親から離れ

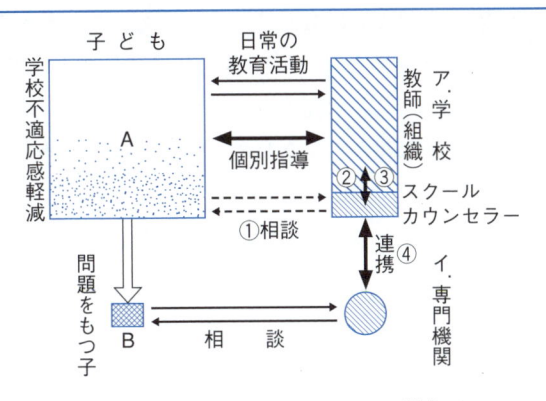

図2.1　学校現場におけるコンサルテーションの構造（緑川，1995）

図中の番号は，それぞれ以下の役割を意味する。
①児童生徒へのカウンセリング。
②教職員への助言・協力。
③生徒指導の組織や運営についての協力。
④他機関との連携等。

上記の図式によると，スクールカウンセラーの中心的仕事は②③となっている。その結果，教師が日常の教育活動や個別指導を臨床的視点で見直したり，工夫したりすることができるようになる。このような教師の動きが問題の予防にもつながる。

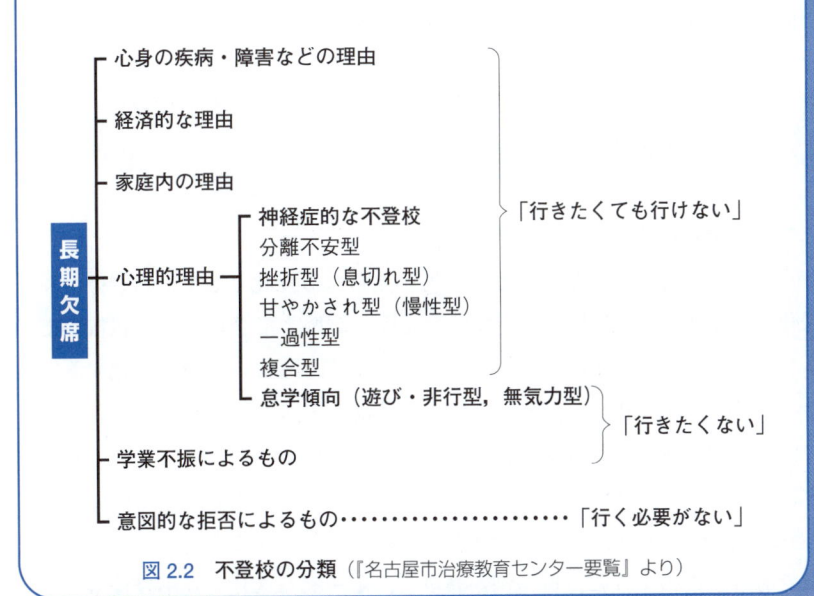

図2.2　不登校の分類（『名古屋市治療教育センター要覧』より）

長期欠席
- 心身の疾病・障害などの理由
- 経済的な理由
- 家庭内の理由
- 心理的理由
  - 神経症的な不登校
    - 分離不安型
    - 挫折型（息切れ型）
    - 甘やかされ型（慢性型）
    - 一過性型
    - 複合型
  - 怠学傾向（遊び・非行型，無気力型）
- 学業不振によるもの
- 意図的な拒否によるもの

「行きたくても行けない」（心身の疾病・障害〜神経症的な不登校）
「行きたくない」（怠学傾向）
「行く必要がない」（意図的な拒否によるもの）

２　今，学校現場で起こっている課題

ることに対する不安（母親の側にも，子どもへのしがみつきの心理が隠されている場合も多い）が原因となっている場合は「分離不安型」と呼ぶ。そして，「挫折型（Aタイプ）」は優等生の息切れ型とも言われ，思春期に多くなる。素直な良い子が親から自立していく際に味わう挫折感や葛藤が根底にある。一方，「甘やかされ型（Bタイプ）」は，親の庇護のもとで甘やかされた子どもに多い。社会的にも情緒的にも未成熟なため，学校でも対人関係などでつまずき安全な家庭の中に逃避したものである。

　これ以外にも，転校や病気が原因の「一過性型」の他，怠学傾向の不登校や，意図的に登校を拒否するものも増えている。

2.3.2　不登校現象の背景

　不登校の原因については，自主性や自発性の乏しさ，対人関係の未熟さ，自尊心の高さ，情動コントロールの欠如などが指摘されることが多いが，その背景は実にさまざまである。友人関係や教師との関係など，学校での人間関係での問題を抱えている子どもがいる一方で，親子関係をめぐる問題や虐待など家庭生活に原因があると考えられるケースがある。また，学歴偏重や受験競争の弊害など学校のあり方そのものが問題となっている場合や，家庭や地域の教育力の低下など，社会的な要因が背景にある場合も増えている。しかも，これらが複雑に絡み合い，相互に悪循環をなしているため，その原因を明確に特定できないケースも多い。

2.3.3　最近の不登校

　またそれに加えて，最近の不登校児に見られる変化として，状態像が多様化する一方で，「閉じこもらない不登校」が増えてきたという報告がある。「閉じこもらない」ということは「自分の問題として強く意識する力（＝内省力）の欠如」を意味しており，自我の未成熟さにもつながる。さらに，先述の「挫折型（Aタイプ）」と「甘やかされ型（Bタイプ）」の特徴を併せ持つケースが増えているという報告もある。つまり「挫折型」の「過敏さ」と「甘やかされ型」の「未成熟さ」をともに備えるタイプの出現である。このように，典型例が減少し，ボーダレス化した不登校事例が

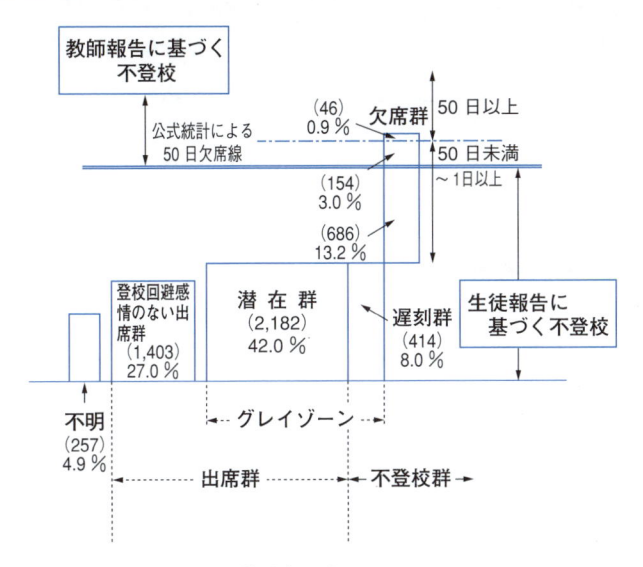

図 2.3　不登校現象の広がり（森田，1991）
母数は，学級担任から生徒の年間出欠状況調査表の得られなかった学級の生徒を除いた 5,193 人である。
図中の（　）の内の数字は，実人数を示す。

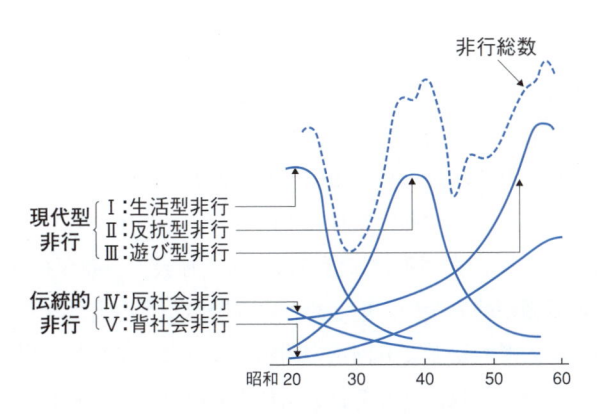

図 2.4　少年非行の 3 つの波の内容分析（福島，1985）
非行の第 3 の波では「非行の一般化」という現象が指摘されている。また非行の動機も，飢え・渇きといった生理的な衝動や，反抗・文化葛藤・発散といった社会的動機から，「遊び」「好奇心」「同調性」「スリルを求めて」などという遊び

2 今，学校現場で起こっている課題

増加している背景には，不登校が「だれでもが陥る可能性のある」（文部科学省）出来事になってきたという事実があり，不登校予備軍（グレイゾーン）といわれる潜在的不登校児への早急な対応が求められるゆえんでもある（図2.3）。

2.4 いじめ

近年，ますます残忍さ・陰湿さを増していると言われるのがいじめである。一昔前のいじめっ子とは異なり，最近のいじめ問題には，複雑で根深い問題が潜んでいるように思われる。とくに現代型非行に特徴とされるような「遊び型」のものが増え（図2.4），加害者側に相手への共感や同情（相手の痛みを感じる心）が見られにくい（図2.5）というのも最近のいじめの特徴である。

2.4.1 いじめを引き起こす背景

いじめ現象の背景にある問題として，まず子ども自身の問題としては，自我の未熟さや社会性の未発達（自己中心性や，思いやり・共感能力の欠如など）が指摘され，学校の問題としては，管理主義体制による異質なものを排除する傾向，学歴偏重という一元的価値観による差別を生み出す構造などが挙げられる。また家庭では，少子化による過保護や過剰期待，他方崩壊家族に見られる心理的放任の問題などがある。さらにその背景にある社会の問題としては，排除の論理に支配され，心の豊かさを忘れた競争社会，劣悪なモラルや人間不信に汚された大人社会の一面が指摘される。これら多くの要因が絡み合い，いじめという問題が生み出される。

また，従来のいじめが子ども同士の問題であったのに対し，現代のいじめは，これら家庭や学校，そして社会全体の問題を映し出す形で起こっている点に，その難しさがあるといえる（表2.7）。

2.4.2 いじめ問題が意味するもの

いじめという現象をいじめる側から見ると，心理的な緊張を解消する手

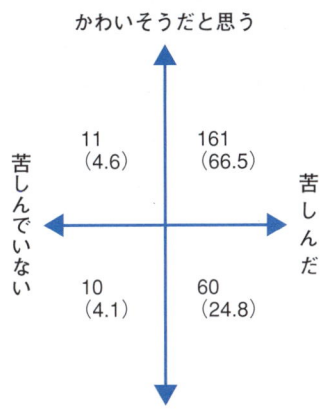

```
              かわいそうだと思う
                    ↑
          11        |      161
         (4.6)      |     (66.5)
                    |
苦       ←――――――――――+――――――――――→    苦
ん                  |                 し
で                  |                 ん
い         10       |       60        だ
な        (4.1)     |     (24.8)
い                  ↓
              かわいそうだと思わない
```

図 2.5　いじめた相手への感想（清永ほか，1989）

いじめ事件の加害者に，いじめた相手に対する感想を「苦しんだと思うか，苦しんでいないと思うか」「かわいそうだと思うか，思わないか」で尋ねた。その結果，サディズム的いじめ派（かわいそうだと思わなかったが，相手は苦しんだと思う）や無感覚的いじめ派（かわいそうだと思わなかったし，相手も苦しんでいない），いいわけ的いじめ派（かわいそうだと思ったが，相手は苦しんでいない）など問題性の高いものが3割以上いる。また「かわいそうだと思ったし相手は苦しんだ」という同情的いじめ派についても，そう思いながらもいじめを続け加害事件にまで至っているところに彼らの心の病の一面を見る思いがする。

表 2.7　現代型いじめの特徴（森田・清永，1994）

1. 可視性の低下……教師や親には見えにくいかたちで行われる。
2. 立場の入れ替わり……加害者と被害者の立場が容易に入れ替わる。
3. スティグマの拡大……いじめの対象となる標的が広がった。
4. 歯止めの消失……傍観する子どもたちが増えた。
5. 非行とボーダレス……非行的な要素を含んだいじめが増えた。

②今，学校現場で起こっている課題

段の一つとされていることが多い。心の安らぎを与える場になっていない家庭での緊張，同世代間・異世代間の人間関係が渦巻く学校での緊張。そうした緊張の連続に耐えかねた子どもは，心のバランスを保つために弱い立場のものに攻撃性を向けることで，緊張状態から生じる圧迫を一時的に解消しようとする。つまりいじめは，緊張から脱したい，この苦しさから救われたいという「心のサイン」ととらえられる場合もある。しかしそれ以上に，いじめられた子どもの心理的影響（心の傷）は深い。不登校になってその難を逃れようとする子どもがいる一方で，いつ攻撃が向けられるかわからないため，つねにおどおどしたり，度重なる非人間的な仕打ちにより自己評価が極端に低下するという事態も指摘されている。

2.4.3　現代の子ども自身の問題

ところで，いじめに対する子ども自身の認識にも変化が起きていると言われる。森田・清永（1994）の調査によると，いじめについては「してはいけない悪いこと」と子どもたちは判断しているが，それと同時に「いじめることは面白い」ととらえている子どもも少なくない。つまり，いじめに対する価値判断が「良い－悪い」ではなく「面白いか面白くないか」というフィーリングの次元で行われ，遊びやふざけという軽い気持ちで相手を傷つけるケースが増えているといえる（図 2.6）。

「いじめは絶対にいけないことである」という認識が薄れ，「自分さえいじめの対象にならなければ，人がいじめられても気にならない」というエゴイズムがまかり通る子ども社会。今後，加害者・被害者だけでなく，観衆的・傍観者的な子どもたちを含み込んだ学級全体に関わる取組みが求められる。

2.5　教師のメンタルヘルス

2.5.1　教師のバーンアウト（燃え尽き症候群）

バーンアウトとは，それまでは普通に働いていた人が，突然といってもよいほどに動機づけを低下させることである。シロム（Shirom, 1989）は

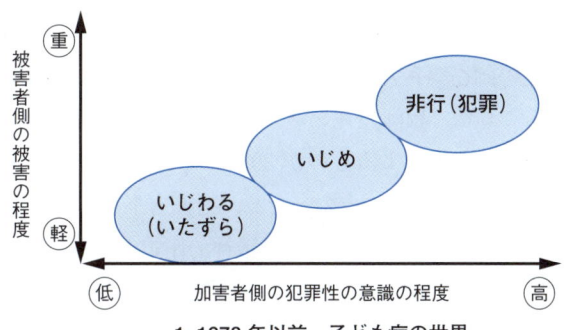

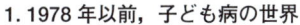

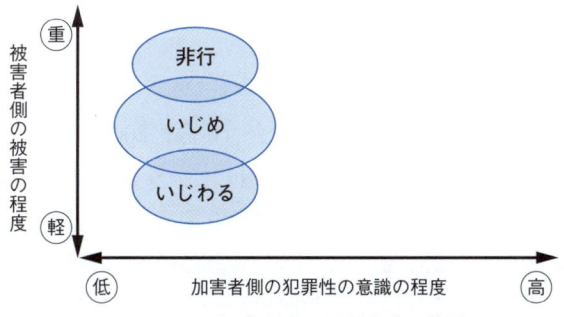

図 2.6　境を失ったいじわる・いじめ・非行（森田・清永，1994）
いじめ元年ともいえる 1978 年の以前と以後で比べると，以後ではいじめといじわる・非行との境界が不明確となった。とくにその変化は加害者意識において大きい。つまり，いじめと非行の「いじわる化」は，加害者の加害意識の希薄化を意味する。

バーンアウトの特徴として「個人レベルの体験である・ネガティブな情緒を伴っている・慢性かつ進行性の感情である」という点を挙げ，休息すれば回復する疲労とは区別している。さらにこれは，高度な対人共感性を必要とし，極度に心理的疲労を伴う職業人とされる医療や福祉（医師・看護師・臨床心理士等），教育（教師）などヒューマン・サービスを行う人が陥りやすい症候群であるといわれている。

とくに近年，少子化に伴う人員整理による多忙化，教育問題の深刻化や学校現場の荒廃により，教師のメンタルヘルスの悪化が指摘されている。病気休職のうち精神疾患によるものが29.8％を占め，児童生徒にも悪影響が及ぶ事態も起こっている。その一方で，指導力不足教員の認定という制度も導入される地域もあり，教員への精神的圧迫も強められつつある。このような状況の中，教師のバーンアウト（燃え尽き症候群）に目を向けようという動きが高まりつつある。

2.5.2　一つの調査より

1998年に東京都区内の教師208人に，バーンアウト尺度（田尾・久保，1996を改変）とエゴグラム実施した調査（伊藤，2000）によると，バーンアウトには「消耗感」と「達成感の後退」という2側面からなる複合的な経験としてとらえられた（表2.8）。またそれぞれの側面と性格特性との関連を見たところ（表2.9），このバーンアウトの2側面（消耗感と達成感の後退）は，それぞれ異なる性格特性との間に関連を持つことが示された。まず消耗感は，優等生的な気遣い（AC）に加えて厳しさ・強さ（FP）を備えたものが抱きやすい燃え尽き感といえる。一方，達成感の後退は，優しさ（MP）や無邪気さ（FC），そして冷静さが抑制要因となり得るが，優等生的な適応過剰性により促進される傾向にある。この結果は，消耗感の背景には，課題に対する厳格さや完璧主義傾向があり，寛容さや気楽さ，客観性という特性の欠如が達成感の後退につながりやすいことを示唆している。

このように，バーンアウトに陥りやすい性格特性から考えると，燃え尽き症候群を防ぐには，完璧主義や極端なひたむきさを緩和し，適度な「タ

表2.8　バーンアウト尺度（伊藤，2000）

【消耗感】
同僚や生徒の顔を見るのもいやになることがある。
同僚や生徒と，何も話したくないと思うことがある。
「こんな仕事，もうやめたい」と思うことがある。
身体も気持ちも疲れ果てたと思うことがある。
自分の仕事がつまらなく思えて仕方のないことがある。
仕事のために心にゆとりがなくなったと感じることがある。
今の仕事は，私にとってあまり意味がないと思うことがある。
一日の仕事が終わると「やっと終わった」と感じることがある。
出勤前，職場に出るのが嫌になって家にいたいと思うことがある。
こまごまと気配りをすることが面倒に感じることがある。
仕事の結果はどうでもよいと思うことがある。

【達成感の後退：すべて反転項目】
仕事が楽しくて，知らないうちに時間が過ぎることがある。
今の仕事に，心から喜びを感じることがある。
我を忘れるほど仕事に熱中することがある。
仕事を終えて今日は気持ちのよい日だったと思うことがある。
この仕事は私の性分にあっていると思うことがある。
我ながら，仕事をうまくやり終えたと思うことがある。

表2.9　バーンアウトとパーソナリティ特性との関連（相関分析）
（伊藤，2000）

	CP	NP	A	FC	AC
消耗感	.252**	−.125＋	−.046	.026	.405**
達成感の後退	.016	−.392**	−.176*	−.203**	.138*

注：エゴグラムの特性の意味については1.3.2参照。

コラム　不本意就学の問題

　大学進学は，まさに生き方選択の一契機である。しかし，ある選択の裏には別の可能性を捨て去る作業があるのであり，現実と理想の狭間で揺れ動く迷いと葛藤の時期である。大学保健管理センターや学生相談室の相談の中でも多く出されるテーマの一つに，不本意就学や転部・転学科という進路相談の悩みがある。これらの問題の背景には，大学間の明白な序列化による「人間のヒエラルキー的差異化」という社会現象が関わっている。さらに，不本意就学の問題は，個人と所属集団との間に起こるという点においても特徴を持つ。

　親への依存から友人のつながりへと比重を移していく青年期には，どんな集団に所属しているか，さらには自分の所属している集団をどのようにとらえているかが重要となる。また青年たちの多くは，自分自身を評価するにあたっては，より類似した，とくに同年齢の他者を比較の基準に選ぶことが多い。つまり，不本意感の形成には所属集団に対する認知のあり方が大きく関与すると考えられる。

　そこで一つのデータを紹介する（伊藤，1995）。大学生男子 551 人，女子 478 人に調査を実施し，入学時の不本意感（第 1 志望であったか否か）と現在の大学生活への満足感とを組み合わせることにより，4 つの類型を抽出した。第 1 志望で入学し現在も満足している「満足群」，他大学志望であったが今は満足している「受容群」，第 1 志望で入学したものの今は不満な「がっかり群」，他大学志望で今も不満が続いている「不満群」と命名した。それぞれの群に対し「一般的な大学生イメージ」「自分が所属している大学の学生イメージ（周りの学生イメージ）」「自分自身のイメージ」を SD 法（セマンティック・ディフェレンシャル・メソッド）で尋ねた。その結果（図 2.7），一般大学生イメージは 4 群ともほぼ共通しており，自己イメージも互いによく似たプロフィールであった。ところが，周りの学生たちに対しては「満足群」と「受容群」は好意的であるのに，「がっかり群」と「不満群」は否定的なイメージを抱いていることがわかった。大学に対する不本意感が周りの学生への評価を低めるだけでなく，

周りの学生への偏見がそこに所属している自分自身への嫌悪感をもたらし,不本意感をいっそう強化すると考えられる。つまりこれは,周りの学生に対する見方(偏見)と所属意識(不本意感)とが相互に響き合う関係にあることを意味している。悩みに埋没してしまう前に,自分が何に対して不本意感を抱いているのかを見直すことも大切であろう。

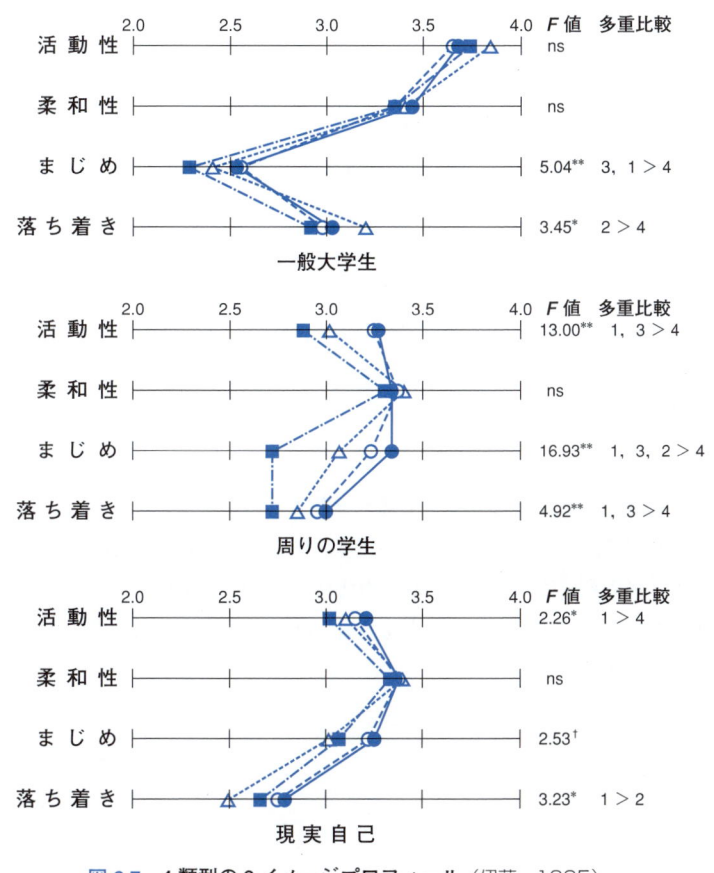

図 2.7 4類型の3イメージプロフィール(伊藤,1995)
1:満足群●,2:がっかり群△,3:受容群○,4:不満群:■
中間群の因子得点はすべて4類型の中程に位置していた。
多重比較の数字はそれぞれ4間での差を表す。

フサ」を身につけ，生活の中に息抜きの時間を設けることが大切であるといえる。また人的サポートを活用することも重要である。人との関係上の問題は，人とのつながりの中で癒されることが多いからである。

　教育という場が，人と人との関わりの中で人との関わりを学ぶ場であることを考えると，子どもの心の問題と同時に，教師自身のメンタルヘルスの改善にも目を向ける必要があるであろう。

●参考図書

村山正治・山本和郎（編）　1995　スクールカウンセラー　ミネルヴァ書房
　スクールカウンセラーに関して多角的な諸理論から幅広い視座を提供すると同時に，具体的な活動実践と経験が展開されている。

近藤邦夫　1992　教師と子どもの関係づくり　東京大学出版会
　学校や教師の働きかけの質が，子どもの心の問題に与える影響について明らかにしながら，学校現場に携わる教師に学校臨床心理学の方向を示唆している。

村山正治　1992　カウンセリングと教育　ナカニシヤ出版
　現代の教育がおかれた諸状況に視野にすえながら，カウンセリング・マインドの涵養の必要性を，自らの経験を基に論じている。

森田洋司・清永賢二　1994　いじめ——教室の病い　金子書房
　学校現場で起こっているいじめ問題について，社会学の観点から自らのデータをもとに考察すると同時に，対処方法にも一つの示唆を与えている。

鵜養美昭・鵜養啓子　1997　学校と臨床心理士——心育ての教育をささえる　ミネルヴァ書房

精神病理に現代を見る 3

　現代社会はボーダレスの時代であるといわれる。正常と異常，善と悪，健康と病理の境界が不明確になっているという。さまざまな問題行動が，軽症化しつつ広がっているともいわれる。どこからどこまでを正常とし，何を異常とするかの基準が揺れている。

　現代社会で問題とされているいろいろな現象は，特殊な人の病理や逸脱だけではない。社会全体の価値観が揺らぎ秩序が崩壊するにつれて，すべての人の心の奥底にある問題が一気に形をもって顕在化してきたとも見える。現代社会の精神病理は，個人病理を越えて家族病理，社会病理を抱え込んでますます複雑化しつつある。

　本章では，いくつかの問題を取り上げ，その特徴や症状について述べるとともに，その背景にある社会的要因についても考察していきたい。

3.1 病理現象のボーダレス

現代社会には，さまざまな病理現象が蔓延（まんえん）している。そしてそれは，個人病理だけでなく，家族病理・学校病理・社会病理にまで広がり，それらの問題が互いに関わり合いながら，現代人の心の問題をますます見えにくく，解決の難しいものにしているといえる。

3.1.1 反社会的行動・非社会的行動

人間の適応・不適応をとらえる際の視点に，次に挙げる2つがある。一つは，周りの他者や社会にうまく適応しているかどうかという視点。そしてもう一つは，その個人の中で自分自身をどの程度認め，生かしているかという視点である。そしてそれに対応して，不適応についても2つのあり方が想定できる（図3.1）。一つは，対他的には適応しているのだが対自的には不適応状態にある場合。つまり，人に対しては非常に適応的で調和・共存できているように見えても，その人個人の内面では不適応や自己否定を感じている場合であり，神経症的不登校などがその典型である。他方，対他的には不適応でも対自的には適応できている場合には，自己への満足感や自信は強いのだが，人とぶつかったり社会の規範から逸脱してしまったりという問題が生じる。たとえば，非行少年などがその例として挙げられる。前者では他者（社会）より自分自身が損なわれることが多く，後者では自分自身よりも周りの人間に迷惑が及びやすい。そのため，前者は非社会的不適応，後者は反社会的不適応と対置して論じられることがある。

3.1.2 最近のボーダレス

ところが近年，思春期から青年期の子どもたちの間で，これら2つの不適応症状の多様化・複雑化が進んでいる。たとえば，神経症の代表として不登校を考えても，以前のように「行きたいけど行けない」という葛藤を抱えたケースは減少し，逆に，少なくとも表面的には「悩み」「苦悩」が見えないようなケースが多くなった。さらに，うつ病などの精神病理につ

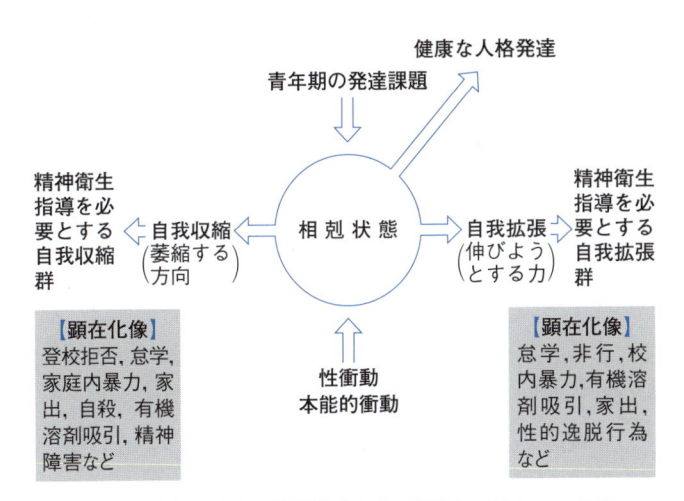

図 3.1　青年期生徒の精神構造とその蹉跌像（清水，1985）

青年期の発達課題に取り組む過程で，わずかの成功で有頂天になるという偽りの自我拡張感を抱くし，些細な失敗で極端に悲観して死を考えるような偽りの自我収縮感をも抱く。このような相剋状態の中で，一方への偏りの強い子どもたちが精神的な援助を必要としている。

図中テキスト：
- 健康な人格発達
- 青年期の発達課題
- 相剋状態
- 自我収縮（萎縮する方向）
- 自我拡張（伸びようとする力）
- 性衝動・本能的衝動
- 精神衛生指導を必要とする自我収縮群
- 精神衛生指導を必要とする自我拡張群
- 【顕在化像】登校拒否，怠学，家庭内暴力，家出，自殺，有機溶剤吸引，精神障害など
- 【顕在化像】怠学，非行，校内暴力，有機溶剤吸引，家出，性的逸脱行為など

表 3.1　軽症うつ病の特徴（笠原，1996）

1. 今までどちらかというと社会適応のよかった人におこる傾向にある。少なくとも怠け者の常習的な逃避とはあきらかに区別できる。
2. 軽くともその「憂鬱気分」は「不安」と「おっくう感」を伴う複合感情であることが多い。単に「気が沈む」というだけではない。
3. 一定期間つづく。2，3日で消えることはなく，少なくとも1，2カ月つづく。
4. 発病に際してストレスが先行することはあるが，何もないことも多い。
5. 薬物を中心とする治療によって比較的容易にもとに戻る。

いても，以前のような重症事例（大うつ病）が減り，一見しただけではわかりにくい軽症うつ病といわれる事例（表 3.1）が増えているという。

一方，反社会的問題についても深刻の度合いを強めている。近年ますます低年齢化する非行問題。従来，非行を犯す少年には，経済的にも恵まれず家庭的にも不幸を背負っているというケースが多かった。非行という問題は，個人の問題というよりも家庭の病理を背景にして生じていた社会問題の一つと考えられてきたといえる。ところが，近年の非行少年の調査によると，経済的な問題を背負った子どもや，欠損家庭・崩壊家庭で育った子どもの比率は低下し，その半面で「ごく普通」の家庭で育った子どもが非行問題を起こすというケースが増えている。今や非行問題は一部の不幸な家庭に起こる特異なケースではなく，どの家庭でも起こり得る問題となった。さらに貧しさや不幸という客観的にもネガティブであるとわかる要因ではなく，主観的でより見えにくい要因を背景に持つようになった（表 3.2，表 3.3）。

このように現代社会では，反社会的か非社会的かという分類そのものが意味をなさなくなっただけでなく，何を異常とするか，何が正常なのかというボーダーもきわめて不明確になってきているといえる。

3.2 PTSD（心的外傷後ストレス障害）

PTSD（Post-Traumatic Stress Disorder）とは，瀕死の重傷を負うような出来事や，身体の安全に迫る危険を体験・目撃・直面したことにより，強い心理的苦痛，不安，不眠，悪夢，恐怖，無力感，戦慄などに悩まされる症状をいう。DSM-IV（『精神疾患の診断と統計の手引き』第 4 版）では，①外傷的事件の心理的再体験，②外傷的事件に関わる刺激の回避と全般的反応性の低下，③過剰な覚醒（持続的な警戒体制）という 3 つが代表的症状とされる。この原因となるのは，児童虐待・性的虐待・レイプ・災害など個人の責任能力を超えた外力である場合が多い。

表3.2 最近の非行の特徴

1. 増加傾向。万引きや窃盗が多い。
2. 低年齢化。触法少年（14歳以下）も増加。
3. 女子非行の増加。
4. 遊び型非行の増加。万引き・自転車盗み・バイク盗みなど動機が単純でスリル・刺激・ストレスの発散を求める。
5. 集団非行（暴走族など）の増加。
6. 性非行の増加。
7. 校内暴力、いじめとの接点。

表3.3 新人類の誕生と非行（福島,1985）

	過去	現在
非行	生活型 反抗型 現実型 反社会的	遊び型
価値観	現実原理	快楽原理（その場その場の欲求充足）
思考	論理的 言語的 意識的	コラージュ的 イメージ的 前意識的
価値基準	道徳，恥罪	フィーリング，カッコよさ，快感
行動	能動的	受動的
社会性	社会的 共同社会的	非社会的 自己中心的

「過去の非行・伝統型の非行」と，現代の主流をなしている「新人類型の非行」との対比が図式的に表現されている。経済的な豊かさや母親の過保護を新人類パーソナリティの形成要因として挙げられるが，これらの要因が非行の変化にも影響を与えるということを示唆するものといえる。

3.2.1 阪神・淡路大震災後の PTSD

この PTSD が日本で注目されたのは，1995 年 1 月 17 日の阪神・淡路大震災であった。被災直後は，心が麻痺したような茫然自失状態に陥り，無表情や徘徊行動に陥った人々が多く見られた。その後，覚醒状態となり救援活動に参加する者も出てきたが，衝撃時の体験が急に蘇ったり（フラッシュバック），不眠や悪夢に悩まされる者も多かった。さらに，他の人の死に直面することにより，「自分だけ生き残って申し訳ない」という罪悪感（サバイバーズ・ギルト）をもたらす事例もあった。一方，嘔吐や下痢などの身体症状も続き，愛する家族や大切な家財を失ったショックや喪失感はなかなか消えなかった。また避難生活などでは，不自由な生活環境や人間関係の喪失や失望，屈辱感や絶望感，非当事者に対する怒り，恨みといった感情が強まり問題とされた（表 3.4，表 3.5）。

しかし，この震災後の心理臨床活動からは，さまざまなことが明らかになった（杉村，1995）。それによると，災害に伴うダメージやその後の経過には大きな個人差が見出され，その個人差には災害前のリスク要因（社会的・経済的・精神的デメリット）や災害前の人間関係やライフイベントが大きく関わることが指摘されている。その意味でも，震災による 1 次的被害だけでなく，2 次的・3 次的な被害に対して専門的かつ長期的に関わることの必要性が指摘されるのである。

3.2.2 児童虐待による PTSD

一方，児童虐待による PTSD にも援助の手を向けることの必要性が叫ばれている。児童虐待は，安全と庇護を保障されるべき家庭の中で，しかも基本的信頼を獲得すべき対象である親との間に生じることが多いので，問題の根も深い。被虐待児の特徴としては，恐怖と圧倒的孤立無援感，警戒的過覚醒状態や人形的服従性を示す点が指摘される。またこの強烈な虐待が長期にわたると，虐待を受けている自分を「もう一人の自分」として切り離し，別の人格を作って乗り越えようという解離現象を見せる場合も少なくない。

この PTSD の治療については，外傷を受けて心的能力や基本的信頼感

表 3.4 震災後の電話相談から見えてきたもの (杉村, 1995)

身体的主訴（102 件/184 件；55％）
①不眠（30％），②疲労・倦怠感（13％），③食欲不振（8％），④動悸（6％），⑤血便・下痢（6％），⑥頭痛・頭重感（6％），⑦吐き気・嘔吐（4％），⑧しびれ（2％），⑨めまい（2％），⑩体感異常（2％），⑪その他（22％）。

精神的主訴（183 件/184 件；99％）
①不安・恐怖（17％），②無気力・健忘（14％），③困惑（9％），④怒り（8％），⑤落ち込み・抑うつ（8％），⑥悲しみ（6％），⑦喪失感（5％），⑧焦燥感（5％），⑨希死念慮（3％），⑩確認強迫（2％），⑪その他（22％）。

主訴の背景に人間関係問題があるもの（69 件/184 件；38％）
①夫婦間葛藤（43％），②親子間葛藤（38％），③同胞間葛藤（13％），④親戚間葛藤（6％）。

表 3.5 阪神・淡路大震災による相談者の精神疾患の既往 (杉村, 1998)

	男性	女性	合計
精神科・神経内科受診	10	24	34（41％）
躁病・躁鬱病	0	26	26（32％）
心身症	5	8	13（16％）
神経症	2	5	7（9％）
その他	0	2	2（2％）
合計	17 (21％)	65 (79％)	82 (100％)

単位＝人（％）。
2月21日〜11月21日までの電話相談による。
相談者260名のうち精神疾患等の既往者の占める割合……82/260＝32％。

を失った人に，自分自身を許し，外傷的記憶を受容させるという方法が取られる。これにより，自己コントロール力を取り戻させ自他双方への信頼感が回復されるのである。

3.3 対人恐怖

日本文化は，時に集団主義とか「恥の文化」と表現される。人（世間）の目を極端に気にし，人に合わせることを行動の一つの指針とする。我を主張することを嫌い，周りとの調和を重視する。日本人に多いとされる対人恐怖は，このような他者志向の文化を背景に生じた精神病理であるといえる。

3.3.1 青年期に好発しやすい対人恐怖

対人恐怖の好発時期は中学生から高校時代であるとされる（図3.2）。そして，その症状は30歳を過ぎるころから快方に向かうといわれる。つまり対人恐怖は，青年期に特徴的な病理であるといえる。

確かに，人の目が気になる・人前でぎこちなくなる等の対人場面での悩みは，きわめて青年期的な傾向である。子ども時代のように天真爛漫ではいられず，他者意識・自己意識がともに高まり，人からの評価を妙に気にする。このような現象は，自分自身を客観的に見つめ内省する力がついてはじめて表れるのである。このように見てくると，対人恐怖というのは，きわめて日本人的であり，かつきわめて青年期的なテーマをはらんだ病理であるといえよう（対人恐怖の種類については表3.6）。

3.3.2 対人恐怖の特徴

対人恐怖者が苦手とする対人関係については，以下のような点が挙げられる。まず第1は「半知り」（井上（1977）のいう「世間」）の人たちである（図3.3）。つまり，親密な人や見知らぬ人には遭わなくてもいい「気を遣う関係」が苦手だといえる。第2に，同年輩者との関係が作りにくいという点が挙げられる。第3の特徴としては，少人数のグループが苦手と

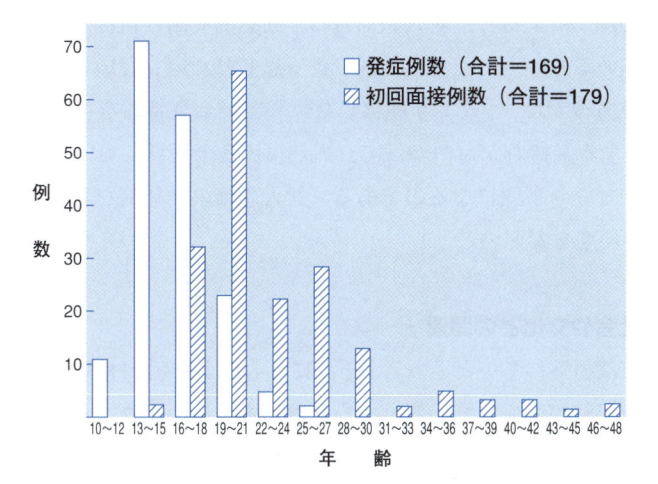

図3.2 対人恐怖の発症年齢と初回面接年齢（永井，1986）

表3.6 対人恐怖の種類

強い人見知り，強度の含羞，対人緊張，顔面強張，対面恐怖，会話恐怖，正視恐怖，発汗恐怖，赤面恐怖，吃音恐怖，発声困難（恐怖），震声恐怖，書痙，表情恐怖，醜貌恐怖，醜形恐怖，視線恐怖，放屁恐怖，自己臭恐怖，自己視線恐怖，自己反映恐怖，対人影響恐怖，独語恐怖，寝言恐怖，被害妄想，被害念慮，関係念慮，会食恐怖，排尿困難恐怖等．

いうことである。たとえば大学のゼミ単位や小さなサークルなどの居心地の悪さを訴えることが多い。そして第4は，2人はいいが3人になると不安になるという点がある。そして最後に，雑談ができないというのもよく聞かれる訴えである（笠原，1977）。

　近藤（1970）によると，対人恐怖者には配慮的要請と自己主張的要請とが混在しているという。前者は「人によく思われたい」という気持ちにつながり，一方後者は，「人より優越したい」という気持ちを生む。これら2つの相反する気持ちがぶつかって，人前に出ると困惑したり居心地が悪くなったりという事態になるのである（対人恐怖の具体的な特徴については**表 3.7** の尺度を参照のこと）。

3.3.3　社会や文化との関連

　対人恐怖は男性に多いとされる。そこには「男は強くなければいけない」という社会規範が関係しているという見方がある。つまり，対人恐怖の特徴とされる内向性やシャイ，赤面などの現象は，女性の場合は一種の「女らしさ」や「かわいらしさ」と受け取られる。ところが，これらの症状は「男性性（男らしさ）」に反するものが多いため，とくに男性のほうが悩みとして大きくなるという。

　ところが，男女の差異が小さくなり，女性にも男性同様の活躍が求められる現代社会では，女性の対人恐怖者も増えているという。自己主張が要求され，個性の尊重が重視される現代，「こうあるべし」という社会規範が，対人恐怖者を生み出す背景には存在しているといえるのかもしれない。

3.4　摂食障害

　日本では，1960年前後から急激に増えつつあるのが**摂食障害**の患者である。これは，①主として青年期の女性に発生する病気であること，②やせを希求する心理が著明であること，③19世紀の後半に英仏で注目され始め，近年急増してきた病気であること，④主として先進国にみられ，発展途上国ではいまだにまれな病気であること，さらに⑤近年では食事制限

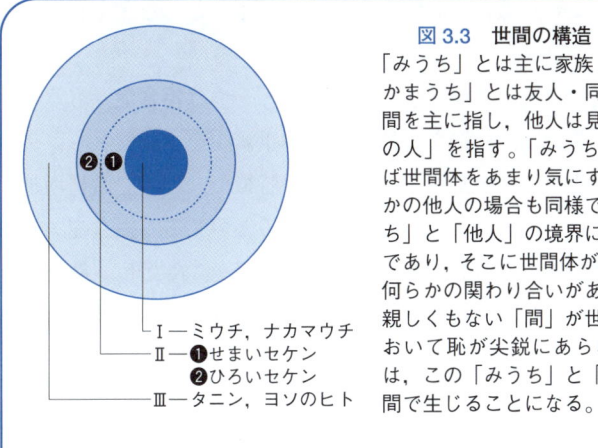

図 3.3　世間の構造（井上，1977）

「みうち」とは主に家族・親族を言い、「なかまうち」とは友人・同僚、場に属する仲間を主に指し、他人は見ず知らずの「よその人」を指す。「みうち」になってしまえば世間体をあまり気にすることはなく、あかの他人の場合も同様である。この「みうち」と「他人」の境界にあたる領域が世間であり、そこに世間体が存在する。つまり、何らかの関わり合いがありながら、十分に親しくもない「間」が世間であり、そこにおいて恥が尖鋭にあらわれる。対人恐怖は、この「みうち」と「他人」の境界＝世間で生じることになる。

Ⅰ―ミウチ，ナカマウチ
Ⅱ―❶せまいセケン
　　❷ひろいセケン
Ⅲ―タニン，ヨソのヒト

表 3.7　対人恐怖的心性尺度（永井，1994 より一部抜粋）

1. 対人状況における行動・態度……他者と打ち解けた行動の困難さ・緊張感・視線の問題

人が大勢いるとうまく会話の中に入っていけない。
人と自然に付き合えない。
人がたくさんいるところでは気恥ずかしくて話せない。
グループでの付き合いが苦手である。
人と目が合わせられない。
人と話をするとき、目をどこに持っていっていいかわからない。

2. 関係的自己意識……確定できない関係・加害的な関係・被害的な関係

他人に対して申し訳ない気持ちが強い。
相手に嫌な感じを与えるような気がして、相手の顔色をうかがってしまう。
自分のことが他の人に知られるのでないかとよく気にする。
人と話をしていて、自分のせいで座が白けたように感ずることがある。
自分の弱点や欠点を他人に知られるのが怖い。
自分が人にどう見られているのかくよくよ考えてしまう。
他人が自分をどのように思っているのかとても不安になる。

3. 内省的自己意識……自己の不安定さと劣等感・自己の統制の弱さ

なにをするにも集中できない。
いつもなにかについてくよくよ心配する。
他人のことが良く思えて自分がみじめになる。
根気がなく何事も長続きしない。
気分が沈んでしまって、やりきれなくなるときがある。
すぐ気持ちがくじける。

③精神病理に現代を見る

型の古典的無食欲症より，過食症の率が上昇していること，などを特徴とする（野上，1998）。

ところで，この摂食障害は2つの病態像を持つ。一つは**拒食症**，もう一つは**過食症**である。前者は，極端な食欲低下と体重減少を主徴候とし，後者はむちゃ食いに嘔吐や下剤の乱用を伴うという特徴で，近年急激に増加している。いずれにせよ，食にまつわる病理であるといえる（拒食症・過食症の診断基準は**表 3.8**，**表 3.9** に示すとおりである）。ただし，最近ではこれらのうち一方のみが現れるのでなく，嘔吐や下剤の乱用を伴いながら拒食と過食を繰り返す症例が多くを占めているという。

3.4.1 摂食障害の病態

では，その病態（とくに拒食症）について具体的に見ていきたい。まず，摂食行動の異常性は際立っている。量的な異常としては，極端な食事量の減少が見られるが（たとえば1日に摂取するのはクッキーひとかけら，ヨーグルト1個という場合もある），その背景に，空腹感・飢餓感あるいは健康や生命の喪失への恐怖が欠如していると見られる言動も多い。質的異常としては，強度の偏食・異食，下剤の乱用があり，その摂食様式も，隠れ喰い・もらい喰い・盗み喰い・拾い喰いなどの異常性を伴う。

また，やせに対する意識の歪みも指摘される。たとえば，やせることを誇っているのではないかと思わせるような顕示的振る舞いや，ボディ・イメージの歪みもこの患者の特徴である。さらに，このやせをさらに増進させるがごとく，直情的・盲目的に活動に没頭する姿も共通して見られる。これらの症状からは，そうまでして自己の存在価値を求めざるを得ない拠り所のなさがうかがえる。しかしその一方で，本人はすこぶる活動的であり平然としているため，周りの人には病気ととらえられにくく，発見や処置を遅らせることにもなっている。

3.4.2 摂食障害の原因と現代女性の心理

この病気はさまざまな精神疾患と接点を持ち，その原因も諸説挙げられている。たとえば，両親との関係に注目したものとしては，「母親に起源

表 3.8　拒食症（神経性無食欲症）の診断基準（DSM-IV）

A. 年齢と身長に対する正常体重の最低限，またはそれ以上を維持することの拒否（例：期待される体重の 85 ％以下の体重が続くような体重減少；または成長期間中に期待される体重増加がなく，期待される体重の 85 ％以下になる）。
B. 体重が不足している場合でも，体重が増えること，または肥満することに対する強い恐怖。
C. 自分の体の重さまたは体形を感じる感じ方の障害；自己評価に対する体重や体形の過剰な影響，または現在の低体重の重大さの否認。
D. 初潮後の女性の場合は，無月経，つまり，月経周期が連続して少なくとも 3 回欠如する（エストロゲンなどのホルモン投与後にのみ月経が起きている場合，その女性は無月経とみなされる）。

表 3.9　過食症（神経性大食症）の診断基準（DSM-IV）

A. むちゃ喰いのエピソードの繰り返し，むちゃ喰いのエピソードは以下の 2 つによって特徴づけられる。
　(1) 他とはっきり区別される時間の間に（例：1 日の何時でも 2 時間以内の間），ほとんどの人が同じような時間に同じような環境で食べる量よりも明らかに多い食物を食べること。
　(2) そのエピソードの間は，食べることを制御できないという感覚（例：食べるのを止めることができない，または何を，またはどれほど多く食べているかを制御できないという感じ）。
B. 体重の増加を防ぐために不適切な代償行動を繰り返す。例えば，自己誘発性嘔吐；下痢，利尿剤，浣腸，またはその他の薬剤の誤った使用；絶食；または過剰な運動。
C. むちゃ喰いおよび不適切な代償行動はともに，平均して，少なくとも 3 カ月間にわたって週 2 回起こっている。
D. 自己評価は，体型および体重の影響を過剰に受けている。
E. 障害は，神経性無食欲症のエピソード期間中に起こるものではない。

する陰性の女性像」が根底にあるという説や，「父親の指導性の欠如」を指摘する説がある。また本人の心理的問題としては，未熟で脆弱な人格成熟の危機や成熟に対する嫌悪，さらには女性性の拒否に起因させるという見方もある。「大人になりたくない」という少女独特の心理が潜んでいる場合も多く（図 3.4），精神療法しか治療に役立たないという点から，精神的な問題を取り上げることが必要となってくる（笠原，1977）。このように，摂食障害の病像や治療経過からは，思春期の女子に特有な心理や，心と体のつながりを読みとることができる。

3.5 現代社会の病理を背負った現象

　現代は情報社会であり，消費社会であるといわれる。価値観が混乱・多様化し，情報に流され心の内面が阻害されやすい状況にある。人間関係はますます希薄になり，今さえよければよいという刹那主義が横行し，自分中心のミーイズムが共通した現代人の心性となりつつある。

3.5.1 モラトリアム

　モラトリアムとは，アイデンティティの確立を先延ばしにし，既成の大人社会に同一化しないまま「自分探し」のもがきの中にいる状態のことで，社会人としての義務と責任の支払いを猶予されている状態を意味していた。これは，子どもから大人への過渡期にあたる青年期に特徴的な現象として，エリクソン（Erikson, E. H.）により定義された。

　しかし最近，青年期が延長し，いつまでもモラトリアム状態にとどまる青年たちが増加した。彼ら（現代的モラトリアム；小此木，1978）は古典的なモラトリアムとは異なり，社会に対して責任を持とうとせずいつまでもお客様意識である（表 3.10）。帰属意識が希薄で，何事にも一時的・暫定的にしか関わろうとしない。しかしその一方で，自分の多様な可能性を常に自由に発揮できるような柔軟性も持っているという。この背景には，何か困ったことがあっても何らかの形で手を差し伸べてくれる社会の寛容さ（やさしさ・保守化）があり，それがモラトリアム状態を続けることを

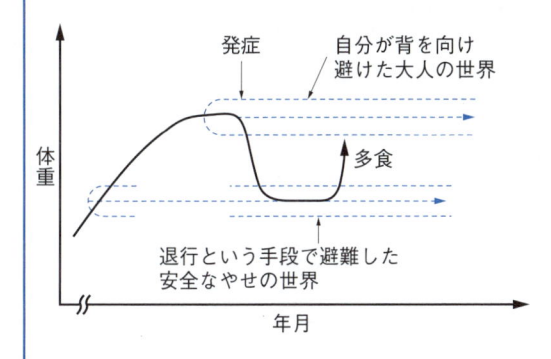

図 3.4 食欲と精神状態の関係 (鈴木, 1986)
拒食によるやせは，退行という手段に逃避した安全な世界であると言われる。

(グラフ中のラベル: 体重／年月／発症／自分が背を向け避けた大人の世界／多食／退行という手段で避難した安全なやせの世界)

表 3.10 古典的モラトリアムと現代的モラトリアム (小此木, 1978)

古典的モラトリアム	現代的モラトリアム
1. 半人前意識と自立の渇望	1. 半人前意識から全能感へ
2. 真剣かつ深刻な自己探求	2. 禁欲から開放へ
3. 局外者意識と歴史的・時間的展望	3. 修業感覚から遊び感覚へ
4. 禁欲主義とフラストレーション	4. 同一化（継承者）から隔たり（局外者）へ
	5. 自己直視から自我分裂へ
	6. 自立への渇望から無意欲・しらけへ

可能たらしめていると見られている。そう考えると，このモラトリアム現象も，急速に変化し価値の多様化が進む現代社会においては，一種適応的な心理傾向であるということもできよう。

3.5.2　ボーダーライン・パーソナリティ

　ボーダーラインとは，正式には「境界性人格障害」といわれる。ここでいう「境界」とは，精神病・神経症・性格異常などのどのカテゴリーにも属し得るような種々の精神病理現象を持つが，しかしどれとも診断できないような境界線上の精神病理現象をいう（ボーダーライン尺度は表 3.11）。

　具体的には，以下のような症状が挙げられる。

(1) 不安定な対人関係，他者に対する不安定な評価。
(2) 衝動的（自傷，性的トラブル，無駄遣い，過食，万引き）。
(3) 情緒の不安定（うつ，焦燥，不安）。
(4) 不適切な怒り。
(5) 自殺の危険性。
(6) 自己同一性障害（性的同一性，職業同一性，友人や価値）。
(7) 空虚感，倦怠感。
(8) 見捨てられ不安が強い。

　このように複雑で厄介な症状を特徴とするボーダーラインの治療は，きわめて難しい。患者は，一方的な理想化や一方的な価値の引き下げにより，治療者との信頼関係を頻繁に壊し，周りの人間を巻き込んでいくエネルギーもすさまじく強い。人格発達の障害が思春期あるいは青年期になって露呈してきた病理であり，その治療には人格の成熟を根気強く待つ姿勢が必要である。現代のように，価値観が多様化し，世の中の変化が急速になるにつれ，変動の激しい社会の中で自分自身を見失った人間が，成熟を放棄したり逃避したりしてしまった結果この症状を呈するケースも少なくないといわれている。

表 3.11　ボーダーライン尺度（町沢, 1997）

1. 私は周囲の人や物事から見放されているような気がする ………… はい・いいえ
2. 私は気が狂うのではないかと恐れている ………… はい・いいえ
3. 私は自分を傷つけたくなるときがある ………… はい・いいえ
4. 私は他人との親しい個人的関係を持つことを恐れている ………… はい・いいえ
5. 最初にあった時はその人はとても立派に見えてもやがてがっかりすることが多い
　　　　　　　　　　　　　　　　　　　　　　　　　　　　　　　………… はい・いいえ
6. 他人は私に失望している ………… はい・いいえ
7. 私は人生に立ち向かう力がないと感じている ………… はい・いいえ
8. このところずっと幸福だと思うことはない ………… はい・いいえ
9. 私の内面は空虚だと思う ………… はい・いいえ
10. 自分の人生を自分でコントロールできないと思う ………… はい・いいえ
11. たいてい私は孤独だと思う ………… はい・いいえ
12. 私は自分がなろうとした人間と違った人間になってしまった ………… はい・いいえ
13. 私は何でも新しいことが怖い ………… はい・いいえ
14. 私は記憶力に問題がある ………… はい・いいえ
15. 何かを決心することは私には難しい ………… はい・いいえ
16. 私の周りには何か壁があるように思う ………… はい・いいえ
17. 一体私は誰なのかと困ってしまう ………… はい・いいえ
18. 将来に不安がある ………… はい・いいえ
19. 時には私はバラバラになるように感じる ………… はい・いいえ
20. 私は人前で気を失うのではないかと心配している ………… はい・いいえ
21. 私はできるだけ努力しても決してうまくはできない ………… はい・いいえ
22. 私は自分が何かを演じているかのように自分を見ている ………… はい・いいえ
23. 私がいない方がむしろ家族はうまくやっていくだろう ………… はい・いいえ
24. 私は至るところで失敗している人間だと思い始めている ………… はい・いいえ
25. この先何をしたいのか私にはわからない ………… はい・いいえ
26. 人間関係の中に入ると私は自由でなくなってしまうように感じる ………… はい・いいえ
27. 誰も私を好きにならない ………… はい・いいえ
28. 実際に起こったことと想像したことの区別がよくわからない ………… はい・いいえ
29. 他人は私を「物」のように扱う ………… はい・いいえ
30. 何か変な考えが浮かぶと私はそれを取りのけることができない ………… はい・いいえ
31. 人生に希望はないと思う ………… はい・いいえ
32. 私は自分自身を尊敬することができない ………… はい・いいえ
33. 私はまるで霧の中に生きているようにはっきりしない ………… はい・いいえ
34. 私は人生の失敗者だ ………… はい・いいえ
35. 誰か他人の責任を負うことは怖いことだ ………… はい・いいえ
36. 自分が他人に必要とされている人間だとは感じない ………… はい・いいえ
37. 私は真の友人を持っていない ………… はい・いいえ
38. 私は自分の人生を生きることができないと思っている ………… はい・いいえ
39. 買い物や映画を見に行くときのような人混みの中にいると不安になる ………… はい・いいえ
40. 私は友人を作ることが下手である ………… はい・いいえ
41. 私はもはや人に認められる立派な人になろうとするには遅すぎる ………… はい・いいえ
42. 周りの人は勝手に自分の心を読んでいるのではないかと思う ………… はい・いいえ
43. 私の周りで何かが起こりそうだと感じる ………… はい・いいえ
44. 私は残酷な考えが浮かんで苦しむことがある ………… はい・いいえ
45. 私は自分が男性（女性）であることに自信を持っていない ………… はい・いいえ
46. 私は長く友人づきあいができない ………… はい・いいえ
47. 私は自分を憎んでいる ………… はい・いいえ
48. 私は広い場所や市街に出ることを恐れている ………… はい・いいえ
49. 私はときに「自分は生きている」のだと自分に言い聞かせている ………… はい・いいえ
50. 時に私は自分自身でないと思う ………… はい・いいえ

採点方法：「はい」の数……0～15＝正常域，16～27＝ボーダーライン傾向，28～50＝ボーダーライン圏。

● **参考図書**

清水將之　1996　思春期の心　NHKブックス

　思春期に生じやすい「心の危機」——不登校，拒食，非行，対人恐怖，うつ，いじめ等——について解説すると同時に，それに対する対応方法についてわかりやすく解説している。

町沢静夫　1990　ボーダーラインの心の病理——自己不確実に悩む人々　創元社

　ボーダーラインの概念とその原因，さまざまな精神障害との関連を解説するとともに，現代社会の病理についても言及している。

内沼幸雄　1990　対人恐怖　講談社

　日本人の羞恥の構造に触れながら，対人恐怖の原因と治し方を，豊富な臨床例をもとに考察している。

小此木啓吾　1990　現代人の心をさぐる　朝日文庫

　思春期・青年期の心，中高年の惑い，家族と夫婦の病など，現代社会に見られるさまざまな症例を詳しく解説しながら，健康な精神生活はどうしたら得られるかを考える。

コラム　現代のやさしさ志向

　最近の若者の「世代性」を象徴するものの一つに，人との関係の持ち方がある。ネクラやマジメという評価を嫌いその場の雰囲気を円滑に楽しく過ごすことに固執する。その一方で，お互いの領分には踏み込まず，過度に関係が深まることは避けたがる。人からの干渉回避や人の心に立ち入らないという「気遣い」は，一種の「やさしさ」と表現される（大平，1996）。

　しかし，この新種の「やさしさ」現象を，若者世代の専売特許と片づけていいのであろうか。相手の心に踏み込まない，踏み込ませないという「やさしさ」には，現代社会のメンタリティが色濃く反映されているのもかもしれない。

　まず，第1に注目されるのは「豊かさ」である。モノの豊かさが時間的なゆとりを生み，そのゆとりが過剰な配慮を可能にした。豊かさゆえに，手を出し口を出すことが可能になった大人たちの「やさしさ」が，若者の身辺から欠乏や失敗体験をとことん排除し，無菌状態を作り出す。

　次に，歴史の中での現代という時代に目を向けてみる。旧来，日本は，強い絆で結ばれたウチ社会であった。その，義理人情や恩が尊重される社会では，相手本位のマゾヒズム，相手のために自己犠牲を払うことが美徳とされた。しかし今，近代個人主義の急速な流入により，ウチ社会の構造が大きく崩れつつある。近代化という名の下，個として独り立ちするだけの強さを身につけないままに，古来からある相互依存の足場を外し，個人主義の方向へと一足飛びの変身を試みた。その結果，どっちつかずの日本社会は，あらゆる歪みを抱えることになった。

　人から構われるのもいやだけど，全然構わないのもまた怖い。相手に不快感を与えないように過剰な気を遣う一方で，一番かわいいのはやっぱり自分なのである。そこにあるのは，相手を思いやる感情であるはずの「やさしさ」が，自分自身に対する「やさしさ」にすり替えられるというパラドックス。現代社会の「やさしさ」は，独立態としての自我ではなく，甘えを残したままの未熟な自己愛，自己防衛的なやさしさであるといえるだろう。

こう見てくると「やさしさの精神病理」は，「気遣い過剰な現代社会の病理」であり「近代個人主義になろうとしてなりきれていない過渡的社会の病理」ともいえる。人との摩擦やぶつかり合いを避けることで表面的には穏やかになったが，やはりそこには現代社会に固有の病根が潜んでいるのかもしれない。

文化と性格 4

　人間はただ1人では生きられない。人との関係の中で、そして常に社会と関わりながら生きている。そしてその社会は、それぞれ独自の文化を持つ。さらにその文化は、時代とともに変化する。そう考えると、文化や風土に規定されたパーソナリティも、時代の流れとともに変化し続けているのかもしれない。

　本章では、まず比較文化的な観点から文化によるパーソナリティの違いについて概観する。そしてその文化による違いを生み出す要因の一つとして「風土論」にも言及する。さらに、日本国内でも風土（土地柄・気候・言葉）の違いによって、パーソナリティがどのように異なるかについて「県民性」という考え方を紹介してみたい。

4.1 比較文化的性格論

性格が，生来的・遺伝的要因だけで形成されるものでないことは周知の事実であろう。後天的要因として，家庭環境や社会情勢，そしてさらには文化による影響が挙げられる。

4.1.1 罪の文化・恥の文化

東西文化による自己のあり方の違いに着目し，それを二分法的にとらえようとした理論は，これまでにも数多く輩出されてきた（表 4.1）。たとえばベネディクト（Benedict, R.）は，西洋を，内面化された自らの基準によって善悪を判断する罪の文化としたのに対し，日本は他人の判断を基準にして自己の行為を決定する恥の文化であると論じた。この理論は，比較文化研究の出発点として，その後の日本人論に大きな影響を与えることになった。

4.1.2 個人・間人，個と場

また，社会学の見地から東西の対比をとらえた浜口（1982）は，シュー（Hsu, F. L. k.）の人間常相の考え（図 4.1）にもとづく観点から，「間人主義」対「個人主義」という対立概念で表している。間人主義とは，集団の連帯性を維持する社会的な準拠枠にしたがって，集団への適応と維持を主眼とする対人関係を意味する。他方個人主義とは，個人の内的準拠枠にしたがって自らの行動を制御する原理のことであり，集団内での個人の同質性よりも異質性に重点が置かれた関係性をいう。

一方，河合（1976）は，西欧社会が個の倫理で成り立つのに対し，日本は場の倫理が優先的であると指摘している。つまり，西洋人は一人の「個人」と他の「個人」が関係を持つという形態をとるのに対し，母性性社会といわれる日本文化においては，「人間関係の基本構造として無意識的な一体感を土台とする」というように，両者の間に対比性が成り立つという指摘である。また，意識構造にも東西で違いがあることを指摘している（図 4.2）。

表 4.1　比較文化理論による日本と西欧

	西 欧	日 本
ベネディクト	罪の文化	恥の文化
浜口恵俊	個人主義	間人主義
河合隼雄	個の倫理	場の倫理
マーカスと北山	独立的自己	相互依存的自己

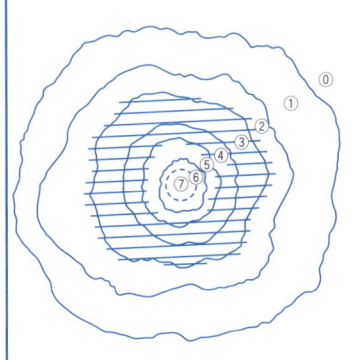

⑦無意識界
⑥前意識界　　　　　｝「パーソナリティ」
⑤表現されない意識界
④表現可能な意識界　｝「人（JEN）」
③身近な社会と文化
②操作的な社会と文化
①遠隔の社会と文化
⓪外部世界

図 4.1　シューによるパーソナリティと人（レン）(浜口，1982)
上図は，人間の生活空間を同心円状に図式化したものである。西洋的なパーソナリティが⑦～④という個人内部の層からなるのに対し，東洋的な人（レン）は④と③を中心に，⑤と②を部分的に含む領域からなるという。つまり，個人的に核を持つパーソナリティに対し，人（レン）は身近な人たちとの交わりを基盤にしている。この人（レン）という概念が「間人主義」に依拠した個人モデルに通じる。

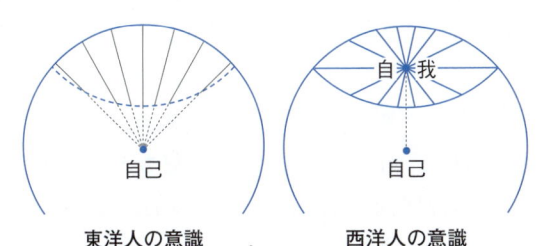

東洋人の意識　　　　西洋人の意識

図 4.2　東洋人と西洋人の意識構造 (河合，1967)
西洋人は自我を中心として，それ自身一つのまとまった意識構造を持っている。これに対して東洋人のほうは，それだけではまとまりを持っていないようでありながら，実はそれは無意識内にある中心（すなわち自己）へ志向した意識構造を持っていると考えられる。

[4]文化と性格

4.1.3　自己の比較文化論

　さらに，近年提起された比較文化論として大きな注目を集めているのが，マーカスと北山（1991）である。これによると，自己と他者との関係は文化による影響が大きいとし，自己についての**独立的な枠組み**と，自己についての**相互依存的**な枠組みという区分が提唱された。前者の場合，自己はあくまでも他者から分離したものであり，自己の中心的側面はその内側にあるととらえられる。一方，後者では，自己と他者とは重なり合い，自己の境界は不明確で，中心的自己の認識は自己と他者の接点にあるとされる。これらの枠組みでとらえられた自己については，**相互独立的自己**，**相互協調的自己**という概念で区別されている（図 4.3）。

　以上 4 つの理論では「個を優先する自己志向」と「人との関係性を第 1 とする他者志向」とを対比的にとらえ，前者を西欧文化，後者を日本文化の特徴として対応づけたという点でも共通点がみられる。

4.1.4　コミュニケーションに見る文化差

　このように，文化の東西でパーソナリティ特性が異なることは，さまざまな分野で論じられてきた。その違いは，意識レベルだけにとどまらず，行動の次元にも広がるものと考えられている。その一つが，言語による自己表現である。表 4.2 に見るように，会話の内容とその相手によって，どの程度話す（**自己開示**する）かを調べたところ，日本人の間では内面的経験の表出がかなり少なく，アメリカ人の間では全話題と全相手に対して表出がより多いということが明らかにされた。ただし，双方ともに未知の人よりは友人や家族のほうが開示度が大きく，身体に関することや個人的人格に関する話題より趣味や仕事に関する話題を好むという点では共通していた。このように，自己開示の傾向としては質的には大きな差はないが，量的には文化による差が大きい。

　この背景には，文化による価値観の違いが関与しているといえる。つまり，日本では古来，「以心伝心」「口は禍のもと」と言われるように，言葉でのコミュニケーションについてはあまり高く評価されない。これに対しアメリカでは，自分の考えや意見を端的に主張することが尊ばれ，かつ評

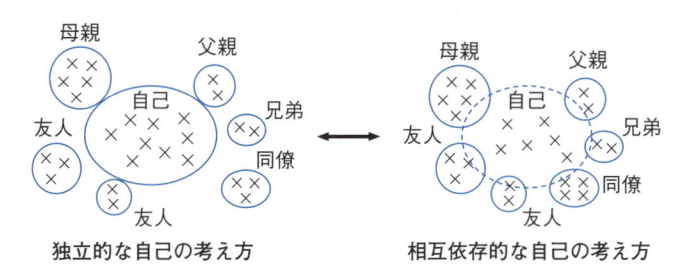

独立的な自己の考え方 ↔ 相互依存的な自己の考え方

図 4.3　自己に対する2つの考え方（Markus & Kitayama, 1991）

表 4.2　会話における平均的自己開示（Barnland, 1973）

	日本人	アメリカ人
総合的平均深度（全相手に対し）	75	112
総合的平均深度（親しい人に対し）	100	144
各話題の平均深度（親しい相手）		
趣味・嗜好	126	163
仕事・勉強	113	162
公的問題の意見	107	151
金銭	96	143
人格	90	129
身体	69	113
相手別の平均深度		
同性の友人	126	163
異性の友人	113	162
母親	107	151
父親	96	143
未知の人	90	129
信用できない人	69	113

得点の意味……0点：何も話していない。100点：一般的な表現で話している。200点：詳しく全面的に話した。

④文化と性格

価される。このような文化的背景が，言葉による表現行動の違いをますます増幅させているといえよう。しかし近年では，日本でも自らの意見を正しく伝えることが重視されており，文化差が顕著ではなくなりつつある。

4.1.5　文化による思春期のとらえ方の違い

　多くの社会（文化）において，思春期は「疾風怒濤」の時代であるといわれる。身体的には第2次性徴に見られるように，子どもの身体から大人の身体に成熟を遂げる。そしてそれに伴い，人の目が気になりだすと同時に，その目を取り込んだ自己意識が高まるのもこの時期の特徴である。そしてこれらの変化は，自分自身の内面からの衝動と重なって青年たちを襲うことになる。ところがそれに加えて，この時期，外からのプレッシャーも高まってくる。「まだ子どもなんだから〜してはいけません」と言われるかと思うと，「もう大人なんだから，早く一人前にならないと」と自立を急き立てられる。このように，思春期から青年期というのはどっちつかずに揺れ動く時期であるといえる。

　ところが，未開部族の社会においては思春期は必ずしも「危機」ではないともいわれる。ミード（Mead, M.）は，サモアの女子青年と生活をともにした経験から，サモアの青年たちは緊張や葛藤を経験することはほとんどなく，性に関する抑圧も弱いということを報告している（『サモアにおける思春期』）。

　このように，思春期・青年期が危機であるのか平穏であるのかについては，社会的・文化的な条件によって大きく左右されることが示唆された。つまり，先進諸国のように子ども文化と大人文化との境界がはっきりしている（たとえば，子どもは労働のような社会の厳しさは免除されているが，性のように大人に許されるものもタブーとして遠ざけられる）文化では，子どもから大人になるのに大きな段差があり，それぞれの社会（文化）の中味も両極端に近い。ところが，未開部族のような社会では，子どもは「小さな大人」ととらえられ，労働も課される代わりに性のようなタブーも少ない。このような社会では，子どもから大人への段差がないため，思春期特有の嵐は吹き荒れない（図4.4）。文明の発達とともに，大人文化

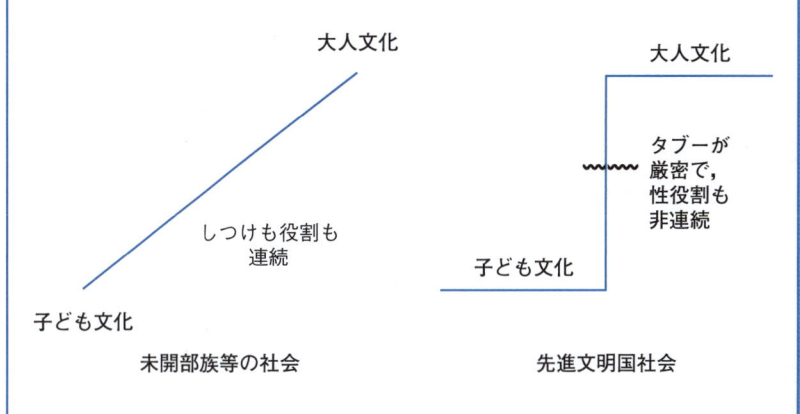

図 4.4　子ども文化と大人文化の連続・非連続
子ども文化と大人文化の間に連続性がある場合，子どもは「小さな大人」として認識され，さまざまな社会的役割も子どもの頃から担わされる代わりに，子どもには許されないタブーや禁止事項が厳密にあり，性役割も非連続である。そして子ども文化と大人文化が連続した社会では青年期（子どもと大人の過渡期）は平穏であり，両者の断絶の大きい社会では，青年期は危機であると認識されている。

[4] 文化と性格

と子ども文化の間に線引きがなされ，その過渡期にあたるものとして思春期・青年期が確固たる存在として作り出されてきたといえる。

4.1.6　遺伝か，環境か

このように，思春期に対するとらえ方は，文化によりさらには時代によって大きく異なっている。しかし，それだけでなく，文化が違えばパーソナリティそのものにも違いが見られることが文化人類学の研究から明らかにされている。先述のミードはニューギニアの3つの未開地域でのフィールドワークにより，部族が変われば性役割や育児観，さらにはパーソナリティそのものにも大きな違いが見られることを報告している（**表4.3**）。パーソナリティの形成に先天的・遺伝的な要素が大きく関与していることは否めないが，それと同じく，後天的・環境的な要因として文化や時代の違いは大きな影響力を持っているといえる。

パーソナリティを決定するのは「遺伝か，環境か」という議論は古くから続けられてきたが，現在では「遺伝も環境も影響するのであり，双方とも単独では決定因子になり得ない」というのがおおよその結論であるといえる。遺伝子型による「遺伝的・生得的素質」は，発達的に形成された「一般的・基礎的素質」のさらに基礎にあると考えられる。その一般的素質が教育や学習経験によって具体的に実現したのが，個人が有している能力やパーソナリティ特性であるといえよう。そしてさらに，その特性が行動に結び付くまでには，社会的・文化的環境による影響を受けるのである。

このようにパーソナリティは，遺伝子型による一方的な規定から解放された**変化可能性**を持つと同時に，環境による制約を免れないという点に特徴がある。

4.2　パーソナリティ形成要因としての風土

よく，日本人は妥協性や曖昧性を特徴とするのに対し，西欧人はイエス・ノーがはっきりしており，我を通すといわれる。日本人と西欧人の比較研究は，さまざまな領域で進められてきた（**表4.4**）。その一つが「風

表4.3 ニューギニアの3部族の文化型 (Mead, 1935；村田, 1983)

部族	部族名	アラペッシュ	ムンドグモール	チャムプリ
	居住地域	山　地	河　川	湖
文化の全体的特徴		●女性的。 ●協同的な社会。 ●男女老幼の差別が少ない。	●男性的。 ●かつて首狩人肉食の習慣があった。 ●好戦的・攻撃的。	●男女の役割がわれわれの社会と反対。 ●女性が生産的労働に従事し消費の実権も握る。 ●男性は美術工芸祭祀に従事する。
男女関係		●控え目に反応する男女の結婚が理想。 ●性的欲求は強くなく性的葛藤はない。 ●家族間に強い愛情的・相互依存的な結合がある。	●激しい攻撃的な男女の結婚が理想。 ●性生活は積極的。 ●男女間に権力と地位，優越についての争いがある。	●優越的・非個人的・支配的な女性と，無責任で情動的・依存的な男性との結婚。 ●性的にも男性が従属的。
育児・しつけ		●男女とも子どもの世話をする。 ●厳しいしつけはほとんどしない。 ●子どもには寛大でむしろ溺愛型。 ●子どもの成熟を刺激しない。	●子どもに無関心・拒否的。 ●子どもを残酷に扱い厳しい罰を与えるが，しっかりしつけをするのではない。 ●子どもの成熟を刺激する。	●厳しい教育・しつけはしない。 ●母親は身体の保護と授乳以外，子どもと偶然的な接触しかしない。 ●1歳からの養育は父親が受けもつ。 ●児童期以降に厳しい統制が始まる。 ●女児は成熟を刺激され，男児は刺激されない。
パーソナリティ特性		●自己を主張しない。 ●他人に愛され助力を得ることに安定を感じる。 ●非攻撃的・協同的・愛情的・家族的。 ●温和・親切。	●自己を強く主張する（とくに女性）。 ●所有欲とリーダーシップへの感情が強い。 ●攻撃的・非協同的。 ●残酷・冷酷。 ●粗暴・尊大。	●女性は攻撃的・支配的・保護者的で活発・快活。 ●男性は女性に対して臆病で内気で劣等感をもち，陰険で疑い深い。

土論」であろう。

4.2.1　和辻哲郎の「風土論」

　哲学者和辻哲郎によると，風土には3つの型が想定される（和辻, 1979）。第1は「モンスーン型」であり，日本もここに分類される。モンスーン型の風土では，夏の暑熱と湿気の結びついた湿潤を特徴とし，これがしばしば大雨・暴風・洪水・日照りという荒々しい力となって人間を襲う。これは人間に対抗を断念させるほどに大きな力であるため，そこに生きる人間は忍従的となる。第2は，乾燥を特徴とする「砂漠型」である。この砂漠は「住むものなきこと，生気なきこと，荒々しいこと」を本質とし，ここでは自然の脅威と闘いながら草や水を求めて歩かねばならない。こうしていつも争い合い競い合うので，ここで生きる人間は対抗的・戦闘的となる。そして第3は「牧場型」である。これはヨーロッパの緑の草原地帯のことで，冬は雨期，夏は乾燥期となる点が特徴とされる。そのため日本のように夏の雑草に悩まされることもなく，耕した土地に種をまいてその成長を待っているだけでよい。

　和辻（1979）によると，日本人の国民性は「モンスーン的風土の特殊形態」の産物であるといわれる。つまり，日本人は基本的に，暑熱と湿気とが結合したモンスーン型風土に適応する「受容的・忍従的」な国民であるという。しかし，モンスーンが季節的であると同時に突発的であるという二重性を特徴とするのに対応して，日本人の国民性も「じめやかな激情，戦闘的な恬淡」と言われるような二重的性格を特徴とする。

　このように和辻の「風土論」は，風土に応じて自然状況が異なり，その結果，生産や生活の様式にも変化が生じるという見方である。

4.2.2　風土と自然

　この風土論は，その後の日本人論・文化論に大きな影響を与え，いろいろな説が登場した。ヨーロッパの自然は非常に荒々しく，人間が生活していくためにはその自然を征服しなければならない。そのため，自然を客観的に観察・研究し，それに対処しようとしたため，合理主義が生まれ，自

表4.4　さまざまな分野における日本人論

分野	著者	年	書名
文化人類学	中根千枝	1967	『タテ社会の人間関係』
日本思想史	源　了圓	1969	『義理と人情』
歴史学	イザヤ・ベンダサン	1970	『日本人とユダヤ人』
西洋史学	会田雄次	1970	『日本人の意識構造』
精神医学	土居健郎	1971	『甘えの構造』
社会学	見田宗介	1971	『現代日本の心情と論理』
精神医学	木村　敏	1972	『人と人との間――精神病理学的日本人論』
社会学	鶴見和子	1972	『好奇心と日本人』
文学	金子光晴	1972	『日本人について』
社会学	作田啓一	1972	『価値の社会学』
民俗学	荒木博之	1973	『日本人の行動様式――他律と集団の論理』
人類学	川喜田二郎	1973	『日本文化探検』
深層心理学	河合隼雄	1976	『母性社会日本の病理』
人類学	祖父江孝男	1976	『文化とパーソナリティ』
社会学	井上忠司	1977	『「世間体」の構造』
社会心理学	浜口恵俊	1977	『「日本人らしさ」の再発見』
精神分析学	小此木啓吾	1978	『モラトリアム人間の時代』
精神医学	佐々木時雄	1981	『ナルシシズムと日本人――精神分析の視点から』
社会学	川本　彰	1982	『日本人と集団主義――土地と血』
深層心理学	河合隼雄	1982	『中空構造日本の深層』
精神医学	内沼幸雄	1983	『羞恥の構造――対人恐怖の精神病理』
社会心理学	南　博	1983	『日本的自我』
精神医学	土居健郎	1985	『表と裏』
歴史学	天沼　香	1987	『「頑張り」の構造――日本人の行動原理』
比較思想学	東儀道子	1989	『〈恥ずかしい〉の構造――現代社会に探る』

（参考文献：南　博　1997『日本人論――明治から今日まで』岩波書店）

然科学が発達した。そしてこれが，自他の区別を明確にし，イエス・ノーをはっきりするという文化に結び付くことになった。これに対し日本では，人間の生活を自然に対置させるのではなく，自然との共存をテーマとして生活してきたため，時に荒れ狂う自然に対しても畏怖し，よりすがりながら生きてきた。このような生活様式が，自他の区別を曖昧にし協調をよしとする文化に結びついたものと考えられる。

4.3 県民性

　日本の国土は狭いが，南北に長くつながる列島は，亜寒帯から亜熱帯まで変化に富んだ風土を備えている。風土が異なれば，生産や生活も様式も異なり，ものの考え方や感じ方にもその土地の特徴が出てきても当然であろう。各地方の「色」を感じるものに方言の違いがあるが，さまざまな民俗や慣習などが，この方言境界線を境として異なるという説も出されている（図 4.5）。そこには，風土（気候条件）の違いが関与しているといってもよいであろう。

4.3.1 日本における県民性

　土地の特徴を表すものに県民性がある。NHK の全国県民意識調査（NHK 放送世論調査編）によると，以下のような特徴が見出された。たとえば，大都市ほど，住みにくいと感じている者が多く，人間関係についても東京や神奈川，大阪のような大都市では深い付き合いを求める人が相対的に少ない。一方「はじめての人に会うとき気が重いかどうか」という質問からは，首都圏から近畿にかけての大都市とその周辺ではおおむね開放的であることが示唆された（図 4.6）。大都市の場合，人間の出入りが流動的で，そのため人間関係も疎遠になるが，その分はじめての人にも開放的になれるといえよう。

　文化人類学者の祖父江（1971）によると，各都道府県の特徴が挙げられているが，その代表的なものとして表 4.5 に示すような県民性が指摘されている。

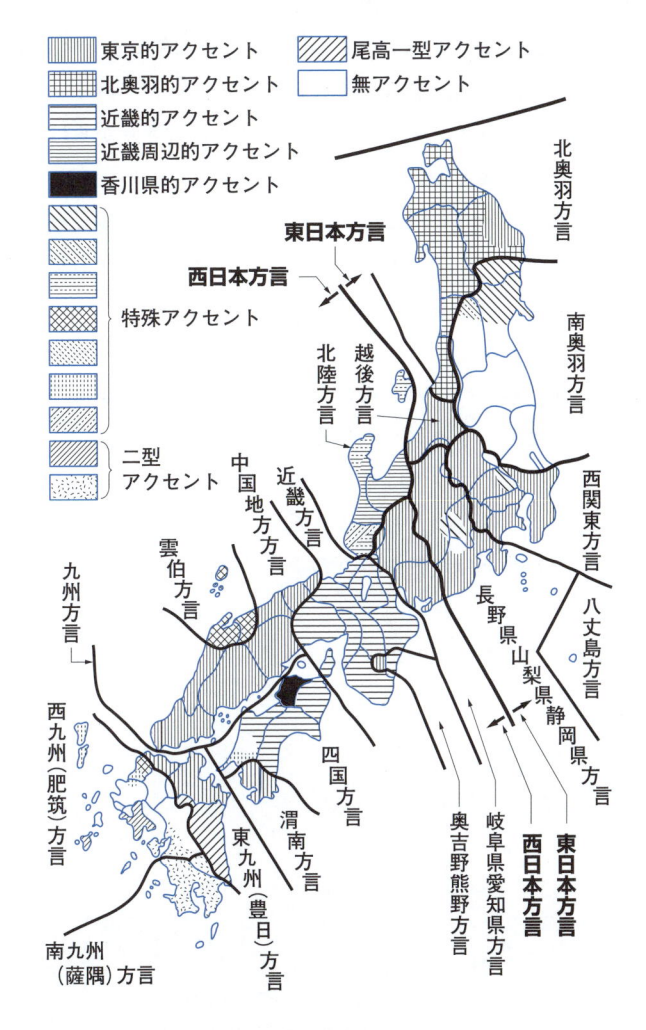

図 4.5　日本語の方言分布図（祖父江，1971）

日本語の方言分布を見ると，東日本方言と西日本方言とに二分されるが，その2つの間の境となっているのは，新潟県と愛知県を結ぶ線である。そしてこの境界線は，東北型農村と西南型農村との境界線と重なってくる。

4.3.2　県民性が作られる要因

このような県民性が作られる要因として，一つには風土＝気候の影響が挙げられよう。南国の暑い地方では，開放的・外向的なパーソナリティ，北国の寒い地方では，内向的な人が多いようなイメージがある。人は，夏には開放的な気分になるが，冬の寒い時期には閉じこもりがちになる。そういった季節による差異を強調して地域差に投影したものかもしれない。

また，その土地の代表的な産業や言葉にも影響されているだろう。たとえば，滋賀の「近江商人」や，大阪の「漫才師・落語家」がある。大阪弁イコール漫才というイメージがあるため，大阪弁を話すだけで「面白い」という印象を与えるのかもしれない。さらに，その土地の有名出身者のイメージが，県民性を形作っている場合もある。たとえば高知県の人々は坂本龍馬の気風を備えていると考えられることが多い。

このように，県民性というのはさまざまな要因が関わり合って形成されたイメージであり，その要因としては，風土や気候のようにその土地に固有のものから，その時々の産業や流行のように変化可能なものまでさまざまである。このように，人間のパーソナリティと文化との関連性は実に複雑でかつ多様なものであるといえよう。

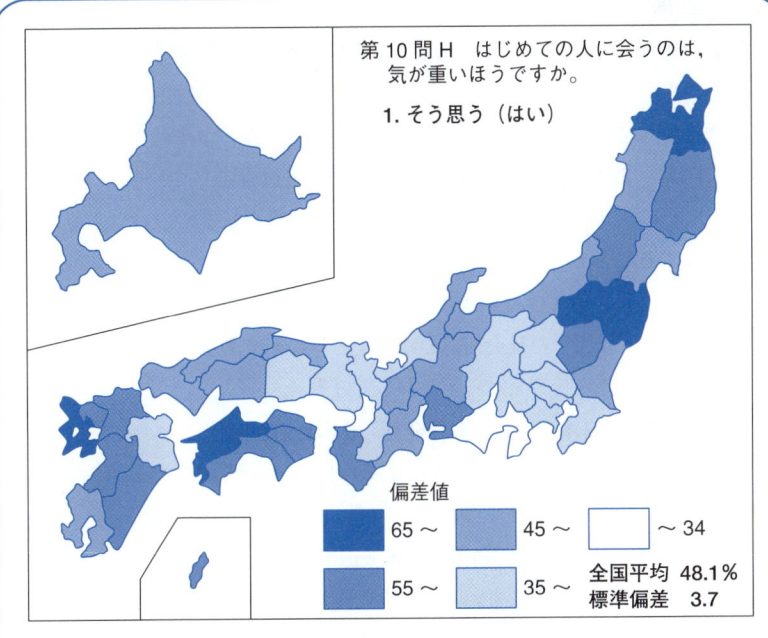

第10問 H　はじめての人に会うのは，気が重いほうですか。
1. そう思う（はい）

偏差値
65〜
55〜
45〜
35〜
〜34

全国平均　48.1%
標準偏差　3.7

図4.6　人間関係に見る地域性（NHK放送世論調査所，1979）

表4.5　代表的な県民性（祖父江，1971）

北海道：進取的（フロンティア・スピリット）。
青森・岩手：内向的・引っ込み思案・陰気・保守的・粘り強い。
群馬：義理人情，気性が荒い，カカア天下。
新潟・富山・石川：忍耐強い，地味，控えめ，勤勉。
長野：理屈っぽい，教育熱心。
滋賀：がめつい，こすっからい。
京都：優しい，因襲尊重（同時に進歩的）。
大阪：しぶちん，功利的，活動的，ど根性，創意工夫，ユーモア。
岡山：明るい，合理主義，打算的，理知的。
山口：団結心，派閥的，郷土愛。
高知：頑固（イゴッソウ），意地っ張り，熱情的，おおらか，酒好き。
佐賀：封建的，明るい，さっぱり。
熊本：質実剛健，強情，きまじめ。
鹿児島：熱情的，外向的，のんびり，男尊女卑。

4 文化と性格

● **参考図書**

河合隼雄　1976　母性社会日本の病理　中央公論社
　東西文化の特徴を，父性原理・母性原理という切り口から解説し，母性社会日本が背負う問題を社会と文化の中に探ろうとしている。

南　博　1997　日本人論——明治から今日まで　岩波書店
　500点あまりの論著を紹介しながら，明治維新以降今日までの日本人論の流れを客観的に遡ろうという試み。

祖父江孝男　1971　県民性　中公新書
　県民性を形成する因子や社会構造の地域差等について著名な学説を紹介しつつ，県民性と地方色の特質をとらえなおしている。

浜口恵俊　1977　「日本らしさ」の再発見　日本経済新聞社
　日本人自らの立場から考え出された「間人」という概念によって，西欧の「個人主義」と対置させながら，新しい主体的日本人像を描いている。

井上忠司　1977　「世間体」の構造　日本放送出版協会
　日本人の行動原理の基本ともいえる「世間体」について，その意味と構造について比較文化的な視点も加えながら論じている。

コラム　交信ツールに見る少女文化

　ポケベルは，もともとはサラリーマンが，出先で会社と連絡を取り合うための道具であった。会社からのサインの受信は，すぐに連絡を取り自分の居場所を明らかにする義務へとつながっている。つまり，営業マンが持たされていたポケベルは，飼い主とペットとをつなぐ鎖のような強制力を伴うものであった。

　ところが今や，ポケベルから携帯電話，そして携帯メールへと，交信手段は変化してきた。メールは，一方的な電話と違い，こちらの都合のいいときに相手からのメッセージに返事をすればいい。しかも，互いに交わし合う言葉には，仲間内にしか解読できない「暗号」も少なくない。そこから発せられるのは，ごく短い単語が生み出すささやかなメッセージであり，「元気？　何してる？」「私は暇だから，よかったら電話してね」という，あくまで控えめな催促である。メールアドレスの交換が「友だち」の証となり，仲間内だけの日常的なメール交換が友情の表現ととられることも多い。

　つまり携帯メールというのは，仲間内では「気遣いのある通信手段」であるが，仲間以外に対しては排他的で，仲間集団の中に閉じた通信道具だといえるだろう。しかし，この閉鎖性・排他性ゆえに，メールを通して結ばれた絆は案外強く，グループ内の結束を強める効果は大きい。

　会おうと思えばいつでも会え，電話をすればいつでも声が聞ける状況で携帯メールを使って交信するという現象。こうした新しいコミュニケーションスタイルからは，「人とつながっていたい，でもあまり近づくのは怖い」という，一種矛盾をはらんだ人間関係，人との関わりを求めながらもその煩わしさから我が身を守ろうという自己愛的防衛の一様式がうかがえる（3章コラム参照）。

　泣いたかと思えばゲラゲラ笑い，ルンルン気分でいるかと思えば急に落ち込んでしまう少女たち。この年代に特有の不安定さに，現代という時代の危うさが重なって，少女たちの行動はますますわかりにくくなっている。しかしこのブームを，「異人（少女たち）の文化」としてカッコに入れて

[4]文化と性格

しまう前に，思春期特有の「孤独感や群れ志向」と，現代社会の「やさしさ志向」とを意識しながら眺めてみると，この現象の背景に，現代人すべてに接点を持つ社会的パーソナリティの一面が見えてくるのではないだろうか。

子どもの「性格」とは 5

　あなたはどんな子どもだっただろうか。親や祖父母など周りの人々に尋ねてみよう。「育てやすかった」あるいは「手のかかる子だった」と言われる人もいるだろう。活発な子，引っ込み思案の子，慎重な子，元気の良い子……子どもを見ていると，一人ひとりが実にさまざまな「性格」を持っているように見える。この章では，生まれた直後から見られる子どもの特徴の個人差について取り上げる。性格というのはいつごろから見られるのか。どのように形成されるのだろうか。生まれつき変わらない部分はあるのだろうか。幼少時の環境はどの程度性格に影響を及ぼすのか。「三つ子の魂百まで」というのは本当なのだろうか。

　ところで本章で取り上げる子どもの年齢は，生まれたばかりの赤ちゃんから就学前後までだが，小さい子どもに自分自身のことを語らせるには限界がある。そこで「子どもの性格」という場合，学問的にも日常的にも，親や教師，研究者など他の大人が見たその子の性格を指すことがほとんどとなっている。その点に留意して読み進めてほしい。

5.1 生まれた時点での個性

　私たちは日常の体験から，同じ親のもとに生まれたきょうだいでも性格，あるいは行動パターンに大きな違いがあるのを知っている。いつごろからこうした違いが出てくるのだろうか。

　実は生まれてすぐの時点から，人間の行動には大きな個人差があることがわかっている。産婦人科の新生児室をのぞいてみると，ある赤ちゃんは大きな声でよく泣くし，別の赤ちゃんは声が小さく泣き方が奥ゆかしい。親や看護師など世話する人をじっと見るのが得意な子もいれば，そうでない子もいる。出生直後からの個人差とはどんなものか，またどの程度，後の「性格」と結びつくのだろうか。

5.1.1　赤ちゃんの「性格」の発見

　生まれてすぐから現れ，ある程度の期間持続する行動の個人差を気質と呼ぶ（菅原，1996）。気質という概念は古くからあり，主に人間の情動的な反応の特徴という意味で用いられてきた。また遺伝的な影響の強い側面ともとらえられてきた。現在では生得的な特徴ではあるが環境の影響を受けて変化し得るものであり，遺伝情報が単純に出てきただけではないと考えられている。

　赤ちゃんの行動の個人差に注目し，現代における気質研究のさきがけとなったのはアメリカの精神医学者トーマスとチェスらである（Thomas et al., 1968）。当時，子どもの性格や行動は生まれつきの素質で決まるのではなく，生後の環境によって決定されるという考え方が優勢であった。しかし彼らは臨床経験から，親の育て方などの環境要因だけでは子どもの発達の個人差を説明できないという印象を持ち，子どもの生得的な特徴を調べようとした。85家族，136名の子どもが0歳から追跡され，親への何度もの面接，子どもへのテスト，成長してからは幼稚園等での観察と教師への面接など多くのデータが収集された。彼らはこの資料をもとに，「活動水準」「周期性」などのカテゴリーを導き出し（表5.1），赤ちゃんの行動特徴をこれら9つで記述しようとした。またいくつかのカテゴリーで特徴

表 5.1 トーマスとチェスらによる気質の 9 つのカテゴリー
(Thomas & Chess, 1977；菅原, 1992 より作成)

カテゴリー	定　義
活動水準	身体運動の活発さ。活動している時間とじっとしている時間の割合。
周期性	睡眠，排泄などの身体機能の規則正しさ。
接近/回避	初めてのもの（食物，人，場所等）に対する最初の反応が積極的か消極性か。
順応性	環境が変化したときの慣れやすさ。
反応閾値	はっきり見分けられる反応を引き起こすのに必要な刺激の強さ。
反応の強さ	泣く，笑うなどの反応の現れ方の激しさ。
気分の質	機嫌のよい行動と機嫌の悪い行動の割合。
気の散りやすさ	外的な刺激によってしていることを妨害されやすいかどうか。
注意の範囲と持続性	「注意の範囲」と「持続性」は関連している。特定の行動が持続する時間の長さと，妨害があったとき，元の活動に戻れるかどうか。

的なパターンを示す典型を3つ挙げ，それぞれが親の対応との関係により，よい点を伸ばすことにもなれば，問題を引き起こすこともあると述べている（表 5.2；Thomas & Chess, 1977）。

5.1.2 気質を別な方向から見る

これに対し，生得的な行動特徴はもっと少数の，あるいは別のカテゴリーで考えるほうが適切であるとする立場もある。たとえばバスとプロミン(1984) は，はっきり検証できるのは「情緒性」「活動性」「社会性」の3つである（表 5.3）として，これらをとらえる尺度を作成した。彼らの尺度は**行動遺伝学**的なアプローチに使用され，3つのカテゴリーの遺伝規定性や環境の影響が検討されている。人間では，実験のため人為的に子どもの環境を操作することは許されない。そこで行動遺伝学では，遺伝的にまったく同一と考えられる1卵性双生児と，遺伝的には一般のきょうだいと同じ2卵性双生児を比べる，あるいは養子と実子を比べるなどして，遺伝と環境の相対的な大きさを推定しようとしている（安藤，1999）。もしも1卵性双生児の似かより具合が2卵性双生児よりもはるかに大きければ，その特徴は遺伝規定性の大きいものと考えられるし，さほど変わらなければ小さいと言えよう。これらを総合し，

(1) 遺伝的な影響，
(2) 共有環境（双子が同じように経験する環境）の影響，
(3) 非共有環境（双子それぞれが独自に経験する環境）の影響，

の3つの相対的な割合を検討するのが行動遺伝学的アプローチである。バスらの尺度を用いた欧米の双生児研究からは，概して1卵性双生児の似かより具合が大きく，子ども時代の気質は遺伝規定性が大きいとされている（表 5.4）。ただし尺度が親に子どもの特徴を尋ねる形式であるため，親の思い込みや解釈が混じっているのではといった批判もある。親ではなく，研究者自身が一定の場面で子どもの行動を評定した諸研究では，概して，1卵性双生児であっても表 5.4 ほど高い相関が得られていない（Capsi, 1998）。

表 5.2　トーマスとチェスらの示した 3 つの典型
（Thomas et al., 1968；鈴木，1998 より作成）

	育てやすい子 （easy child）	ウォームアップの遅い子 （slow to warm-up child）	むずかしい子 （difficult child）
気質の特徴	初めてのものにも積極的で、睡眠や排泄など身体のリズムが規則的。順応性が高く、いつも機嫌がよい、等。	初めてのものには最初はしりごみするが、やがて近づく。順応性もはじめは低いが、後にはうまく順応する、等。	初めてのものには慣れにくく、身体のリズムは不規則。機嫌はよくないことが多く、泣くなどの反応は強い、等。
望ましい関わり方	よくも悪くも親のしつけに順応しやすい。それが長所でもあり、下の欄に記すように欠点でもある。	子どもが自分のペースで環境に順応できるよう、配慮する。親や教師は忍耐強く待つことが重視される。	機嫌が悪くなりやすいなど育てにくくても、我慢強く一貫した方針で接する。そうすれば落ち着き、知的好奇心も高まる可能性。
まずい関わり方	親のしつけがストレートに子どもに影響しやすい。放任すれば孤立傾向が強くなったり、神経質に育てれば神経質になったりする可能性。	何かをさせようとせきたてるような対応が続くと、子どもに不安や恐怖を強めてしまう。	やたらな罰は反抗心だけを育ててしまいやすい。親が自分の感情をコントロールできないと、罰ばかりふえますます子どもは扱いにくくなるかもしれない。

表 5.3　バスとプロミンによる気質のとらえ方（Buss & Plomin, 1984）

カテゴリー	定　義
情緒性	行動でも生理的な情緒反応としても、刺激に対して強く喚起されること。いらだちやすさや臆病さ、怒りっぽさに分化し、将来の神経質さの核として発展するような特徴だと考えられている。
活動性	動きのテンポやエネルギッシュさ。
社会性	1人でいるより仲間といるほうを好む傾向。将来の内向性―外向性につながると考えられている。

5.1.3 気質はどこからくるのか

生後すぐから見られる気質は何が反映されたものなのだろうか。多くの研究者が,気質は中枢神経によって調整されるという前提を受け入れている(Rothbart & Bates, 1998)。たとえばケーガンら(1988)は,内気で恐れが喚起しやすい子どもの特徴として,交感神経系活動の反応性が高く,刺激の閾値が低い,つまり少しの刺激で神経が興奮しやすいという傾向を指摘している。

さらにもっと細かく性格の起源を考える動きもある。1996年,脳内でドーパミンという神経伝達物質を受けとる「ドーパミンD4レセプター」を作る遺伝子が,探求心が旺盛でスリルを好むような行動傾向と関係すると報告された。この遺伝子にも個人差があり,その差が新奇性を追求する度合いにつながるという(Epstein et al., 1996)。また別の神経伝達物質であるセロトニンの輸送に関与するタンパク質(セロトニン・トランスポーター)を作る遺伝子の個人差が,慎重で神経質になりやすい特徴と関係するという説も唱えられている。これらは「そうではない」という反論もあるが(松本・山口,1998),DNAにまで遡って人間の性格や行動を規定する要因を探ろうとする考え方であり,今後,性格の他の側面についてもさまざまな仮説が出てくるであろう。それらを実際の行動や人間の発達とどう結び付けるかはこれからの課題である。

5.1.4 乳児期の特徴はいつまで続くのか

では私たちの性格は生まれる前から遺伝子によって決定されているのだろうか。今からどう努力しても性格は変わらないのだろうか。

気質の安定性と持続性を調べた一連の研究からは,とてもそうは言えないことがわかっている。最初に紹介したトーマスとチェスらのニューヨーク縦断研究は,その後も追跡研究が行われているが,赤ちゃんのときの気質と,成人してからの気質的側面は必ずしも一致しているわけではない(表5.5)。むしろほとんど関連が認められなくなっているといったほうが近い。確かに3歳と4歳の間,4歳と5歳の間など,短い期間では持続している部分も多いが,何年もの間隔が開くと,変化の傾向はバラバラにな

表5.4 4つの研究における1卵性双生児と2卵性双生児の似かより具合（相関係数）(Capsi, 1998)

研究	対象者の平均年齢	情緒性 1卵性	情緒性 2卵性	活動性 1卵性	活動性 2卵性	社会性 1卵性	社会性 2卵性
①	1歳半	.43	−.03	.55	−.24	.44	.07
②	5歳	.63	.12	.62	−.13	.53	−.03
③	8歳半	.45	.11	.56	.06	.66	.19
④	10～18歳	.56	.27	.73	.19	.52	.05

表5.5 行動特徴の経年変化：ニューヨーク縦断研究から（親面接の行動評定）
（Thomas & Chess, 1986 より菅原, 2003 が作成）

年齢間隔	1～2歳	2～3歳	3～4歳	4～5歳	1～5歳	1歳～成人期（18～24歳）
【行動特性次元】						
活動水準	.30*	.38*	.33*	.37*	.18*	.06
周期の規則性	.41*	.38*	.18	.35*	.22*	−.10
順応性	.33*	.41*	.45*	.52*	.14	.14
接近・回避	.09	.02	.20*	.40*	−.03	−.02
刺激に対する閾値	.43*	.22*	.30*	.28*	.22*	.15
反応強度	.45*	.39*	.33*	.33*	.02	.20*
気分の質	.52*	.19*	.28*	.29*	.08	−.07
気の散りやすさ	−.07	.17	.19*	.11	.08	.03
注意の範囲と持続	.09	.35*	.22*	.14	.02	−.13

（数字は相関係数。N = 131。） ＊：$p < .05$

り統一した結論は出せそうにない。

　また，そもそも乳児期に見られる気質が，もっと大きくなってからの行動特徴と同じ次元で考えられるのかどうかという議論もある。たとえば赤ちゃんならば身体の動きの頻度や活発さを観察して「活動性」の指標とすることができるだろう。しかし大人の「活動性」はどう測定したらいいのだろうか。工事現場で1日中身体を動かしている人は，事務職で1日中デスクワークをしている人より「活動性」が高いのだろうか。それは仕事上の要請であって，本人の「活動性」とは少し別のものであろう。もしかすると「活動性」は，大人では身体を動かす頻度ではなく，仕事の仕方や遊び方など他の特徴として現れてくるのかもしれない。気質の連続性をどうやって調べたらよいのかは，それだけで非常に大きな研究課題となっている。

5.1.5　当初の個性と環境との関わり

　気質に限らず人間の個性を考える際に現在もっとも広く受け入れられているのは**相乗的相互作用**の考え方である（Sameroff, 1975；三宅，1990；図 5.1）。図 5.2 はこの考え方に則ってある子どもに情緒的な障害が現れた経緯を図式化したものである（三宅，1990）。「何が原因か」は，はっきりしない。この図以前に何かがあるかもしれない。この図からわかるのは，つまり第三者にうかがい知れるのは，親子の間で玉突き式によくない方向への力が働いていることである。したがって私たちにできることは，どのような要因が悪循環を助長しているかを知り，そこを断ち切る介入方法を考えることであろう。これはもちろん，よい方向に相乗的相互作用が働いている場合にも当てはまる。その際には望ましい方向に力が働くよう促す形の介入も考えられる。

　いずれにせよ，生まれ持った特徴だけでは人間の性格は形成されず，また親の育て方や生まれ落ちた社会・文化といった環境だけでも性格は形成されない。その組合せが問題となる。さらに今日，こうであったから，明日も同じであるとは限らない。初期値を持って生まれた人間は，環境との絶えざる相互作用を通して，常に変化し続けているのである。

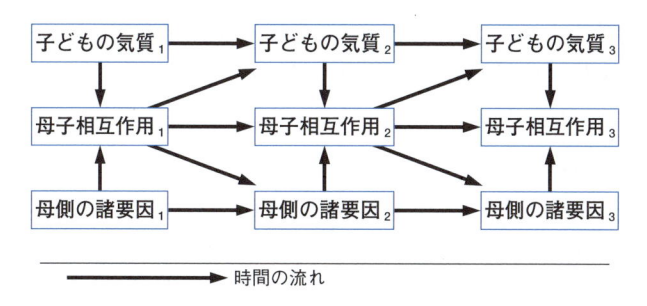

図 5.1 相乗的相互作用モデル（三宅，1990）

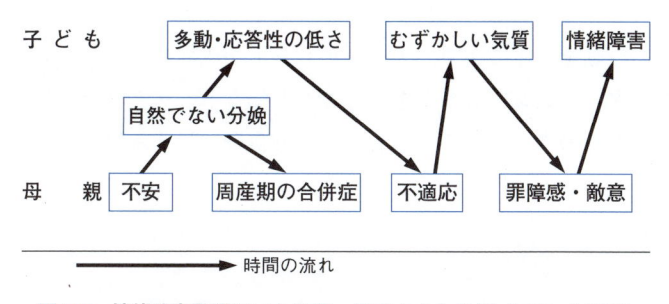

図 5.2 情緒障害発現にいたる母・子のかかわり例（三宅，1990）

5.2 アタッチメント

5.2.1 アタッチメントとは何か

　よちよち歩きの赤ちゃん連れのお母さんがデパートに出かけた。途中でトイレに行きたくなったので「ドアの前で待っているのよ」と言い聞かせてトイレの個室に入った。さあ，どうなるだろうか。

　おそらく赤ちゃんは母親の姿が見えなくなった瞬間から泣き出し，トイレのドアをどんどん叩いたりするだろう。たとえ母親がドアの向こうから「大丈夫よ，お母さんはここよ」と呼びかけても，姿が見えない限りワーワーと泣き続ける。泣き止むためには母親が出てきて抱っこしなければならない。それでも泣き止まず，メソメソし続ける子もいるだろう。冷静に待っている1歳児は，あまり見かけないし，それが普通である。

　自分にとって大事な人間との間に形成する情愛の絆を**アタッチメント**（**愛着**）という。上に挙げた子どもは母親が見えなくなったことで，自分にとって大事な人間がいなくなる不安にかられ泣き叫んだ。このように子どもは自分にとって重要な人物と一緒にいることで不安な事態に対処したり，一緒にいれば安心して他の活動に取り組めたりする。大事な人は，子どもの心にとって「安全基地」の役割を果たすのである。

　子どもの行動を見ることで，アタッチメントが成立しているか，またどんな質のアタッチメントなのかを知ることができる。アタッチメントはすべての人間関係の土台であるとともに，自分自身に対する信頼感の源泉ともなると考えられている。ではアタッチメントはどのように作られていくのだろうか。

5.2.2 アタッチメントの形成

　赤ちゃんに見られるさまざまな行動には，愛着行動の基盤と考えられるものが多い（表5.6）。赤ちゃんは生まれたときから，単なる模様よりも人間の顔を好んで見ることがわかっている（図5.3）。また泣いたり，声を出せば，養育者は関心を持ち，どうしたのかとそばに寄っていくだろう。このようにごく初期から，乳児と養育者の行動は互いに向けて方向付けら

表 5.6　愛着行動の基盤となる行動（高橋，1994）

定位行動	親の姿や動きを視覚的にとらえたり，声を聴覚的にとらえることによって，親がどこにいるのかという情報を保つことができる。
信号行動	泣き，微笑，発声，身ぶりなどを示すことによって，親を乳児へと近づけさせ，さらに接近を維持させる信号としての役目を果たす。
接近行動	吸う，しがみつく，這う，歩くことによって，乳児は親へと近づくことができるし，さらに離れていこうとする親への接近を維持することができる。

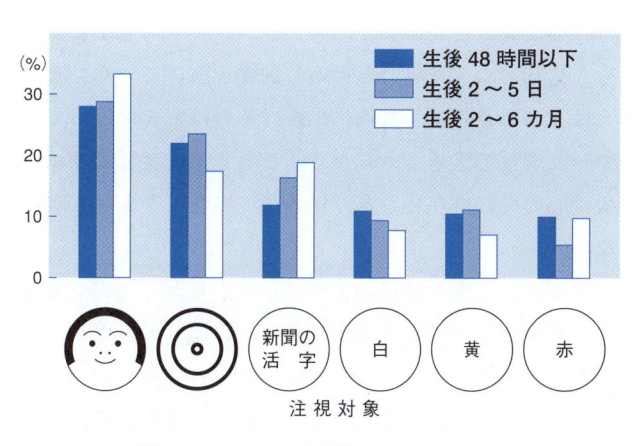

図 5.3　ファンツの実験（Fantz, 1961）

5 子どもの「性格」とは

れていく。さらに乳児がハイハイなどで移動できるようになれば，自分で養育者のそばに寄っていくことができる。このように子どもと養育者との間のコミュニケーションのやりとりを通して，アタッチメントは形成されていく。泣いても笑ってもまったく応えてくれない相手や，そもそもあまり会う機会のない相手にはアタッチメントは形成されにくい。愛情深い実の父親であっても，忙しくて子どもとゆっくり接することができない日が続けば，アタッチメントは形成されにくいのである。

図 5.4 はこうしたアタッチメントの発達段階を表したものである（藤生，1991）。子どもの認知や運動能力の発達に沿うような形で，主たる養育者へのアタッチメントが形成されていくことがわかるだろう。第 1 段階では人間一般に対する関心が見られ，親など養育者を特別に好んでいる様子は見られない。第 2 段階になると自分にとって特別な人に選択的な働きかけをするようになる。これは人間が区別できるようになってきた証拠と考えられる。第 3 段階の初期には人見知りが顕著である。劇的に泣かない子どもでも，不審な顔でじっと相手をうかがうような素振りによって，人見知り（大事な養育者とそうでない他人を区別）していることがわかる。後半には自力での移動がより容易になり，アタッチメント対象を安全基地として使いながら，見知らぬ人や場所を探索し世界を広げていく。第 4 段階になるとたとえば「お母さんは一時的に出かけるだけでまた帰ってくる」ということがやっと理解できるようになる。ここまで成長して初めてアタッチメント対象は心の中に内在化され，目の前にいなくとも落ち着いていられるようになる。

安定したアタッチメントは前述のようにしっかりとした安全基地として働くため，子どもが新しい世界を探索するときの拠り所となる。何か怖いことがあってもここに帰ってくれば大丈夫，という気持ちが，子どもでなくとも世の中に出ていく際の命綱になるのである。また自分自身や他者への信頼感，エリクソンの言う「**基本的信頼感**」にもつながる。アタッチメントが不安定な場合はその逆となり，極端になれば子どもの発達にも影響があると考えられている。

第1期：前愛着（誕生〜生後8-12週）　第2期：愛着形成（〜生後7カ月-1歳）

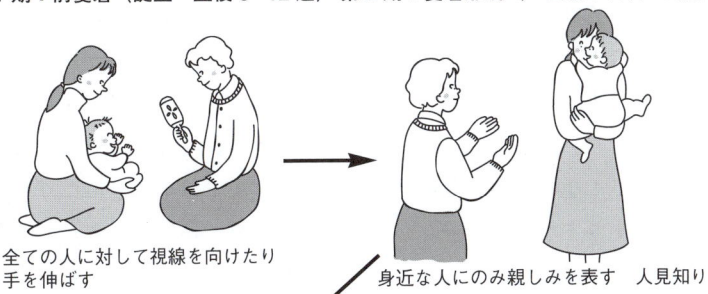

全ての人に対して視線を向けたり手を伸ばす　　身近な人にのみ親しみを表す　人見知り

第3期：明確な愛着（〜2, 3歳）　第4期：目標修正的協調関係（2, 3歳〜）

養育者を環境探索の基地とする
養育者が離れると嫌という意志表示

養育者の目標・感情・視点の理解

図 5.4　愛着の発達段階（藤生，1991）

5.2.3 アタッチメントの質

ではアタッチメントの安定・不安定はどのようにして決まるのだろうか。これまでの研究から，大きく2つの要因が挙げられている。一つは養育者の応答性もしくは敏感さである。赤ちゃんがお腹が空いたり，おむつが濡れて気持ちが悪くて泣いているとき，親は「どうしたの？」とそばに飛んで行ってその状態を解消してやろうとするのが普通だろう。また赤ちゃんがニコニコ微笑めば，思わず自分もニコニコして「嬉しいね。気持ちよくなったね」などと言葉をかける。それに応えて赤ちゃんも「あー，うー」などと声を出す。こんな日常的なやりとりが積み重なる中でアタッチメントは形成される。見当外れな対応ばかり繰り返されたり，ニーズに合った行動が返ってこないことが多いと，アタッチメントは不安定になりやすい。養育者がさまざまな理由で子どもにタイミング良く適切な対応ができないことが不安定さにつながるのである。ただし，欧米の多くの研究をまとめてみると，養育者の応答性と子どものアタッチメントの質とは，平均で0.24程度の相関であり（de Wolf & van IJzendoorn, 1997），それほど高いわけではない。養育者が具体的にどうするということよりも，たとえば親子が一緒にいて「楽しいなあ」「かわいいなあ」といった肯定的な感情や雰囲気を共有することが重要であるとの考え方もある（数井，1996）。また，全体として見れば応答性と安定したアタッチメントとは関連するが，個々の親子のペアが常にこれに当てはまるとは限らない。そこそこの対応でも安定したアタッチメントを形成する子どももいれば，はた目には満点の親であるのに子どものアタッチメントが不安定なこともある。ここにはもう一つの要因が絡んでいる。

アタッチメントの質に影響するもう一つの要因とは，子どもの気質，あるいは個性である。三宅ら（1985）は，生後2～5日目に赤ちゃんに実験を行い，刺激を与えたとき泣きやすい子とそうでない子を分類した（図5.5）。この子どもたちが1歳になったときにアタッチメントの質を調べたところ，新生児期に泣きやすかった子は不安定なアタッチメントであると分類されることが多かった。親がどれほど子どもに応答的であるかも調べたが，安定したアタッチメントを形成した子どもの親と，そうでない子ど

生後2日目および5日目の新生児33名に対し実験。

20秒間，乳首を吸わせる。

その後，取り去って50秒間観察。
- しかめっつら，発声など，最初の反応までの時間
- 泣き出すまでの時間

などについて調べた。

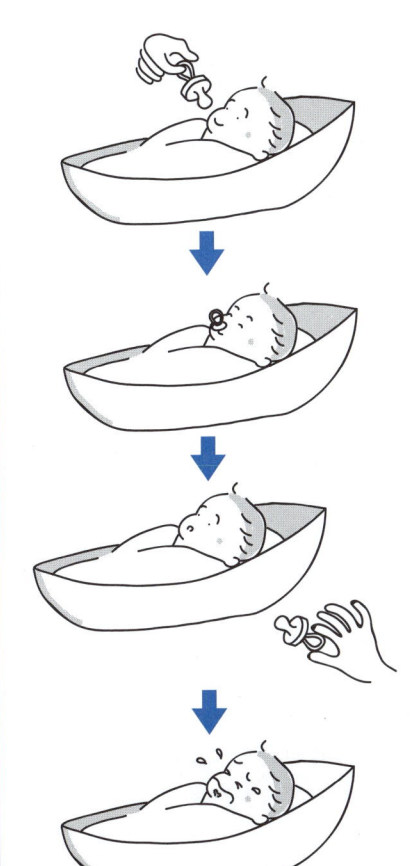

1歳時点で「安定」愛着型に分類された子は，泣くまでの立ち上がり時間が短かった。

1歳時点で「不安定」愛着型に分類された子は，泣くまでの時間がやや長かった。

図5.5 新生児に対するRIS（Response to Interruption of Sucking）実験（Miyake et al., 1985; 佐藤, 1990）

5 子どもの「性格」とは

もの親との間に意味のある違いは見出せなかった。刺激を受けて機嫌が悪くなりやすいという生後すぐからの気質が，1年後の親との関係にもなにがしか反映されたのだと考えられている。

　親（養育者）の応答性や敏感さ等と子どもの気質的な特徴とは，相互に影響し合いながらアタッチメントの質に影響を及ぼすと考えられる。5.1.4で述べた相乗的相互作用を思い出してみよう。子どもの扱いにくい気質が養育者を疲れさせ，応答性に乏しい行動を導くかもしれないし，養育者の頑張りが子どもの扱いにくさを変えるかもしれない。養育者を取り巻く社会環境が非常に劣悪なために，本来できるはずの応答的な養育ができなくなることもある。要は望ましくない連鎖が起こっている場合に，どのように介入したらよいかが問われているのである。

5.2.4　アタッチメントとその後の性格

　乳幼児期のアタッチメントが重視されるのは，それが将来の行動，とくに対人的な行動に影響を及ぼすと考えられているからである。

　乳幼児のアタッチメントの質は，全世界的に標準化された**ストレンジ・シチュエーション法**という実験で，生後12カ月あるいは18カ月ごろ調べることができる（図5.6）。まず実験室に子どもとその養育者を呼ぶ。そこへ見知らぬ女性が入ってきたり1人きりになったりと，子どもをストレス下に置き，子どもがどんな様子でどのような行動をとるかでアタッチメントの質を見極めようとするのである。一緒に来た養育者（母親や父親など）との間に安定したアタッチメントが形成されていれば，子どもは一時的に動揺したり泣き叫んでも，養育者が戻ったときにはすみやかに不安を解消できるだろう。一人ぼっちにされてしまった怖い場面の後でも，養育者に助けを求められない場合と，養育者が戻ってもいつまでも気持ちが落ち着かず，養育者に怒りや攻撃を向けるような場合が不安定とされている。

　外国の研究ではあるが，この時点で「安定したアタッチメント」に分類された子どもを追跡すると，「不安定」だった子どもよりも幼稚園での適応が良かったり，友人が多く仲間からの評価が高いなどの研究結果が示された（LaFreniere & Sroufe, 1985）。さらに小学校時代にも，12カ月で

ドア　子ども用
ストレン　　　おもちゃ
ジャー用　　　　母親用

実験者が母子を室内に案内、母親は子どもを抱いて入室。実験者は母親に子どもを降ろす位置を指示して退室。(30秒)

1回目の母子再会。母親が入室。ストレンジャーは退室。(3分)

母親は椅子にすわり、子どもはオモチャで遊んでいる。(3分)

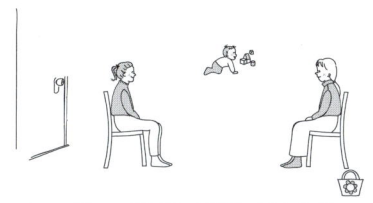

2回目の母子分離。母親も退室。子どもはひとり残される。(3分)

ストレンジャーが入室。母親とストレンジャーはそれぞれの椅子にすわる。(3分)

ストレンジャーが入室。子どもを慰める。(3分)

1回目の母子分離。母親は退室。ストレンジャーは遊んでいる子どもにやや近づき、はたらきかける。(3分)

2回目の母子再会。母親が入室しストレンジャーは退室。(3分)

図 5.6　乳幼児の愛着を測定するストレンジ・シチュエーション法
(繁多, 1987)

5 子どもの「性格」とは

「安定」とされた子どものほうが，対人関係での能力や自信などが高いという報告もある（Renken et al., 1989）。

　こうした知見を知ると，あたかも1歳での様子が，その後の性格全般を決定するような印象を受けるが，物事はそう単純ではない。上に述べた研究でも，男児については当てはまるが女児では当てはまらないなど，必ずしも一貫した結論が出ているわけではない。さまざまな理由で母親との間に安定した愛着が築けなかった子どもでも，その他の家族や保育者との間に安定した愛着を築くことで落ち着き，さらにそうした他者との望ましい関係が，親との間の不安定な関係をも改善し得ることが考えられる。極端な例では，親からまともな世話をされず，取返しがつかないほどのダメージを受けたように見えた子どもの場合でも，代わりの保育者との間に愛着関係ができたことで，ある程度発達を取り戻せた事例もある（藤永ほか，1987）。人間は私たちが思う以上に可塑性があり，変化の可能性を秘めていると言える。

5.3　社会の広がり

5.3.1　きょうだい関係

　子どもは，養育者である大人と関係を築く一方，家族の他のメンバーとも，さまざまな形で人間関係を作っていく。その中でもきょうだいは，親同様，自分の意志とは無関係に与えられた関係であり，かつ，大人ほど年齢差のない，特殊な「ナナメの」人間関係（依田，1978）と言えよう。きょうだいがいることは，人間の性格にどのような影響を与えるのだろうか。

　「末っ子だから甘えん坊だ」「長女だからしっかりしている」などと言うことがある。母親に，きょうだいの中で長子に当てはまる特徴，末子に当てはまる特徴などを尋ねた研究を総合したものが表5.7である（飯野，1996）。これらから次の点が指摘できる。まず時代によって該当しなくなる特徴がある。またこうしたきょうだい間の違いは，日常的に長子が「お兄ちゃん」「お姉ちゃん」と，名前ではなくきょうだいの地位で呼ばれているとき，顕著に見られた。つまり，家庭で上下関係をはっきりさせてい

表 5.7 出生順位により特徴的な性格とされた特性
（飯野，1996 が依田・深津，1963；依田・飯嶋，1981；浜崎・依田，1985 より作成）

63	81	85	長子的性格	63	81	85	次子（末）的性格
○			気に入らないとだまりこむ	○	○		おしゃべり
○			人前に出るのを嫌う	○	○	○	父に甘える
○			親切	○	○	○	母に甘える
○	○		自制的	○	○	○	母につげ口
○	○		話すより聞き上手	○	○		強情
○	○	○	仕事がていねい	○	○	○	依存的
○	○	○	めんどうが嫌い	○	○		人まねがうまい
○	○	○	ひかえめ	○	○		食事の好き嫌いが多い
	○	○	遠慮	○	○	○	お調子者
	○	○	自分の用を人に押しつけたり頼んだりする	○	○	○	嫉妬
				○	○	○	外で遊ぶことが好き
	○		母に口ごたえ	○	○	○	知ったかぶり
	○		きちょうめん	○	○	○	父につげ口
	○		すましや			○	せっかち
		○	父にしかられる			○	はきはきしてほがらか

（注）63：依田・深津（1963）にみられた性格特性。
　　 81：依田・飯嶋（1981）にみられた性格特性。
　　 85：浜崎・依田（1985）にみられた性格特性。

る場合には，長子的性格，末子的性格などが明瞭に意識されると言える。またここに挙げられているすべての研究は，親が自分の複数の子どもを比較して答えた結果だということも留意すべきである。Aさん宅では弟より兄のほうが「のんびりや」と思われているが，A家の兄も，Bさん兄弟の「のんびりや」加減とは比較にならないほどせっかちかもしれない。そうした家庭間の差異はここでは考慮されていない（図 5.7）。

では，長子や末子本人は自分の性格をどう思っているのだろうか。岩井・松井（1993），岩井（1995）は，209組の2人きょうだいを対象に調査を行い検討したが，意味のある差異はほとんど認められなかった。長男であろうと次女であろうとさまざまな性格の人がおり，出生順位によって一概に決まるということはない。こうしてみると，「長男らしさ」「末っ子らしさ」などは，本人というより，その人を見る周囲の目の中に存在すると考えられる。日本は長男相続の伝統があり，現在でも地方や家庭によっては長男を他のきょうだいと区別して扱うことがある。また学校や職場での「先輩」「後輩」など，年齢での上下関係を強く意識させる文化は根強い。こうしたことが，出生順位による性格の違いを期待する態度を，私たちの中に作るのかもしれない。

一人っ子にはもっと困った問題がある。戸田・渡辺（1994）は，ある人物についてきょうだい構成だけを変えたモデル文を提示し，「一人っ子」と提示された場合に同じ行動をとっても否定的に解釈され得ることを示した（図 5.8）。また大学生を対象に友人関係を調べた研究では，一人っ子に特徴的な要因は何も見つからなかった（高井，1993）。「一人っ子はわがまま」などと言われることがあるが，世の中に大した根拠もなく一人っ子を偏見の目で見るような風潮はないだろうか。

5.3.2 家庭の外へ

子どもは成長するにつれ，家族以外の人間とも関わる機会が増える。子どもの性格的な個人差とも言えるものがはっきりと認められるのが，このような他者，とくに同じような年頃の他の子どもたちとの関係である。子ども同士の仲間関係は一般にどのように発達し，そこにはどんな個人差が

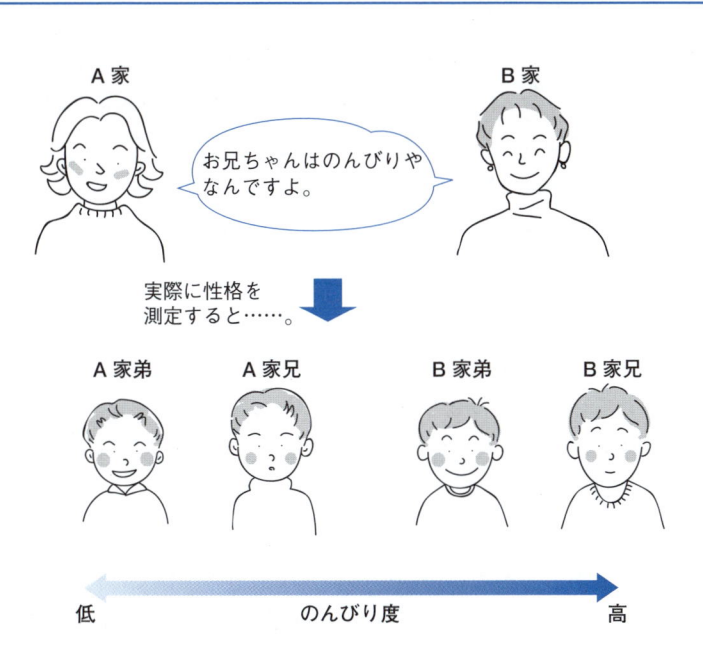

図 5.7　兄弟で違うと言っても

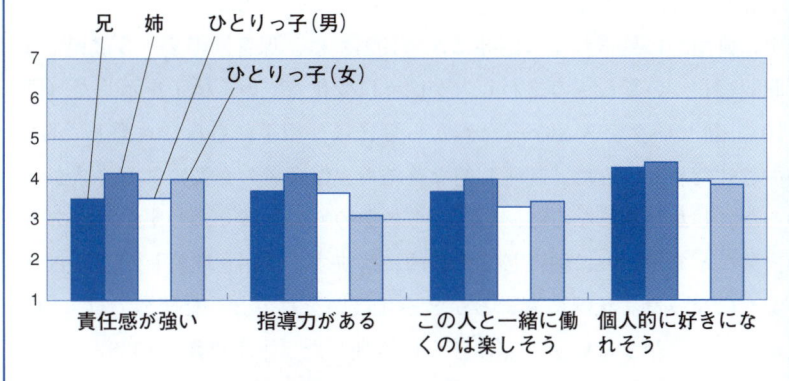

図 5.8　同じ文章を読んで印象形成した場合の，きょうだい設定による差
（戸田・渡辺，1996）

5 子どもの「性格」とは

見られるのだろうか。

　図5.9は，一般的な子どもの仲間関係の発達の様子を示したものである。生後2～3カ月ごろから，子どもは他の子どもに対し，大人に向けるのとは別の特別な注意を払うようになる。1歳近くなるとモノを相手に示す，相手を模倣するなどの行動が見られる。もちろんこれらは，慣れた大人相手のほうがより上手なコミュニケーションとして成立するが，子ども同士でも可能であり，メンバーが固定している保育園等では0歳児でも見られる光景である。1歳から2歳にかけては，子どもは意図的に他の子どもの模倣をしたり，相手に合わせて自分の行動を調節することもできるようになる。こうして徐々に，おもちゃなどを介した関係から，相手（友だち）の行動や存在そのものに目を向けて，より洗練された対人関係が成立するようになっていく。

　仲間関係は，親子関係など大人との関係と異なり，基本的に同等の者との関わり合いである。そこには親子のような上下の関係では得られない，さまざまなメリットがある。仲間との関わりにより子どもの発達が促される側面として，社会性や共感性，攻撃性のコントロール，他人の立場になって考える力など，多くの事柄が挙げられている（岡野，1995；Cicchetti & Toth, 1998）。

　子どもが仲間の中で社会的なルールを学んでいく例は，喧嘩やいざこざの中に典型的に見られる。臼井ほか（1994）は，保育園の2～3歳児を1年間観察し，いざこざの終わり方が徐々に変化していく様子を示した（図5.10）。新しいクラスとなった春から夏には，相手にさらに攻撃したり，服従させたりといった「制圧」的な終結や，保育者の介入による終結が多かった。しかし冬になると，いざこざ数そのものも減り，わずかではあるが言葉などでお互いに納得して平和的に解決する「相互理解」が認められるようになった。状況にもよるが3～4歳児を対象とした研究では，「相互理解」で終結するいざこざはさらに増加した（木下ほか，1986）。ここには，言葉の発達による子ども同士のコミュニケーション能力の高まりや，将来を見越したり，プランを立てたりと言った認知的な発達が関わっている。また他の子や保育者のいざこざ解決の仕方を見て学び，自分が当事者

相手を見る。同じものに同時に興味を示す等。

0歳代前半

触る。相手の持っているものを取る等。

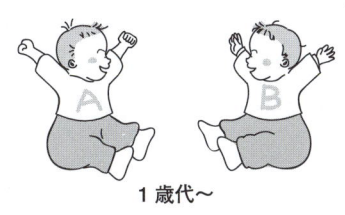

0歳代後半

相手の模倣をする。片方が始めたことをもう一方が終わらせる等。

1歳代〜

図 5.9 乳幼児の仲間関係の発達 (井森，1997 の記述より作成)

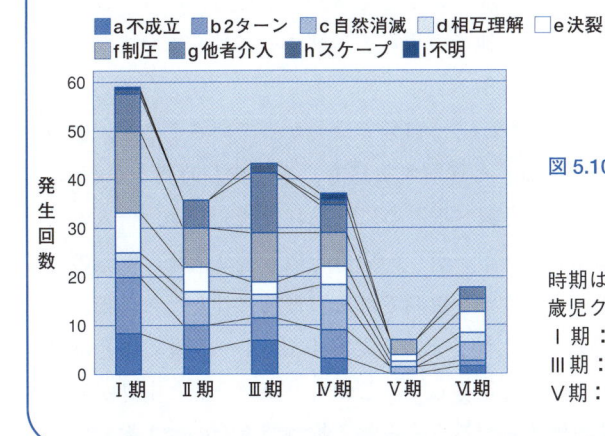

■a不成立 ■b2ターン ■c自然消滅 □d相互理解 □e決裂
■f制圧 ■g他者介入 ■hスケープ ■i不明

図 5.10 いざこざの終結行動カテゴリーごとの変化 (臼井ほか，1994)

時期はいずれも，保育園の2歳児クラスのもの。
Ⅰ期：5月，Ⅱ期：7月，Ⅲ期：9月，Ⅳ期：11月，Ⅴ期：1月，Ⅵ期：3月。

になったときその方法を使うといった**モデリング**も働いている。

5.3.3 他者の心の理解

　いざこざや喧嘩が起きた場合，大人がよく口にするのは「相手の立場になってみなさい」という言葉であろう。しかし他者の感情を推測したり，その立場に立ってみるのは，それほど簡単ではない。相手の立場に立つには，まず最初に「他者はいつも自分と同じように考えたり感じたりするわけではない」と理解できなくてはならない。大人で「自分は魚が好きだから，他の人もみんな魚が好きなんだ」と決めてかかる人はいないだろう。しかし幼児はそうではない。

　子どもは3歳ごろまでに，自分が見ているものが，反対側の相手からは見えないかもしれない，ということに気づく。**図 5.11** は子どもの認知発達を調べるための「3つ山課題」と言われる古典的な課題材料である。机の上に高さの異なる3つの山が作られ，見る方向によってどう見えるかを子どもに尋ねるものである。従来，こうした課題に正しく答えられるのは小学校の中学年以降と考えられていたが，3歳であっても「自分には見えて，別の場所にいる他の人には見えないものがある」という水準では理解できることがわかってきた（Flavell et al., 1981）。3歳児にできないのは「他の人にはどう見えているか，推測する」というレベルの問題である。大人にとってこれらは同じようなことに思えるが，子どもではこの2つのレベルの間に大きな溝がある。他者の視点を理解するには，まだまだ長い道のりが必要なのである（**表 5.8**）。

　「見えるか見えないか」ではなく，「自分ではわかっていることも，他の人にはわからないことがある」と理解するにも，もう少し時間がかかる。3～5歳児の他者の心の理解を調べるために行われた研究では，一人の子どもが実験者と一緒に箱（パッケージ）の中身を取り替えた後，部屋の外で待っている友だちがどう思うかを質問された。最初に「友だちは箱の中身がわかるかわからないか」と聞くと，3歳で4割，4～5歳では8割以上の子どもが「わからない」と正答した。しかしパッケージと中身が違うために友だちは中身を誤解するだろうと正しく推測できたのは4歳では半

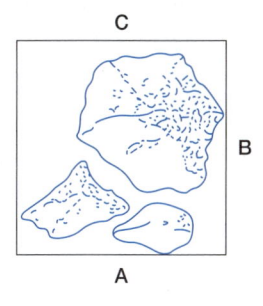

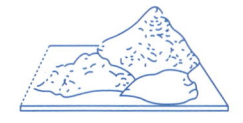

図 5.11　ピアジェの3つ山課題 (Piaget & Inhelder, 1956)

表 5.8　セルマンによる社会視点取得の発達段階 (Selman, 1995；渡辺, 2001)

レベル0：自己中心的役割取得（3〜5歳）
自分の視点と他者の視点を区別することがむずかしい。同時に，他者の身体的特性を心理面と区別することがむずかしい。同じ状況でも，自分の見方と他者の見方が必ずしも同じでないことがあることに気づかない。

レベル1：主観的役割取得（6〜7歳）
自分の視点と他者の視点を区別して理解するが同時に双方を関連づけることができない。また，他者の意図と行動を区別して考えられるようになることから，行動が意図的かそうでないかを考慮するようにもなる。ただし，「他者が笑っていれば幸せだ」といった表面的な行動から感情を判断するところがある。

レベル2：2人称相応的役割取得（8〜11歳）
他者の視点に立って自分の思考や行動について内省できる。したがって，他者もそうすることができることがわかる。また，外見と自分だけが知る現実の自分という2つの層が存在することを理解し，社会的な交渉もそうした2層性で営まれているがために，人の内省を正しく理解するのは限界があることを認識できるようになる。

レベル3：3人称相互的役割取得（12〜14歳）
自分と他者の視点の外，すなわち，第三者的視点をとることができるようになる。したがって，自分と他者の観点の外から，自分と他者の視点や相互作用を互いに調節し，考慮することができるようになる。

レベル4：一般化された他者としての役割取得段階（15〜18歳）
多様な視点が存在する状況で自分自身の視点を理解する。人のなかにある無意識の世界を理解する。互いの主観的視点がより深い，象徴的レベルで存在するものと概念化しているため，「言わなくても明らかな」といった深いところで共有された意味を認識する。

5 子どもの「性格」とは

数以下だった（ホグレッフ他，1986）。このような単純な課題でも，相手の考えを推測するのは幼児には難しい。こうした他者理解は，
(1) 人への敏感性といった生得的傾向，
(2) 対象について分析する認識能力の発達，
(3) 人とのやりとりといった社会的経験

の3つが，相互に絡まり合いながら発達すると考えられる（久保，1997）。これらの条件が一人ひとり異なるため，同じ4歳児でも「相手の立場に立てる」ように見える子どももいれば，そうでない子どももいる。単純に見るとこれは性格の違いのようにも思えるが，実は認知的な発達の差かもしれない。成長の著しい乳幼児期を見る場合は留意すべき点である（図5.12）。

　実際の対人関係の中で，自分と他者が同じ場面に遭遇しても必ずしも同じように考え，感じるわけではない，と理解し，相手の気持ちを推測できるようになるにはさらに時間を要する。

5.3.4　自分自身のコントロール

　社会の中で生きていく以上，私たちは他者と協調するために自分の行動を抑制したり，逆に不当な侵害に対して抗議したりする力が必要である。こうした自分自身の欲求や意志にもとづいて，自発的に自分の行動を調整・制御する能力のことを，自己調整能力という（堂野，1996）。この自己調整能力も，幼児期後期に大きく発達する。

　柏木（1988）は，保育者による評定をもとに，この時期の子どもの自己主張・自己実現と，自己抑制の発達について調べた。「自己主張・実現」は，この研究ではいじわるをされたときに「いやだ」とはっきり言えたり，「遊びに入れて」と自分から積極的に働きかけられる力を指す。「自己抑制」は，いやなことがあってもすぐに感情を爆発させないで我慢できるといったフラストレーション耐性や，遊びの順番を待つことができるなど，満足の遅延ができるかどうかなどから成る。700名以上の幼稚園児について，これら2つの側面を見たところ，図5.13のように自己抑制は3歳から一貫して伸びていくことがわかった。自己主張・実現も，3歳から4歳にか

図 5.12　同じように「思いやりがない」と見える 3 つの場合
泣いている子になにもしないのは「思いやりのない性格」のように見える。はたしてそうなのだろうか。「他者の様子に『気づく』力がまだ育っていない」「相手が泣いている事情がわからない」「こういうときにどうしたらいいか，経験が乏しくわからない」などのほかに，もっと年上になると，気づいており，なぐさめればいいこともわかるが，「自分が介入していいかどうか迷う」といった複雑な気持ちも出てくる。

けては伸びていくが，それ以降は頭打ちになる。つまり「わがままを言わないで我慢する力」は，一直線に伸びていくが，「自分の意見をはっきり言い，不当なことには抗議する力」は，4〜5歳頃から伸びが止まってしまうのである。柏木（1988；1997）はこれについて，日本の文化的特質が現れたものと解釈している。日本では自己の意志や感情を主張し実現することよりも，集団の和を優先する文化がある。それが親や周りの大人の有形無形な働きかけとなって現れ，子どもの自己抑制部分が自己主張よりも発達しやすいと考えたのである。ただし，この研究は1980年代に行われたものであり，現在でもこの傾向が続いているのかどうかはわからない。柏木（1988）に準じた形で日米比較を行った堂野（1996）では，確かに自己主張面はアメリカの子どものほうが高かった。しかし同時に，不快なときに感情を爆発させないといった自己抑制的な耐性でも，アメリカのほうが高いという結果が示された（図5.14）。少ない人数での研究であるので断言はできないが，日本の子どもの育ちに変化のきざしがあるのかもしれない。今後より詳しい検討が望まれるところである。

　さて，こうした自己調整能力の個人差はどのような要因が働いているのであろうか。実はこの点については現時点ではあまりよくわかっていない。前述の柏木（1988）は一つとして親の養育を挙げ，過保護や過介入的な親の関わりが，自己抑制も自己主張も両方にマイナスの影響を及ぼすことを示した。また乳児期のアタッチメントと，その後の自己調整能力について検討した研究もある（Jacobson & Wille, 1986）。この他，脳のさまざまな障害によりうまく自己調整できない場合があるかもしれない。いずれにせよ，とくに子どもを見る場合，性格的な差に見えるものが個人差であるのか，その時点での発達差であるのか，それとも双方が関与しているのか日常の生活の中で私たちはあまり区別していない。いたずらに「この子はこういう性格」と決めつけないよう，普段から意識すべきであろう。

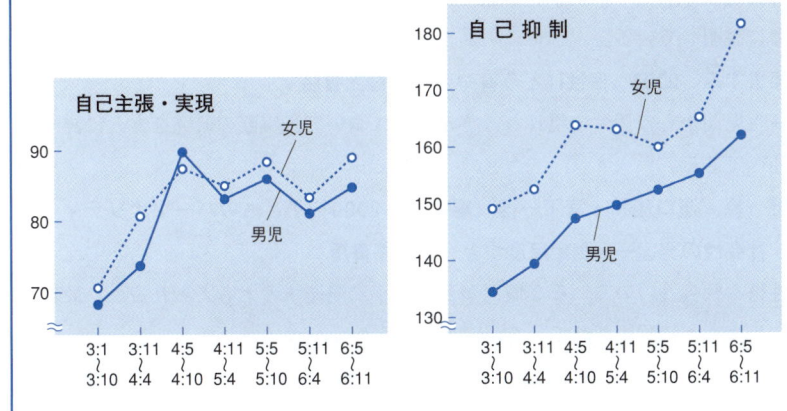

図 5.13 自己主張と自己抑制の発達（柏木，1988）

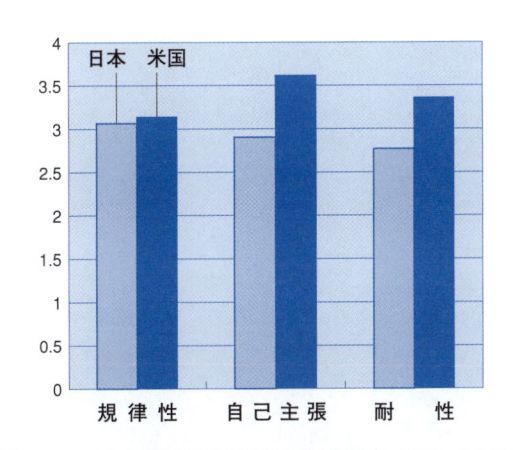

図 5.14 日本と米国の幼児の自己制御得点（堂野，1996）

● 参考図書

安藤寿康　2000　心はどのように遺伝するか──双生児が語る新しい遺伝観　講談社ブルーバックス

　行動遺伝学の第一人者が，誤解されやすい「遺伝」という考え方について，丁寧に説明している。

菅原ますみ　2003　個性はどう育つか　大修館書店

　新生児期からの個性の現れと，その変容について，実際の研究をもとに詳しく述べてある。

堀野　緑・濱口佳和・宮下一博（編著）　2000　子どものパーソナリティと社会性の発達──測定尺度つき　北大路書房

　性格や社会性のいろいろな側面がどのように発達すると考えられるか，最新の知見をもとに解説されている。

シャファー，H. R.　無藤　隆・佐藤恵理子（訳）　2001　子どもの養育に心理学がいえること──発達と家族環境　新曜社

　「血の絆はあるか」「母親は働きに出るべきか」など，生きていく中で起こるさまざまな問題について，心理学とその関連領域の研究結果をもとに指針を与える本。

コラム　社会的スキル・トレーニング（SST）

「うちの子，引っ込み思案で困るの」。

幼稚園や小学校のPTAに行けば必ずどこかで聞くセリフである。「引っ込み思案」「でしゃばり」「人の言うことを聞かない」など，子どもの性格を心配する親の言葉に限りはない。それを「性格」と見て，「矯正」しようとすると，あたかも本人の人間性に外からメスを入れ勝手に作り直すような印象を受け，抵抗を覚える人も多いだろう。しかし社会的スキルの考え方ではそういう立場は取らない。

社会的スキルとは，対人関係を円滑にし，社会生活に適応していくために「練習して身につけてきた技能」をさす。この考え方に立てば，引っ込み思案なのもでしゃばりなのも，うまく自分を出す技能（スキル）を身につけていないから問題になるのであって，学習して身につければ良いということになる。こうした基盤に立ち，開発されてきたのが**社会的スキル・トレーニング（SST）**である。むろん子どもだけが対象ではなく，むしろ，大人の対人関係改善などのために作られたプログラムが多い。

トレーニングは一般に，SST全体についての説明などを含む「教示」，実際に求めるスキルを観察する「モデリング」，本人がそれを試行してみる「リハーサル」，その様子に対してトレーナーから与えられる「フィードバック」の4つの段階から成る。そして練習したことを実際の生活の中で行ってみる「般化」が宿題となる。うつ病などの場合でも，SSTだけではなく認知行動療法や薬物療法と組み合わせることによって，大きな効果が期待できるとされている。わが国でも近年，精神疾患患者や矯正施設だけでなく，一般の職場での能力開発，学校教育の一環としてなど，広い分野で，さまざまな形で取り入れられてきている。

こうした動きに対し，人間関係は「技術」「技能」といった観点からとらえるべきではない，たとえ「技能（スキル）」を獲得したとしても，それは表面的にものに過ぎないという批判もある。しかしSSTでは表に現れた行動だけでなく，対人関係のとらえ方など認知的な側面も取り上げてトレーニングの対象とするし，表面的な行動を変えると気分や意識が変わ

ることも報告されている。今後，理論的にも方法的にもさらに洗練され，利用されていくのではないだろうか。

人の輪の中で 6

　「性格」あるいは「個性」というものがあらわになってくるのが、児童期そして青年期である。それまでも、私たち一人ひとりが皆、なにがしかの特徴を持っていることはよく知られていた。しかし、学校という社会の入り口に立ち、同年代の大勢の中に入ることで、個性はより顕著に磨かれていく。他者と比較することで、自らの「性格」が際立っていく時期と言える。

　思春期以降はまた、自分を自分で「創る」時期でもある。人に好かれたい、あるいは自分の内側から「変わりたい」と切に願い、それを実行していく。変われる場合もあるし、変われないこともある。変わったあまり、本来の自分を見失うこともあるかもしれない。しかし「本来の自分」とはなんだろうか。私たちの性格は、どこかで定められていて、変えようのないものなのだろうか。学校では「気さくな友人」であり、親の前では「わがままな子ども」であり、一人になると「暗いこともたくさん考えてしまう」自分は、どれが本当の自分なのだろうか。

6.1　学校への移行

　義務教育制度を敷いている多くの国，文化を調べると，学校に通い組織的な教育を受け始めるのは，ほぼ5歳から7歳の間となっている。また日本では従来，習い事をするのに「6歳の6月6日から始めるのが良い」と言われてきた。これらは，「6歳前後になると，新しい物事を学習する際に，遊びながら無意図的にではなく，ある程度，目的意識を持って学習できるようになる。また集団での学習にも適応できる」ということが，経験的に理解されてきたのだと考えられる。

　認知的な発達から考えると，小学校に入るころはピアジェの言う**前操作期**から**具体的操作期**への移行時期に当たる（表6.1）。自分の視点でしかものを見たり考えたりすることのできない時代から，他者の視点を意識し，目の前の具体的なモノを手がかりに，論理的に事象を整理できる段階へと移る過渡期である。教育とは言い換えれば子どものものの見方，考え方を，組織的にドラスティックに変えていく営みとも言える。

　子ども自身が教育の中で変わっていくこの時期に，「性格」という点ではどのような変化が見られるのであろうか。

6.1.1　幼児教育と小学校教育

　もちろん3月まで「幼児」であった6歳児が，4月に小学校に入学して「児童」となったからといって，いきなり大きく変わるわけではない。むしろ，子どもを見る大人の目が大きく変化すると言うべきであろう。そうした扱われ方の変化が，子ども自身の変化，成長を生み出していくのが，この時期の特徴とも言える。

　子どもは，小学校に入り，これまでとは異なった「見方」をされる。これまで「目に付いていた」側面とは異なる面について，大人から評価を受けるということである。幼稚園や保育園では「元気がよい」とされていた子どもが，小学校では「落ち着きがない」と見られることがある。これは教師が替わったというだけでなく，幼児教育と小学校教育では教育の目的や重点を置く面が異なるために，必然的に起こってくる現象とも言える。

表6.1　ピアジェによる思考の発達段階（佐藤，1997）

基本段階			下位段階	
前論理的思考段階	感覚運動期	誕生〜1歳半，2歳	I. 生得的反射の時期	0:0〜0:1
			II. 第1次循環反応 適応行動の獲得	0:1〜0:3/0:6
			III. 第2次循環反応 興味ある光景を持続させる手法	0:3/0:6〜0:8/0:9
			IV. 2次的シェマの協応 既有のシェマの新規場面への適用	0:8/0:9〜1:0
			V. 第3次循環反応 能動的実験	1:0〜1:6
			VI. シェマの統合による新たな手段の発見	1:6〜2:0
論理的思考段階	表象的思考期	前操作期	1歳半，2歳〜6, 7歳	前概念的思考段階 ●転導的推理	1:6/2:0〜4:0
			直観的思考段階 ●知覚が判断を大きく左右	4:0〜6:0/7:0
		具体的操作期	6, 7歳〜11, 12歳	具体的事象に関連した論理的思考 ●思考操作における群性体の成立 ●保存概念の獲得	
		形式的操作期	11, 12歳〜	具体的事象から解放された抽象的論理的思考 ●思考操作におけるINRC群の成立 ●2次的操作（操作の操作）の獲得	

小林（2001）は幼稚園・保育園の保育者と小学校低学年を受け持つ教師計70名に対して調査を行い，どのような能力，技能をいつ指導すべきかを尋ねた。その結果，両者とも協調性や人の話に集中する力などを，就学以前の幼児期に指導すべきという見解で一致していた（図6.1）。進野・小林（1999）も，小学校教師が幼児教育に対して「基本的生活習慣のしつけ」や「規律正しさ」「協調性」をはぐくむよう求めていることを明らかにしている。またこの調査では，同一の評定項目で，教師に対し担任クラスの子どもの行動を尋ねているが，幼稚園教諭のほうが小学校教師よりも子どもを「フラストレーション耐性が高い」「能動性，独自性がある」と見ていることが示された。むろん教師は「幼児としては」「小学1年生としては」といった枠組みを基準として評定するであろうから，実際に年長（5～6歳）の幼児が，小学校1年生（6～7歳）よりも自己抑制などに優れているかどうかは正確にはわからない。しかしこのことは，これらの社会性に関わる側面が，幼児期の間は「現在，発達途上で保育者としても指導している最中である」と受け取られるのに対し，小学校以降は「幼児期に身につけておくべき力がまだ備わっていない」と判断される可能性を示唆している。

6.1.2　学校に行くと子どもの世界はどう変わるのか

前項で述べたように，就学と共に子どもは「協調性」や「規律正しさ」をより求められるようになり，実際に自己抑制などに関して厳しい評価をされるようになる。自分が変化した，しないとは別に，外からの基準のほうが高くなるのである。

学校的世界の特質として，南（1995）は空間的特質，時間的特質と，談話の特質を挙げている。学校は組織化され，秩序だった空間で構成されている。具体的には使用する下駄箱や，何年何組の教室と席など，自分の使用する場所が定められており，その他に共用で使う体育館や保健室や廊下などがある。私的空間ではなく，多人数が使うための約束事が決められているのである。また学校では，時間割や月間・年間計画に沿った生活が営まれる。当たり前のような気がするかもしれないが，幼稚園や保育所では，

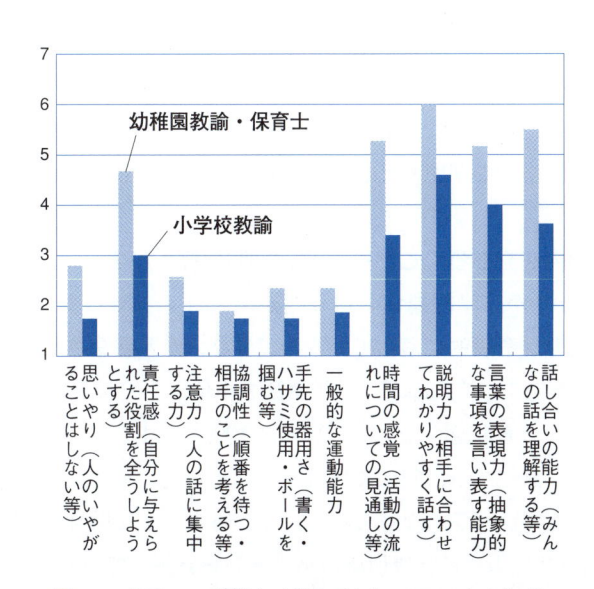

図 6.1　**何をいつ指導すべきか**（小林，2001 から作成）
評定値は，1 点（幼児期に身につけるべき）〜4 点（どちらともいえない）〜7 点（就学後に身につけるべき）。4 点を中間点とし，得点が高いほうが「小学校以降で身につけるべき」と考えていることを示す。

時間割というものが，少なくとも子ども本人の意識の中には存在しない。学校では自分自身で時間感覚と計画性を持って生きるよう，促され，教育されるのである。さらに学校の授業での発言やコミュニケーションのあり方は私的場面とまったく異なる。手を上げて発言する，指名されるまで発言しない，大勢で一人の話を聞くなど，授業の場だけで適用される特殊なルールを学んでいかなければならない。こうした学校的世界に慣れていくことが，子どもに求められる。

　これらのルールはいい加減に定められたものではなく，多人数に対して教育的営みを行おうとするとき，必然的に出てくるものであろう。しかし子どもがこうしたルールに適応できない場合，本人の性格や意図とは別に，「問題行動」「性格的な問題」ととらえられやすいことも事実である。

6.1.3　教室内を立ち歩くこと——自己抑制の衰えか？

　1995年あたりから学級崩壊という語がマスコミを賑わすようになり，子どもの自制力が全般的に落ちているのではないかと懸念されるようになった。学級崩壊とは，「教師が，学級集団を単位として授業などをすることが不可能になった状態」をさす（河村，1999）。児童・生徒が教師の指示に従わない，無視する，集団で反抗する，その逆で集団というものが成立しないで個々バラバラになっている，などさまざまな場合がある。河村（1999）は表6.2のように学級崩壊のパターンを分類している。

　こうした状況の原因にはいろいろ考えられるが，一つとして，子どもの自己抑制力が昔に比べ落ちているのではないかという意見がある。脳の興奮と抑制のコントロールを調べるためのGO/NO-GO実験と呼ばれる手法がある（図6.2）。ランプの色に従って子どもにゴムボールを握らせ，握り間違いや反応の早さから，感情などを制御する大脳前頭葉の発達状態を推測するものである。これを繰り返した研究で興味深い結果が見出された。1980年代以前には大脳の興奮/抑制機能が順調に発達していることを示す「活発型」が年齢と共に増えたのに対し，1998年以降は脳がまだ未熟であることを示すと考えられる「興奮型」が高学年以降でもやや多い。この結果から，昔に比べ子どもの脳の発達，とくに自分の行動を抑制する部分の

表 6.2 学級崩壊パターンの分類 (河村, 1999)

パターン	クラスの状態	多い学年	原因と考えられること
管理的な教師への反抗	学校や教師への不満が担任に反抗としてぶつけられた状態。	小学校高学年・中学・高校。	権威に頼る指導、人間的な交流や子どもの自己確立の場の少なさ、子ども側に「先生だから偉い」という意識がないこと等。
集団ができないクラス	学級が集団になっておらず、たまたま居合わせた電車の乗客のような状態。	特定の年齢段階とは限らない。	学級集団を作ろうという意識のない指導、集団作りの下手な教師、対人関係を作れない子ども等。
その他	一部の子どもの行動に教師がかかりきりになり、学級全体に手が回らない状態。	特定の年齢段階とは限らない。	障害や家庭の事情で、学習する準備ができない子どもにかかりきりになってしまう等。

第 1 段 階

赤いランプがついたらゴムボールを握る。

第 2 段 階

赤がついたら握るが黄色がついても握らない。

第 3 段 階

今度は黄色がついたら握る。

図 6.2 GO/NO-GO 実験 (寺沢ほか, 2002 より作成)

発達が遅れているのではないかという疑いがもたれている（図 6.3）。

実験ではなく，子ども本人に直接尋ねる形で自己制御について調べた研究では，抑制することも，あるいは必要なときに自己主張することも，学年と共に下がっていくことが示された（矢川，2001）。図 6.4 は自己抑制に関する 2 つの尺度得点を学年別に表したものだが，したほうがよいことを積極的に行う「協調性・持続性」得点も，してはいけないことを我慢する内容の「自律的忍耐」得点も小学校 2 年，4 年，6 年と下降している。実際にこれらの子どもたちの行動がどうであるかは資料がないが，年齢が上がるにつれ，自分の行動を制御する力が乏しくなる，と子どもたち自身が認めていると言える。

このような認識は実際の行動を反映している部分もあるが，高学年になるにつれて「自己制御」あるいは「自己抑制」に対する要求水準が高くなることも反映している。この要求水準はさらに，教師など周りの人間から「このくらいはできてほしい」と要求される側面と，それを受けて自分自身で「このくらいはできなければ」と考える側面とに分けることができる。また時代や文化により変化する場合もある。たとえば 50 年前ならば，理不尽な大人の要求に対してもじっと我慢するのが適応的で望ましい自己制御だったかもしれない。しかし同じ行動をとっても，現代では不必要なことを我慢するだけで自己主張できない不適応的な自己制御だととらえられる可能性がある。実態として変わったのはどこで，周囲の見る目や要求水準が変化したのはどこなのか，単純に抑制ができるできないという前に，時代や文化に即して検討していく目も，持つ必要がある。

6.2 自分をどう見るか，他人をどう見るか

6.2.1 自尊感情とは

自尊感情（自尊心）とは，自分のことを価値があると思い，自信を持つ心の働きをさす。あまり高すぎると，鼻持ちならない人間に見えるが，低すぎても卑屈で付き合いづらい印象を与える。自尊感情自体は本人がとらえる自己評価だが，このように，他者から見たその人の「性格」的な印象

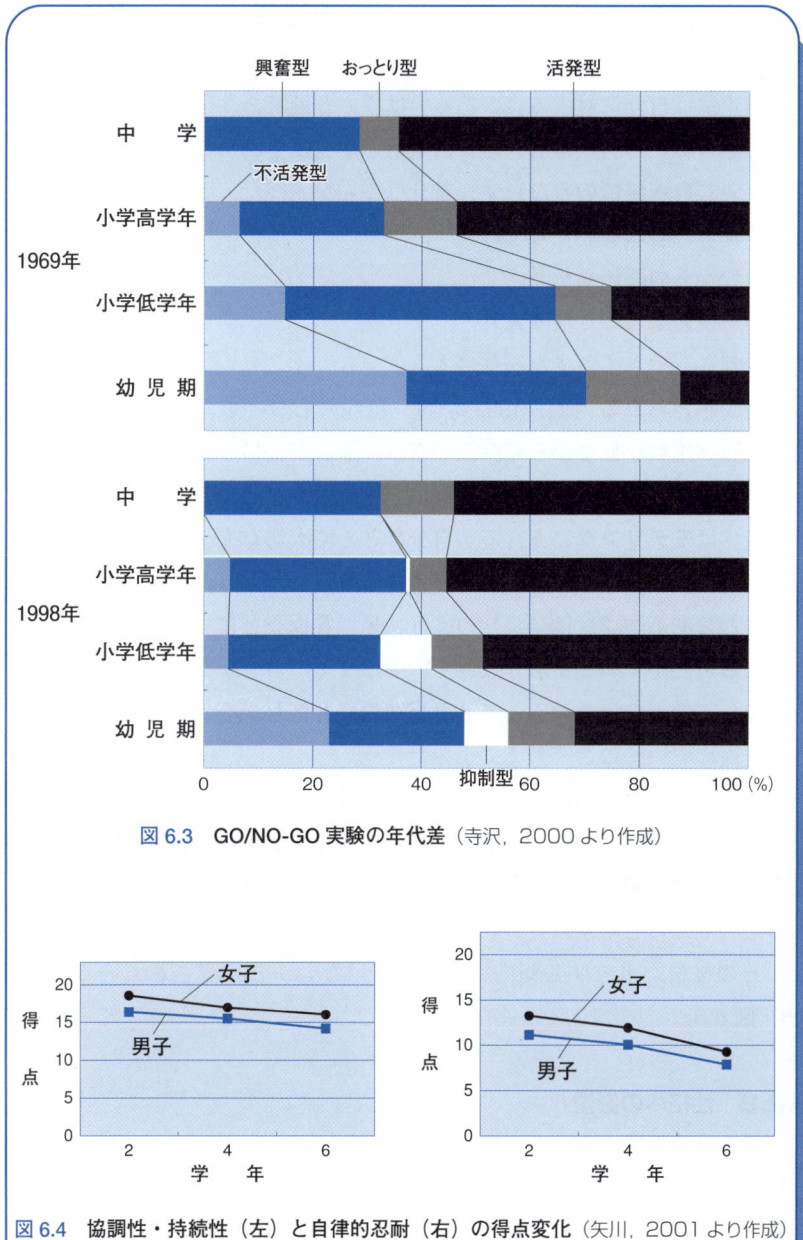

図 6.3 GO/NO-GO 実験の年代差（寺沢，2000 より作成）

図 6.4 協調性・持続性（左）と自律的忍耐（右）の得点変化（矢川，2001 より作成）

を左右する面も合わせ持つ。この自尊感情の個人差はどのようにして生まれるのだろうか。

　自尊感情は自分に対する良いあるいは悪い評価であり，一般に経験と共に学習されていく。生得的，器質的な何かが発現された結果とはみなされていない。自尊感情のみならず，自分はこんな人間だ，という自己概念が形成されるための要因としては，
(1) 他者からの評価や承認
(2) 同一視にもとづく取り入れ
(3) 役割遂行やさまざまな経験による気づき
の3つが挙げられる（蘭，1992）。(1) は親のしつけを含め，教師や親しい友人など重要な他者からの評価であり，それが「自分はそれなりに素晴らしい人間なんだ」あるいは「自分はダメな奴だ」といった自己評価を生む。(2) は**モデリング**にあたる。自分にとって大切な人や好きな人，憧れる人に同一視し，その人の役割や価値体系を自分のものとして内面化していくことである。(3) は，(1) のように単に賞罰などによって他者から評価されることをそのまま取り入れるのではなく，自分が経験してきたことを吟味し，他者の目を想定して**メタ認知**的に評価し，それをもとに自分の評価を決めていくことと考えてよいだろう。

　このように自尊感情の形成にはその人を取り巻く重要な他者が大きな影響を持つと考えられるが，子どもにとってもっとも重要な他者である親の養育態度とは，**表6.3**のような関係にあるとされている。また，外国や日本の子どもたちを対象に行われた研究から，自尊感情は思春期ごろに下降し，その後また上昇する傾向にあるのではないかと推測されている（**図6.5**，**図6.6**）。

6.2.2　性格への影響

　自分で自分を「たいした人間じゃない」「劣っている」，あるいは「人より優れている」と評価することは，どんな影響を生むのだろうか。
　「自分で自分をどう思うか」と，「他人が自分をどう思っているか」は，必ずしも同じではない。小学5年生を対象に自尊感情やクラス内での人気，

表 6.3 自尊感情と親の態度 (Coopersmith, 1967 より蘭, 1992 が作成)

養育行動など 子どもの自尊感情	夫婦の関係	両親の自尊感情の得点と行動特性	養育パターン
高い自尊感情の子ども	●仲がよい。 ●気安い。 ●権威と責任が明確に規定されている。	●高い自尊感情。 ●情緒的に安定。 ●物理的にも、情緒的にも、知的にも豊かな環境をつくる。	●子どもに対する態度・行動が独立的で、弾力性に富み効果的である。 ●子どもの態度・行動に対して受容的である。 ●子どもを尊重し、慎重に対応している。 ●保護と自律の適度なバランスを保っている。
低い自尊感情の子ども	●仲がよくない。 ●気安くない。 ●権威と責任が明確に規定されていない。	●低い自尊感情。 ●情緒的に不安定。 ●物理的にも、情緒的にも、知的にも貧弱な環境しかつくれない。	●子どもに対する態度・行動が独立的でなく、弾力性がなく、効果的でない。 ●子どもの態度・行動に対して非受容的である。 ●子どもにあまり関心がなく、子どもに対する反応が極端である。

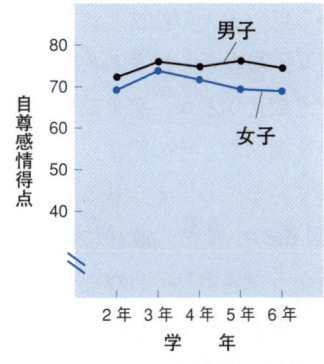

図 6.5 子どもの自尊感情得点の変化 (蘭, 1992)

図 6.6 女子の自尊感情の変化 (伊藤, 2001 より作成)

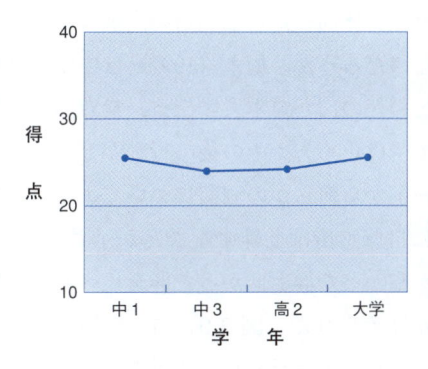

6 人の輪の中で

学習への意欲などを調べた研究（井上，1986）で，表6.4のように5つのグループを想定した。すると，もっとも級友から好まれるのは，「自分の自尊感情は低い」が，「教師などから見ると自尊感情が高いように見える」子ども（図のLH群）であった（図6.7）。また「自分の自尊感情は高い」が，「教師などから見ると自尊感情が低いように見える」子ども（図のHL群）は，「自分の自尊感情も低く，教師などから見てもそう見える」子ども（図のLL群）と同じくらい，クラス内では人気がないことがわかった。とくにLL群は，難しい問題に挑戦しようとする気持ちが乏しく，失敗は失敗のまま放置してしまう傾向がうかがわれた。またLH群は成績も良く，友だちからも好かれているが，難しい課題に出会うと不安が高くなり，ストレス下で力を発揮できなくなるのではないかと推測された。

　このように，自分に対してどれほど自信があるかは，必ずしも他者からの評価と一致するとは限らないが，表に出る行動に影響を及ぼす。表に出る行動が変われば，他人から見て「あの人はこんな性格だ」と判断される根拠も変わる。学校は教育の場であり，学習に対する態度は子どもを見るときの大きな枠組みの一つとなる。子ども自身の自尊感情が学習への意欲や取り組み方にも関わるのであれば，教師や友人たちから見た「その子の性格」を左右することは十分あり得るだろう。

　では具体的に，自尊感情の高低は「周りから見た本人の性格」にどう関わるのだろうか。樽木（1992）は中学生に対し，級友たちによる肯定的評価を担任の口から本人に伝え，自尊感情がどう変化するか，その高低によって受け止め方やその後の行動がどうなるかを調べた。その結果，クラスメートから何らかの側面についてよく思われている，と伝えられると，一般に自尊感情は上昇することが示された（図6.8）。また，最初に自尊感情が高かった群と低かった群を比べると，低かった群のみで自尊感情の上昇が認められた（図6.9）。自尊感情が高く，教師から見ても自信があるように見える生徒には，クラスメートからの否定的評価も伝えられたが，思い当たる節があった場合この生徒たちは欠点を克服しようとする傾向がうかがわれた。では，もし，自尊感情の低い生徒に否定的評価が伝えられていたとしたら，どうなっただろうか。実はこの研究では，自尊感情の低

表 6.4 自尊心によるグループ分け（井上, 1986）

		他者評定による自尊心		
		高い	中間	低い
自己評定による自尊心	高い	HH 群		HL 群
	中間		MM 群	
	低い	LH 群		LL 群

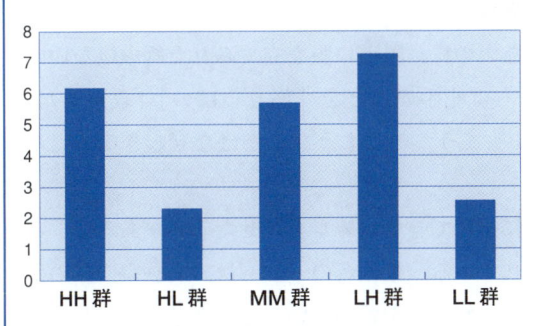

図 6.7 自尊心タイプ別，ソシオメトリックテストの被選択数（井上，1986 より作成）

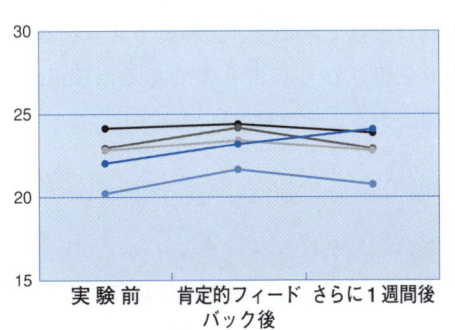

図 6.8 被験者全体の自信得点の推移（樽木，1992 より作成）

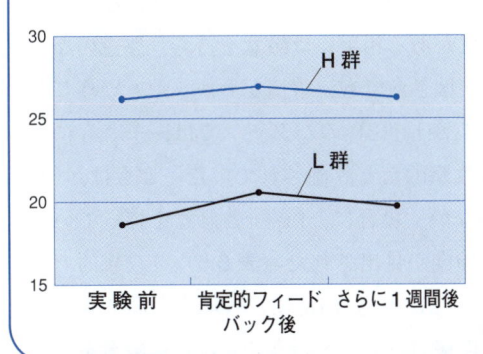

図 6.9 自信得点の変化
（樽木，1992 より作成）
H 群は自尊感情が上位 25 ％に入っている（もともと高かった）者，L 群は自尊感情が下位 25 ％に入っている（もともと低かった）者。

6 人の輪の中で

い生徒に否定的評価のフィードバックは行っていない。経験的にも，自尊感情の低い相手，不安定な相手に否定的な情報を与えると，欠点を克服するどころか前向きな気力を失い，いろいろな面で悪い影響を及ぼすことが懸念される。極端に言えば，適度に自尊感情の高い人間には苦言も通るが，低い場合は反省どころか，落ち込み，逆恨みなどを招く可能性もある。

6.2.3　社会的情報処理の過程

　こちらの事情もよく知らないのに，勝手に腹を立てられた経験はないだろうか。そんなとき，私たちは相手のことを「怒りっぽい」「攻撃的だ」「いやな奴だ」などと感じてしまう。このようなことはなぜ起きるのだろうか。

　小学生の子どもを実験室に連れてきてパズルをさせた研究があるが，ここから興味深い示唆が得られている。被験者の子どもは，実験室の隣の部屋で同じような子どもが同時にパズルを始めていると聞かされる。しばらくして「では途中でお互いの出来具合を見てみよう」と移動させられるが，その間に自分が作っていたパズルを壊されてしまうのである（Dodge, 1980；図 6.10）。そのときに声が聞こえる。それは，
(1) 明らかに意図的に壊したとわかる。
(2) 意図はよくわからない。
(3) 明らかに過失であって悪意はないとわかる。
の3パターンのどれかになっている。実はこれはすべて，実験者の作り話なのであるが，この事態に置かれたとき，(1) と (3) ではどんな子どもも似たような反応を見せた。悪意がある相手には敵意を持ち，悪意のない相手には，たとえ自分のパズルが壊されても，事情がわかったということでさほど敵意を表さなかった。しかし (2) のパターンでは，子どもにより違いが見られた。ふだんから攻撃的だと評価されていた子どもは，(2) の「どういう事情かよくわからない」場合に，「きっと悪意を持っていたんだ」とばかりに攻撃的になる傾向が見出された（表 6.5）。「攻撃的でない」と評価されていた子どもは，(2) の場合も (3) の場合と同じような反応を見せた。この実験から，攻撃的であるということは常に敵意を表し

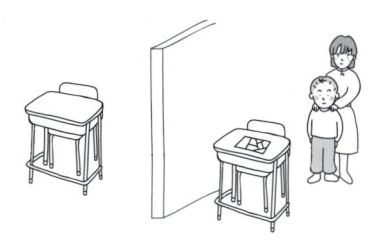

「ここでパズルをやってください。うまくできると賞品があります」
「隣の部屋でも別の子がやっています」

「ここで休憩にしましょう」

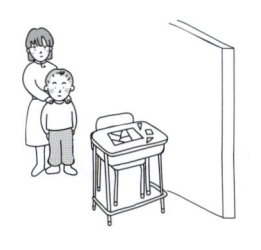

「隣の子はどれだけ出来たか見てみましょう」

①「……壊してやれ」(悪意条件)
②情報なし(中性条件)
③「……手伝ってあげよう」(非悪意条件)

図 6.10　ドッジ (1980) の実験

やすいのではなく，相手の曖昧な状況を「悪意だ」と勝手に誤解しやすいのではないかと考えられている。

こうした判断をしてしまう背景はいろいろ考えられるが，一つには被虐待経験やいじめられ経験を挙げることができる。自分の属する集団が攻撃される中で育つことで，相手を「迫害者ではないか」と思い疑心暗鬼になることが多くなる。それがよくわからない状況で「先手必勝」とばかりに攻撃的な行動をとることにつながるのではないかと推測されている。また，身近に攻撃的な行動を示すモデルがいることで，同一視が起こり攻撃的な態度・行動を学習することも考えられる（Coie & Dodge, 1998）。

6.3 第2の誕生

小学校高学年ごろから中学生時代にかけ，私たちの身体は単に身長や体重が増えて大きくなるだけでなく，質的な変化を迎える。これを**第2次性徴**という。この変化は生物学的に組み込まれたプログラムに沿って発現するものであり，一般に個人の意志で変化をうながしたり抑止したりできるものではない。

こうした量的，質的双方の変化は，単に身体的な変容だけでなく，心の面にも大きな影響を及ぼす。ここでは性格という側面に身体の成長や知的な発達がどのように関わるのかを見ていく。

6.3.1 身体の成長

私たちの身体が大変なスピードで発育するのは，まず受胎から誕生までである。わずか直径 0.1 mm の卵子は，受精後，38 週で 5,000 倍の約 50 cm の身長を持った新生児として生まれてくる。ついで出生後の1年間に，身長は約 1.5 倍，体重は約 3 倍になる。人間の発育がもっとも著しい時期である。次に大きな発育を遂げるのが思春期で，これを第2発育急進期，または思春期のスパートと言う（図 6.11）。

これと時期を同じくして，質的な変化が現れる。陰毛や性器の発達が始まり，男性では声変わり，女性では乳房の発達が始まり初潮を見るように

表 6.5 各条件での，被験児の行動（％） （Dodge, 1980 より作成）

	攻撃的な子ども	穏和な子ども
【相手のパズルを壊す】		
悪意条件の場合	47	40
中性条件の場合	20	7
非悪意条件の場合	0	0
【悪口などを口に出す】		
悪意条件の場合	60	27
中性条件の場合	13	7
非悪意条件の場合	7	0
【間接的な攻撃（壁を蹴るなど）】		
悪意条件の場合	33	13
中性条件の場合	33	0
非悪意条件の場合	13	0

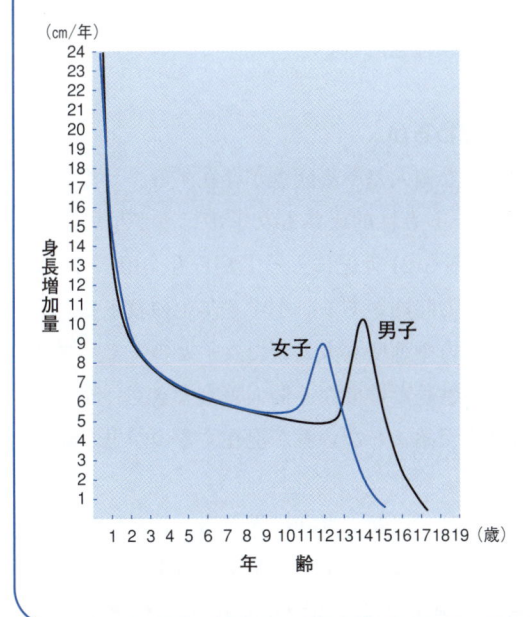

図 6.11 男子と女子の典型的な個人における身長の発育速度曲線（タナー，1993）これらの曲線はどの時点でも典型的男子と女子の速度を示す。

なる（図 6.12）。これが第 2 次性徴である。

こうした変化を引き起こす仕組みは，あらかじめ私たちに組み込まれている。子どもの間は分泌量が抑えられている性腺ホルモンが，この時期から増大することにより身体的な変化が起こる（斎藤，1995）。エストロゲン（女性ホルモン）あるいはテストステロン（男性ホルモン）などの値の上昇に伴い成長ホルモンの分泌が増加し，思春期のスパートが引き起こされるのである（タナー，1993）。

成長には個人差があるが，時代や文化の差も大きい。よく言及されるのは発達加速現象である。図 6.13 に示すように，2002 年（平成 14 年）の 17 歳男子の平均身長は 170.7 cm であった。しかし 1954 年（昭和 29 年）には，同じ 17 歳の平均身長は 163.2 cm でしかない。女子にも同じ傾向が見られ，近年の 17 歳のほうが背が高い。量的なものだけでなく，初潮年齢など質的な変化も早く始まるようになった。このように世代が新しいほど身体的発達，性的成熟が早まることを発達加速現象といい，栄養や衛生状態の向上とともに，都市化に伴う刺激量の増大などが原因として考えられている。ただし，1990 年代以降のわが国ではさほど目立った変化がなく，この現象も一段落しているように見える。

6.3.2　成熟の早さは心にどう関わるか

このような身体の発達には大きな個人差や集団差が存在する。とくに性差は明らかである。身長のスパートも性的成熟も女子のほうが早い。図 6.13 からわかるように，約 50 年前も 21 世紀に入ってからも，10 〜 14 歳あたりで男女の平均身長が逆転する時期がある。小学 6 年生の教室で，子どもっぽい男子と，体つきも考え方や態度も大人びた女子とのギャップに驚くことはまれではない。また，性差だけでなく個人差も大きく，同年齢なのにスパートの終わった者とまだ始まらない者が混在するのが思春期である。

身体の成長に対する受け止め方は，男女で微妙に異なると言われる。身体が大人のように変化していくことについて小学 5 年生から中学 3 年生までに尋ねた調査の結果を見ると，男子では「当たり前」「別に何とも思わ

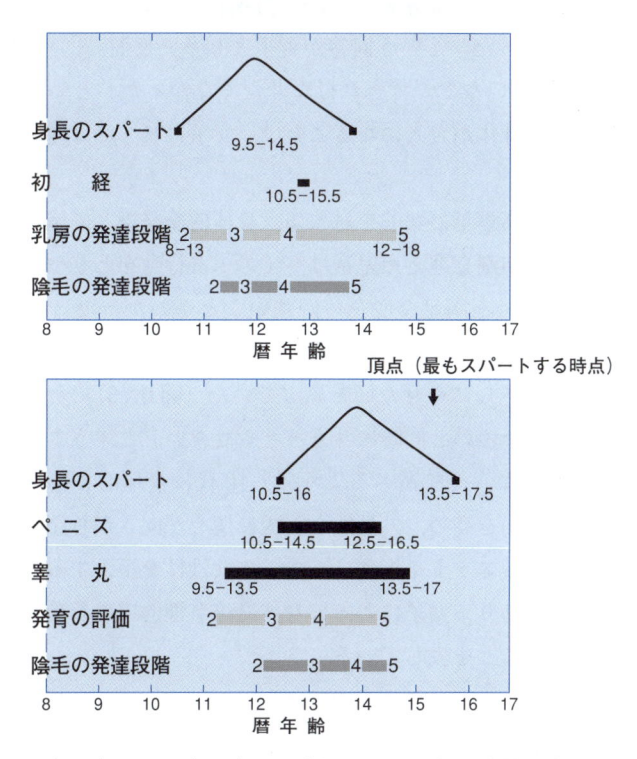

図 6.12 女子（上図）と男子（下図）の思春期における種々の身体的特徴の出現
（タナー，1993）

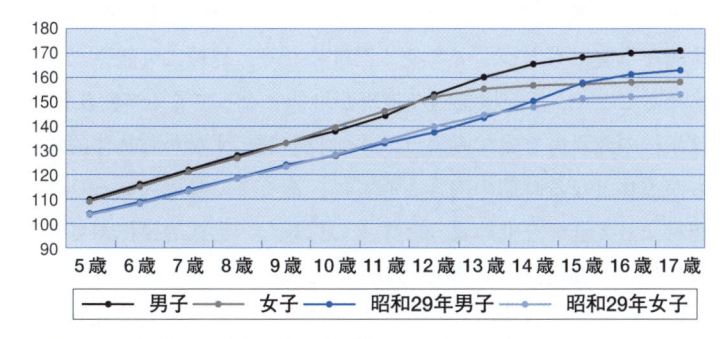

図 6.13 身長の伸び（平成 14 年度）（平成 14 年度学校保健調査より作成）

6 人の輪の中で

ない」という回答が大部分を占めた（図 6.14）。しかし女子では「大人になれてうれしかった」という回答が男子より多い反面，「いやだったが仕方ない」「とてもいやで，できればなりたくなかった」という回答も多い（斎藤，1995）。身体が大人になることは，女子に対しては複雑な影響を与えるようである。

　実際に小学校高学年の女子を対象に，身体的な発達と価値観や食行動を調べてみると，初潮を迎えた児童はダイエット行動をとりやすく，また自分の身体に対して不満足な度合いが強いことがわかった（川井，2002）。さらに初潮を経験して 6 カ月以上経過している児童は，他の児童と比較して，現在よりもさらにやせたいと思っていた（図 6.15）。女性として身体が大人になり始めるのと同時に「もっとやせたい」と思うようになるのはどうしてだろうか。後で述べるように，10 代は身体的な発達が他者の目を気にする気持ちを高め，外見的な美醜に関心が向きがちな時期ではある。しかし過剰なダイエットや拒食は，自らの女性性を拒否することの現れだという考え方もあり，女子にとって身体発達と性的成熟を受け入れることが簡単ではないことを表している。

6.3.3　知的能力の発達

　思春期は知的な面でも大きな変化を迎える時期である。これより以前の**具体的操作期**には，具体的な物事をベースにすれば論理的に考えを進めることができた。理論的には 11，12 歳ごろからと言われる**形式的操作期**には，具体的な事実にもとづいて考えるだけでなく，純粋に可能性だけで論理をすすめることや，仮説検証的な推理が可能となってくる（表 6.1 参照）。たとえば学校の教科書を見てみよう。小学校の間，すなわち具体的操作期の子どもが主体となる時期の内容としては，あくまで身近にある具体的なモノを題材にして理解を進めようとするのに対し，形式的操作が可能となる中学校では，具体的な水の量や時間ではなく，x や y といった抽象概念を用いて似たような内容を取り扱うことができるのである（図 6.16）。

　楠見（1995）は表 6.6 のようにこの時期の知的な発達をまとめている。まず情報処理能力という側面で考えると，**記憶容量**そのものの変化は少な

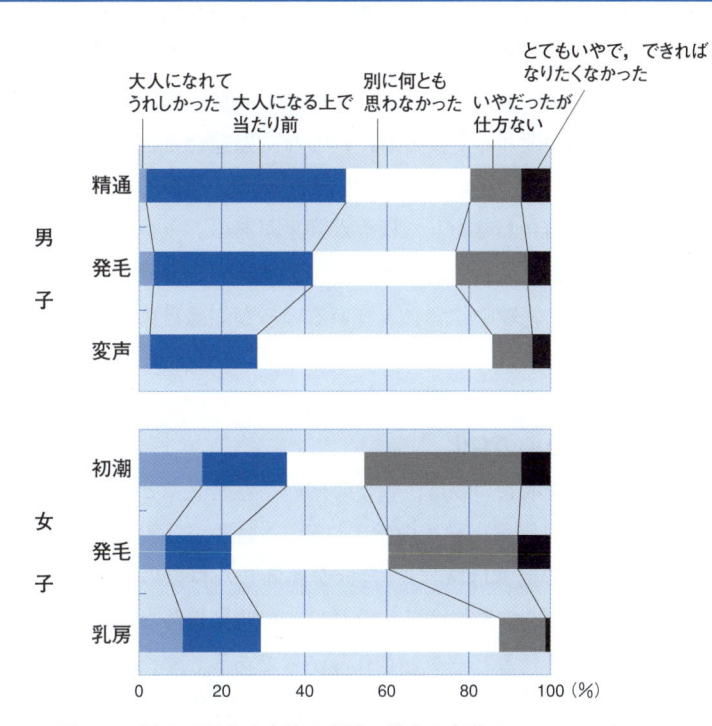

図 6.14 男女で異なる身体の成長に対する意識（斎藤，1995）

凡例：
- 大人になれてうれしかった
- 大人になる上で当たり前
- 別に何とも思わなかった
- いやだったが仕方ない
- とてもいやで，できればなりたくなかった

男子：精通／発毛／変声
女子：初潮／発毛／乳房

左図：$F(2,157) = 3.4, p < .05$（身体不満足感）
右図：$F(2,157) = 10.0, p < .01$（理想と現実の体型差）

横軸：発達段階（pre-pre state, pre-post state, post-post state）

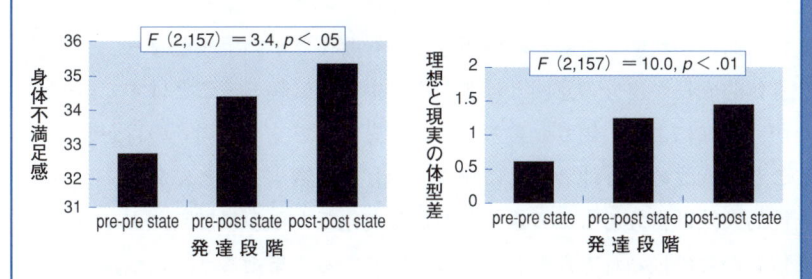

図 6.15 思春期の少女の身体に対する不満足感（左）と理想と現実の体型差（右）
（川井，2002）

Time1 から Time2 にかけての発達段階と Time2 における身体不満足感。
pre-pre state ……2 度の調査時にまだ初潮を迎えていない者。
pre-post state ……2 度の調査の間に初潮を迎えた者。
post-post state ……最初の調査時に既に初潮を迎えていた者。

いものの，記憶することを支えるさまざまな方略の利用がうまくなることにより，より高度な課題解決が迅速にできるようになると考えられる。また情報処理の速度は一般に 16 〜 18 歳で成人と同様になるとされる。これには生理的な成熟が関わるが，それだけでなく熟達化と言われる処理の手法の洗練も関わる。たとえば歴史の勉強をする際，機械的な丸暗記を試みるよりは内容の語呂合わせをしたほうが効果がある。さらに自分の知っている知識と有機的に結び付けることにより，理解力や記憶力は飛躍的に増大する。このように経験や学習によりいろいろな知識自体が増大し，その増大がまた情報処理のスピードやパフォーマンスを支えていくのである。

6.3.4 成長に伴う心の変化

　さて，このような成長の姿は，この時期の「性格」にどのような影響を及ぼすのだろうか。実は小学校中学年以降，「他者から観察された子どもの性格」についての研究は減り，「自分が評価した自分の性格」を本人自身に尋ねる形式の研究が激増する。それはこの時期以降ならば，自己評定が大人同様，信頼に足るデータとされるからである。また知的発達や視野の広がりは，観察者が観察している場面では行動を変えたり，状況によって相手に呈示する自分の性格的な側面を変えることを容易にしていく。したがって，常に普遍的に変わらない「性格」をとらえようとした場合，本人に「通常の状態」を尋ねるのがもっとも簡便で早い手段となる。

　身体的成長が自分の意図とは無関係に生理的に起こることはすでに述べたが，これにより，周りからの扱い方が異なってくる。周りの目が変化することで，改めて「他者の目に映る自分」を意識することになる。

　性的成熟は自分でもはっきりとわかる変化であるのに加え，よりいっそう他者からの扱われ方が変わるきっかけになる。またこうしたホルモンの変動にも後押しされて，大多数の人間には異性に対する性的なものを含めた関心が芽生える。その関心は「相手から自分はどう見えるのだろう」という思いや自分自身に対する意識を高めることになる。

　知的な発達は学校教育とも相まって，物事を抽象的かつ多面的に考えることを可能にしていく。このことは何も学校の勉強にだけ適用されるので

● 小学5年生用
容器に水を入れる時間○分と，水の深さ△cmの間には，どんな関係があるといえるでしょう。

時間○分	1	2	3	4	5	6
水の深さ△cm	5	10	15	20	25	30

● 中学2年生用
1次関数 $y = 5x + 3$ で，x の値が1ずつ増加するとき，対応する y の値の変化について調べてみよう。

x	−2	−1	0	1	2	3	4
y	−7	−2	3	8	13	18	23

図 6.16　比例を扱った算数・数学の問題例

表 6.6　青年期における情報処理能力の発達 (楠見, 1995)

1. 記憶容量の増大
2. 処理の高速化
3. 制御過程の効率化
4. 知識の増加

はない．自分は他者からどのように見られているのか，クラスメートからはこう思われており，教師からはこのような評価を受けているのではないか，もしも自分が今とは違ってこんな風であったら，あの友人との関係はこうなるのではないか，将来はこんな風に展開していくのではないか……．現実ではない未来や架空の出来事であっても論理的に推論でき，可能な選択肢を考慮できるようになることで，自分自身の性格や将来展望についてもさまざまに思い悩む機会が訪れる．性格を変えようと，いろいろ努力することにつながるかもしれない．一見，関係ないように思える身体や知的な発達が，性格という側面に大きく影響してくるのが思春期以降の特徴といってよいだろう（図 6.17）．

6.4 他者とどう付き合うか

6.4.1 親子関係の変化

　思春期は従来，**第 2 反抗期**とも呼ばれ，子どもが成長するにつれ，親への反抗が高まる時期とされてきた．乳児が母乳やミルクから徐々に固形物を食べるようになることを離乳というが，これになぞらえてこの時期を**心理的離乳**と呼ぶこともある．それまで親が基準であった世界から，自ら判断し，自分たち世代の価値観でものを考え，行動するようになる出発点と言える．ただしさまざまな理由で大人社会から規制を受けたり，大人と同等の活動を禁止されることも多く，それがこの時期の人々のフラストレーションを呼ぶのだとされている．

　このようなことが起こる背景には，身体的成熟や知的な発達が，必ずしも社会的な意味で成人として認められることと一致しないという，社会や文化の特徴が挙げられる．図 6.18 は，昔と今の「青年期」を示したものである．中世が身体的成熟を待たずに成人の仲間入りをした時代ならば，今日は発達加速現象により成熟が早期化し，さらに教育の長期化や成人として習得すべき知識・技術の高度化により，社会的に「大人になる」ことがどんどん後倒しになる時代と言える（笠原，1976）．現代の思春期・青年期の親子関係とは，このように身体的・知的には成人と同等でありなが

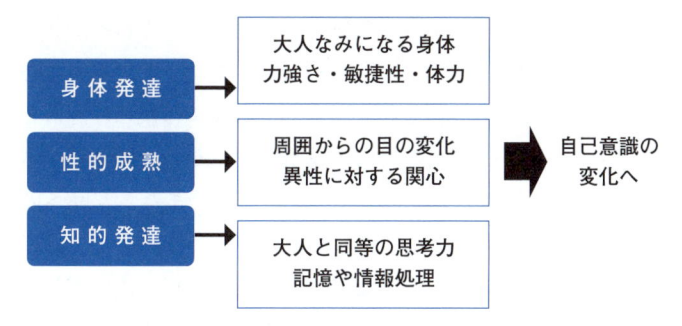

```
身体発達 → 大人なみになる身体
         力強さ・敏捷性・体力
性的成熟 → 周囲からの目の変化    ⇒ 自己意識の
         異性に対する関心          変化へ
知的発達 → 大人と同等の思考力
         記憶や情報処理
```

図 6.17　青年期の身体的・心理的変化

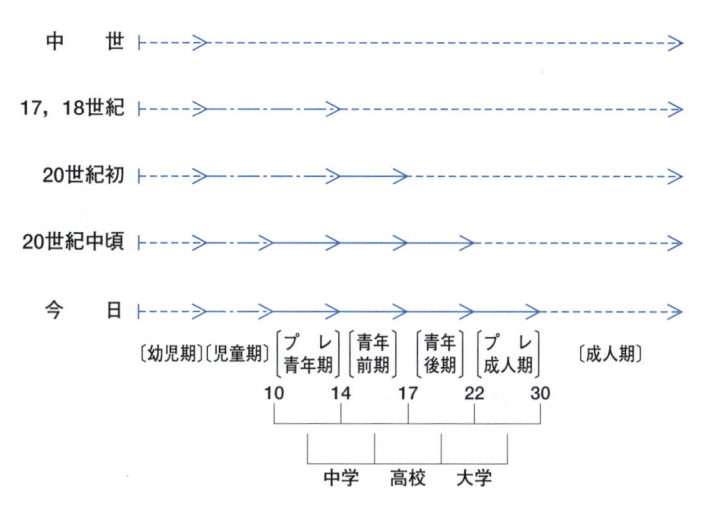

```
中　　世 ┝--->------------------------------->
17, 18世紀 ┝--->----->------------------------>
20世紀初 ┝--->----->----->------------------->
20世紀中頃 ┝--->---->---->---->--------------->
今　　日 ┝--->-->-->-->-->-->--------------->
        〔幼児期〕〔児童期〕〔プレ〕〔青年〕〔青年〕〔プレ〕　〔成人期〕
                    青年期  前期  後期  成人期
                    10    14   17   22   30
                         中学  高校  大学
```

図 6.18　青年期の延長とその区分（数字は年齢を示す）（笠原，1976）

ら，社会的・経済的には大人の保護管理下に置かれる中途半端な状態での親と子の関係である。

　子ども側から見て，この時期の親子関係はどのようなものなのだろうか。図 6.19 は青年層に対し，「親は自分の気持ちをわかってくれるか」と尋ねた回答である。「とてもよくわかっている」「よくわかっている」と答えた者はもっとも低い場合でも 5 割を超えており，とくに母親には理解されていると感じている。15 〜 17 歳の高校生段階でややその評価は下がるものの，22 歳以降は再び上昇する傾向がうかがわれる。また，家庭への満足度を尋ねた質問でも「楽しい」「とても楽しい」という回答が，ほぼどの年齢層でも 8 割以上になる。とくに女子の満足度が高い（内閣府制作統括官（総合企画調整担当），2000）。親に対して反抗的になるとされている時期ではあるが，意外に青少年自身の親や家庭への満足度は高く，発達段階による差もさほど顕著ではないのが実情と言える。警察に補導された中学生・高校生と，補導されたことのない者とを比較した調査では，補導経験のある者のほうが，誉められるにせよ叱られるにせよ，親からの働きかけが少ないと感じている（図 6.20）。

　このような現実を見ていくと，従来の，「親への反発が第 2 反抗期の現れとなり，親から分離する形で大人になっていく」という通説が必ずしも当てはまらないのではないかと考えられる。松井（1996）は日本の青少年の特徴として，親との情緒的な結び付きが強く，それが成長と共に薄れるのではなく維持されていくこと，親の意見を参考にしたり従ったりしようとする意識は，日常の人間関係については弱まるが，進路や金銭面などではむしろ積極的に取り入れていることの 2 点を指摘している。親からの分離が必ずしも健全な発達の指標とはならないという指摘は他にも多い（たとえば平石，1995）。親や大人に反抗するのが思春期・青年期という単純な見方は改めなければならないかもしれない。

6.4.2　友人関係の変化

　親との関係が悪いものでなくとも，思春期以降は，相対的に見て友人の比重が重くなる時期である。自分と同じような立場の同輩との関係は，心

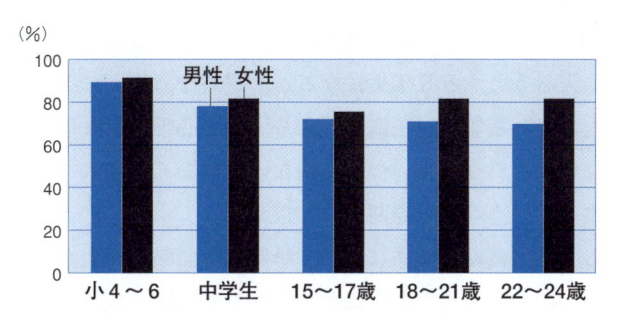

図 6.19　母は気持ちをわかってくれる
（内閣府政策統括官（総合企画調整担当），2001）

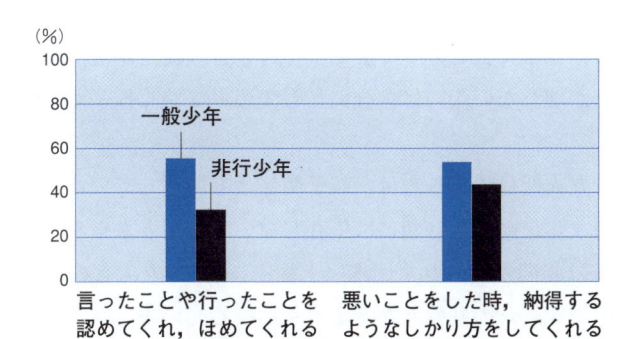

図 6.20　父親はどのように対応しているか（子ども評価）
（内閣府政策統括官（総合企画調整担当），2001）

6 人の輪の中で

理的な安定をもたらすとともに，人と付き合う上でのルールや技術を学んでいく貴重な場所であろう。

いろいろな場面で誰が一緒にいてほしいかを尋ね，どの対象が選ばれるかを調べてみると，年齢によって優勢な相手が変わっていくことがよくわかる（図 6.21）。就学前には父母や家族という回答が 7 割を占めていたのが，思春期に入ろうとする 6 年生になると，友人や，場面によって一緒にいてほしい人が変わる雑型が圧倒的となる。親が心理的に大事であることに変わりはないのだろうが，いつでも親なのではなく，友人やその他の対象へ機能分化していくのか思春期以降と言える。

中学生から大学生に友人関係について尋ねると，年齢が上がるにつれて友人に求めるものが変わってくることがわかる。実際に親しい友人の特徴を挙げてもらうと，中学生では「○○をする」など行動上の特徴が多く挙がるのに対し，高校生では性格特性的な内容が行動よりも多く出現する（楠見・狩野，1986）。また友だちとの付き合い方も，本音をさらけ出すのは避ける姿勢や，何でも皆と同じでいたいといった防衛的，同調的付き合い方は年齢と共に減り，わかり合うために少しくらい傷ついてもかまわないという積極的な姿勢が増加する（落合・佐藤，1996；榎本，1999）。年齢が進むほど，相手に気を遣って広く浅く付き合う段階から，本音をさらけ出しても絆が壊れない深い付き合いへと変わっていく様子がうかがわれる（図 6.22）。

このような友人関係のあり方は，親子関係とも関連している。とくに同性の友人に対する信頼感と，親には依存しないでなんとかやろうという気持ちとの間には相関が見られ（岡本・上地，1999），友人との緊密な結び付きが心理的な親離れの基盤となることを示唆している。

6.4.3　性意識・性行動の変化

当然のことながら，性的成熟と共に人間には性的欲求が意識されるようになる。しかし性的成熟が起こる 10 代は，少なくとも現代のわが国の社会では教育を受けている最中であることが多く，一人前とはなかなかみなされない。このような状況に置かれた青少年の実態はどのようなものだろ

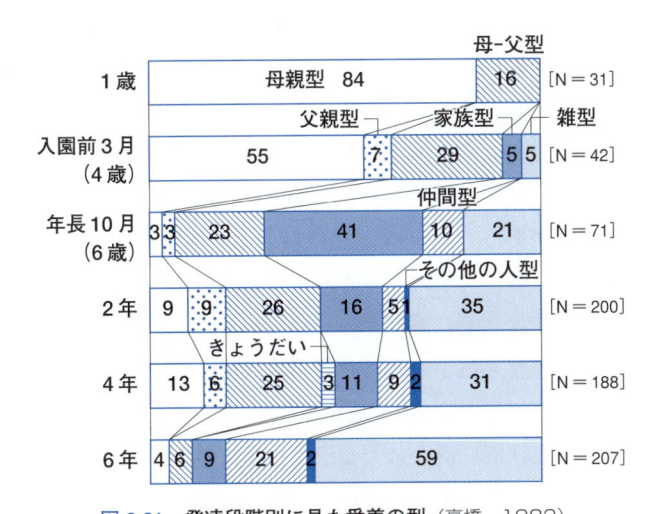

図 6.21　発達段階別に見た愛着の型（高橋，1983）
PAT 図版の半分以上を占めた対象を中心の対象とみなしたときの愛着の型（％）。

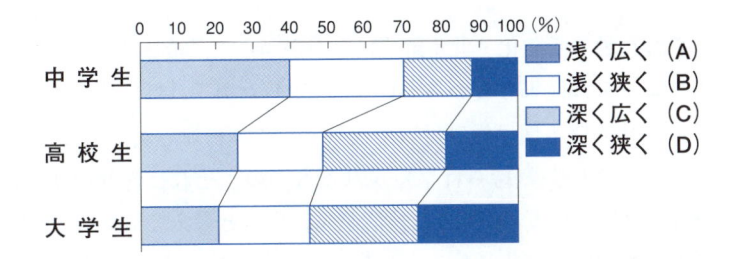

図 6.22　友だちとの付き合い方の4パターンの発達的変化（落合・佐藤，1996）

6 人の輪の中で

うか。

　日本性教育協会は数年おきに日本の児童・生徒の**性意識・性行動**について定期的に調査を行っている（日本性教育協会，2001）。これを見ると，30年ほどの間に青少年の性行動が大きく変化していることがわかる（図6.23）。性的な意味でのキス経験を尋ねた結果を見ると，中学生でも高校生でも1990年代以降に増加が顕著で，このころから青少年の性行動がとくに低年齢化，活発化したと考えられる。また，男子でははっきりしないが，従来から指摘されているとおり，女子では家庭に不満足な者ほど性行動が進行する傾向がある。

　性に対する意識では，男子の3～4割が「愛情のないセックス」を肯定しているが，女子では2割に満たない。ただしその女子の中で，性の情報源として「ビデオ等」を第1に挙げた者だけは男子と同じような回答パターンを示す。これが何を意味するのかは複雑だが，アダルトビデオから性の情報を得るような状況に置かれた女子は，愛情のない性行為を肯定せざるを得ない立場にあるのかもしれない。男子ではこうした傾向は見られない。マスメディアからのいい加減な性情報を鵜呑みにすることの悪影響が懸念されているが，この調査結果を見る限り，青少年は一律にマスメディアの影響を受けるわけではなく，そこにはその時点での本人の被影響性などさまざまな要因が複雑に絡み合っていると考えられる（日本性教育協会，2001）。

　こうした性行動の活発化・低年齢化にもかかわらず，全体的な異性との関わりのプロセスは従来と変わらない（図6.24）。男子は性的成熟が女子より遅く，身体的快と性が結び付いて現れる。これに対し女子では，「異性と親しくなりたい」気持ちは早く現れるものの，それは性的興奮とは10年近く結び付かない。精神的な愛情が先行すると考えてよい。大学生に至っても「性的興奮は感じたことがない」と答える者が女子で約3割という実態は，マスメディアによって流布される性のイメージとはほど遠いものであろう。

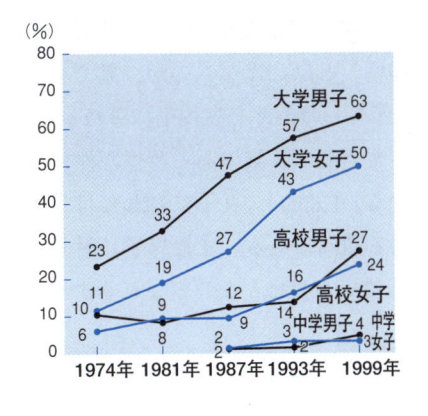

図 6.23 性交経験率の推移
（日本性教育協会ホームページより）

	男　子	女　子
11歳以前 ↓		初経 異性と親しくなりたい
12歳 ↓		
13歳 ↓	性的関心 射精 異性と親しくなりたい	性的関心
14歳 ↓	（異性にさわりたい） 性的興奮 マスターベーション キスしたい	
15歳 ↓		
16歳 ↓		デート キスしたい
17歳 ↓	デート	
18歳 ↓	異性にさわった キス	キス
19歳 ↓	（ペッティング） 性交	（異性にさわりたい） 性的興奮
20歳 ↓		異性にさわった （ペッティング） 性交

＊（　）内は1999年に省かれた質問

図 6.24 性の発達段階
（日本性教育協会, 2001）

6 人の輪の中で

6.4.4 異性関係と性格

　実際に青年期の渦中にある者にとって，好きな相手からどう思われるかは大きな問題である。「好かれる性格」とはどんなものか，誰でも一度は考えたことがあるだろう。「理想の恋人」の条件を高校生に尋ねると，「やさしい」「明るい」は年代を超えて普遍的に人気のある特性だが，男子に対しては「楽しい」「スポーツをする」「知的」，女子に対しては「容姿のよい」「マナーのよい」が求められる傾向にある。また男子に対しては容姿という点ではさほどでもないが，高い身長はかなり望まれるようである（松井，1993；図 6.25）。

　さて，「やさしい」「明るい」という言い方はかなり抽象的で広い意味を持つ。実際に「やさしく」「明るく」ないと恋人との付き合いや対人関係がうまくいかないのだろうか。

　大学生や 20 〜 30 代の社会人に「魅力を感じる異性」のイメージを尋ねると，いくつかのパターンに分かれる（松井，1993；表 6.7）。普遍的に「明るく」「やさしい」のが望まれるのではなく，その人の状況や好みによって望ましいイメージはさまざまに異なるのである。これは大人でも 10 代でも同じであろう。とすると，自分の望むイメージが相手に，相手の望むイメージが自分に合うというマッチングが重要になってくると思われる。

　ただし，とくに中学生段階では「好きな異性がいる」といっても「片思い」「単なる友だち」が半数以上であり（宮武ほか，1996），実際に付き合って性格などについてじっくりと吟味するところまでは行き着かないのが現状である。

6.4.5 人間関係の変化と悩み

　これまで述べてきたように，身体の成長のスパートと第 2 次性徴で始まる思春期は，いやおうなく私たちの関心を自分の外見や，性格などの内面に向ける。親に対しては相対的な依存度が減り，友人の重要度が増す。

　中学生に尋ねると，学業成績，進路，受験が 3 大悩みであり，年を追うごとにこれら 3 つに悩む者が増えることがうかがわれる。中学 3 年生では約半数がこの 3 つについて「悩んだことがある」と言う（図 6.26）。一方，

```
やさしい人        (77.6)
                (63.9)
明るい人         (58.5)
                (33.9)
楽しい人         (31.4)
                (50.3)
容姿のよい人      (41.1)
                (16.1)
知的な人         (18.1)
                (29.4)
マナーのよい人    (27.7)
                (14.5)
同じ趣味の人      (16.9)
                (21.8)
スポーツをする人  (6.3)
                (29.4)
背の高い人       (0.4)
                (20.0)
お金持ちの人     (1.6)
                (4.5)
背の低い人       (6.3)
                (0.3)
その他          (9.0)
                (11.8)
```

■ 男子　□ 女子　(1,169人)

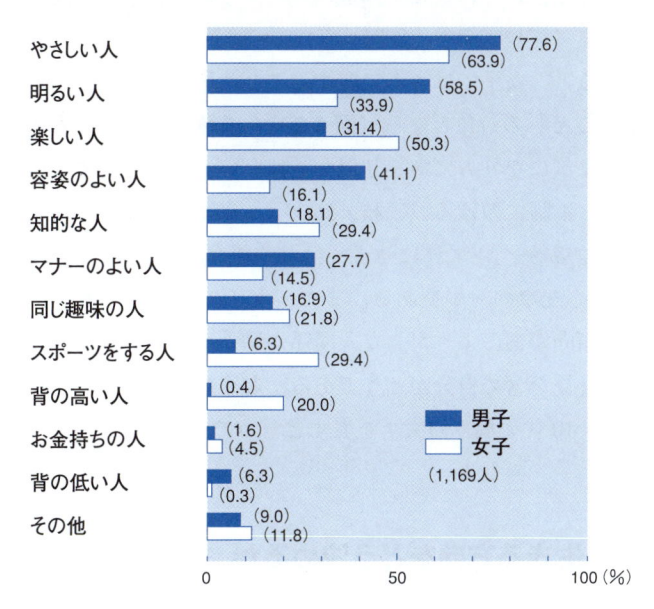

図 6.25　高校生の「理想の恋人」の条件（松井，1993）

表 6.7　魅力ある異性像のパターン（松井，1993）

番号		パターンの内容
男性像	1	静かな，クールな，自制心の強い，知的な男性
	2	清潔な，洗練された，スマートな男性
	3	情熱的な，たくましい，積極的な，仕事やスポーツに打ち込む，エネルギッシュな男性
	4	社交的な，明るい，健康な，生き生きしている，素直な，あっさりした男性
	5	まじめな，寛大な，誠実な，やさしい男性
女性像	1	洗練された，スマートな，神秘的な，静かな，知的な女性
	2	セクシーな，情熱的な，積極的な，社交的な女性
	3	初々しい，清潔な，素直な，思いやりのある，やさしい女性
	4	生き生きとした，健康的な，明るい女性
	5	誠実な，まじめな，自制心の強い女性
	6	あっさりした，おおらかな，聞き上手な女性

自分の性格や外見，とくに身長や体重についての悩みは学年を問わず，常に3割程度ある（三枝・深谷，2001）。

　高校生になると，女子では容姿に関すること，男子では性に関することが「気になること」の対象となる（図6.27）。成績や試験，友人との対人関係については気になり方にあまり男女差はない。友人に関する悩みは中学生同様，3〜4割にのぼる（三枝，1999）。尋ね方が異なるのでパーセンテージが異なるが，いずれにせよ，勉強や進学，就職のことは，常に10代の大きな心配事の一つである。また，女子のほうが，男子よりも対人関係に悩む傾向があるようだ。友人関係か恋愛かを問わず，他人との付き合い方や，外見を含め自分がどうである，どうなりたいのか，そして進路についてが，10代の悩みの大半を表すと言ってよい。

6.5　生きる方向をどう決めるか

6.5.1　進路選択

　青年期に「自分はどんな人間か」「自分の適性は何か」と考えやすいのは，身体の変化や知的発達だけが原因ではない。多くの文化において10代は，進学，就職など，自分の進路を決めなければならない機会が訪れる時期である。いやおうなく，「何をしていったらいいのか」「将来の姿は」と考えざるを得ない立場にあると言える。

　中学や高校での「進路指導」とは，そもそも「自分に何が向いているのか」「どんな方向に進めばいいのか」を考え，決めていくためにあるのはご存じだろうか。文部科学省が定める学習指導要領には，総則の中に「生徒が自らの生き方を考え主体的に進路を選択することができるよう，学校の教育活動全体を通じ，計画的，組織的な進路指導を行うこと」とある（中学校学習指導要領，1998）。進路指導の要点としては，自己理解を深め，大人の職業世界について知り，自分で主体的に未来を決めていくという生徒の営みをサポートすることが求められている（表6.8）。

　ところが，私たちの多くが「進路指導」と言って思い出すのは，学業成績と進学先，あるいは就職先とのすりあわせであろう。平成14年度に中

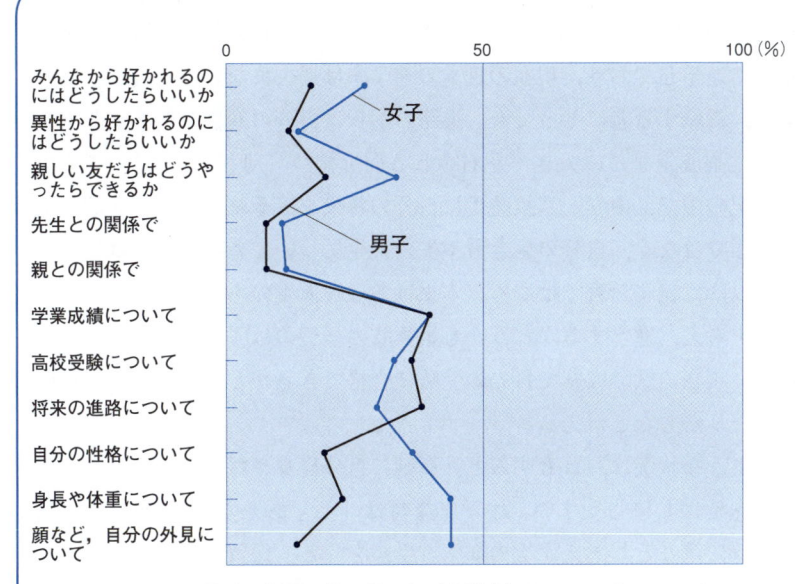

図 6.26　最近 1 年間で悩んだこと（中学生）（三枝・深谷，2001）

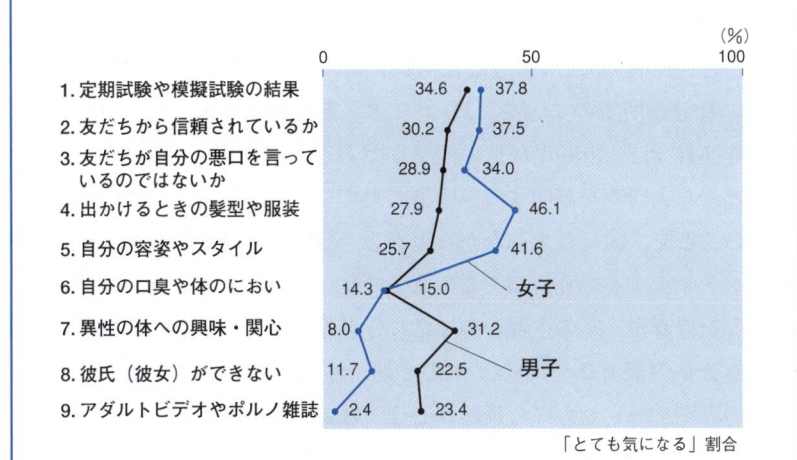

- みんなから好かれるのにはどうしたらいいか
- 異性から好かれるのにはどうしたらいいか
- 親しい友だちはどうやったらできるか
- 先生との関係で
- 親との関係で
- 学業成績について
- 高校受験について
- 将来の進路について
- 自分の性格について
- 身長や体重について
- 顔など，自分の外見について

図 6.27　高校生が気になること（三枝，1999）

	男子	女子
1. 定期試験や模擬試験の結果	34.6	37.8
2. 友だちから信頼されているか	30.2	37.5
3. 友だちが自分の悪口を言っているのではないか	28.9	34.0
4. 出かけるときの髪型や服装	27.9	46.1
5. 自分の容姿やスタイル	25.7	41.6
6. 自分の口臭や体のにおい	14.3	15.0
7. 異性の体への興味・関心	31.2	8.0
8. 彼氏（彼女）ができない	22.5	11.7
9. アダルトビデオやポルノ雑誌	23.4	2.4

「とても気になる」割合

学を卒業した者の約 97 ％は高校などに進学している（文部科学省ホームページ）。また，高校を卒業した者のうち，約半数弱が大学，短大，専修学校等に進学しており，現在の日本の進学率は過去にないほど高い。高校卒業後，就職する者にとっても，進路の選択は自分の適性や関心よりも在学中の学業成績などに大きく左右される面を持つ（刈谷，1991）。このような状況の中で，中学・高校時代に自分の将来を，それも単に表層的な職業の種類ではなく，自分の生き方や先の人生について考えることは難しい。中学校以降は義務教育ではなく，本来は多様な人生のあり方を知り，自分の適性を考え，進学するかどうかも選択肢の一つのはずである。しかし現実には，現在の試験成績で目先の受験に合格できるかどうかだけが進路の問題になりがちだと言える。

　このような状況は，ともすると，真剣に自分自身や将来について考えることを先延ばしにしやすい。中学卒業時は「とりあえず高校受験を」，高校卒業時には「とりあえず次の進学・受験を」と，保留のまま進んでいく。やっと適性や職業について真面目に取り組むのは短大や大学の卒業が見えるころになって，という場合も少なくないだろう（遠藤，2002）。

6.5.2　アイデンティティとは

　適性，進路も含めて，「自分とは何か」ということを**アイデンティティ**という。身分証明書のことを「ID カード」とも言うが，この「ID」は，アイデンティティ（identity）の頭文字である。アイデンティティとは，自分がどんな人間かを証明する証明書のようなものだと考えてよい。青年期はこのことを，試行錯誤しながら模索し，形成していく時期と言われる。アイデンティティという言葉をこの意味で使ったのは，エリクソンである。エリクソン自身が，その生涯の中で常に「自分とは何か」を考えてきたのかもしれない（表 6.9）。フロイトの心理・性的発達説を基盤とし，人生に 8 つの段階を想定したこの理論は**心理・社会的発達漸成説**と呼ばれ，各段階で解決すべき特有の課題が想定されている（図 6.28）。乳児期には「心のもっとも深いところで自己肯定し，自分を取り巻く世界を肯定」（鑪，1986）する基本的信頼を培っていくのが課題とされる。「信頼」といって

表 6.8　進路指導における生徒の課題 （熊谷，2002 より作成）

- 自分の将来の生き方への関心を深める。
- 能力と適性の発見と開発に努める。
- 進路の世界への知識を広げ，深める。
- 将来展望を持って，進路の選択・計画を立てる。
- 以上をもとに，卒業後の社会生活での自己実現をめざす。

表 6.9　エリクソンの生涯と理論 （岡堂，1973；山本，1984 から作成）

　エリク・H・エリクソンは，1902 年，ドイツ西南部で生まれた。デンマーク系ユダヤ人の母は出産以前にエリクソンの父親と別れており，彼はシングルマザーの子であった。後に 3 歳の頃，母はドイツで小児科医と再婚し，彼はこのホーンブルガーという養父の息子として育てられる。ミドルネームのHは，この名前だと言われる。10 歳から上層階級向けにエリート教育をほどこすギムナジウムで学んだが，在学中は第 1 次世界大戦という戦争のまっただ中であった。卒業後，大学で学べる立場にあったにもかかわらず将来の見通しを立てることができず，漂泊の旅に出る。エリクソンは芸術家になりたかったという。ドイツやイタリアを放浪した後，子どもたちの教育の仕事を手伝って欲しいという依頼を受け，ウィーンに赴く。そこでフロイトをはじめ，精神分析と出会うのである。
　この地でアメリカ人女性と恋に落ち，結婚したエリクソンは，その後家族と共にアメリカに移住する。アメリカでは心理臨床や子どもの発達，インディアンのスー族の文化人類学的研究など，心理学をベースとしながら幅広い分野で活躍し，業績を残した。
　戦争と戦争の合間の激動の時代にあり，自分の進む道を見つけられずに放浪した青年時代，ヨーロッパのさまざまな土地をまわり，後にはアメリカに移り，インディアンの文化人類学的研究にもたずさわったこと，そんな多様な文化の経験などが，彼の理論や思想を形作ったのではないだろうか。

も，日常で使われる「あなたを信頼しています」という言葉ではない。「自分は大丈夫だ」「他人を，周りの世界を信じても大丈夫だ」という，いわば皮膚感覚のようなものであろう。同様に2～3歳の幼児前期には，移動・運動能力の進展，言語の発現による他者とのコミュニケーションの発達，トイレット・トレーニングの完成などに象徴されるように，「自分で自分をコントロールする」自律性が課題となる。4～5歳の幼児期後期になれば，それまでの身体的，知的，情緒的成長をもとに何でも自分でやっていこうとする自主性が，小学生の時期には，こつこつ頑張れば物事が達成できるという勤勉性が課題となり，青年期の「自分はどんな人間か，どう生きようか」というアイデンティティ（同一性）に結び付いていくのである。

　この理論のユニークな点は，その課題が「対」概念となっているところである（図 6.29）。比喩的な言い方だが，心の中がすべて「信頼」あるいは「アイデンティティ達成」で満たされればよいというものではない（エヴァンス，1973）。生きている以上，何でもすべて信じる態度は非現実的だし，適応的ではない。アイデンティティでいえば，「自分はここに所属し，こんな風に生きていくのだ」と確信を持って進みながらも，どこかで「本当は別の道もあるのではないか」「このまま進んでいいのだろうか」という余地を残してこそ，適応的と言えるのではないだろうか。

6.5.3　アイデンティティ・ステイタスと性格

　自分はどんな人間かを考えるのは苦痛なこともある。たとえば真剣に「どういう職業に向いているのだろう」と考え，関心のある領域に進もうとしても，いろいろな条件がそれを許さなかったり，時には他の人が簡単にできることが自分にはどうしてもできない，といった経験をする場合もある。逆に「なりたい理想が何もない」「何に向いているのか見当もつかない」こともあるだろう。アイデンティティという側面からこうした状況をとらえたのが，マーシア（Marcia，1966）によって示された**アイデンティティ・ステイタス（自我同一性地位）**である（表 6.10）。

　「自分というものが明確で，進む方向もはっきりしている」というよう

	1	2	3	4	5	6	7	8
Ⅷ								統合性 対 絶望
Ⅶ							世代性 対 自己陶酔	
Ⅵ						親密 対 孤立		
Ⅴ					同一性 対 同一性拡散			
Ⅳ				勤勉性 対 劣等感				
Ⅲ			自主性 対 罪悪感					
Ⅱ		自律性 対 恥・疑惑						
Ⅰ	信頼 対 不信							

Ⅰ：乳児期　　Ⅲ：幼児後期　　Ⅴ：思春期　　Ⅶ：壮年期
Ⅱ：幼児前期　Ⅳ：学童期　　Ⅵ：成人期　　Ⅷ：老年期

図 6.28　エリクソンの心理社会的発達の分化図式 (鑪, 1986)

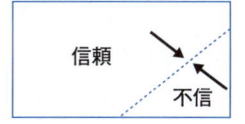

信頼「対」不信の拮抗が信頼を優位として示されている。これは正常者の心的状態であるが，これも程度の問題である。

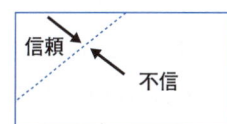

信頼「対」不信の拮抗が不信を優位として示されている。これは病理的な心的状態を示している。これが極度になると心理社会的には生きていけなくなる。

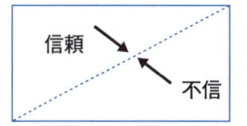

信頼「対」不信の拮抗が丁度，中間になっている状態である。これはかなり病的である。というのはある時には信頼感を示し，ある時には不信感が示されるというように，反転して信頼，不信が示されるからである。

図 6.29　エリクソンの「対」概念 (鑪, 1986)

に，信念が明らかで，それにもとづいて行動できるような場合，「傾倒」あるいは「関与」があるという。原語は「commitment」，逃げたり無視しないで全力を傾け，責任を持って関わることを意味する。そして過去に「自分はどんな人間か」「これからどう生きようか」などと悩み，考えた経験を「危機（crisis）」という。危機を経験したが現在は傾倒できている場合をアイデンティティ達成と呼ぶ。傾倒していても危機がなかった場合，つまり親など周りの大人の示唆や教示をそのまま受け入れ，自分としては悩んでこなかった場合を早期完了，そもそも自分というものをあまり考えず傾倒してない場合をアイデンティティ拡散という。拡散型はさらに，まだ自分というものを考えたことがない場合と，考え悩んだことはあるが，悩むのを止めてしまって何も考えていないという場合に分けられる。そして 3.6 で述べたモラトリアムとは，自分が真に関わることのできる方向を探している途中であり，現在悩んでいる真っ最中だということを表す。

　理論的には達成型に到達するのが望ましいと考えられ，どのステイタスにいると，どのような性格特性と結び付くのかという研究も数多く行われた。たとえばモラトリアムと拡散型は不安が高く（Marcia, 1966），早期完了では**権威主義的性格**の度合いが高い（Marcia, 1967）。拡散型では他のタイプに比べ**自己愛**が強く共感性が低い（佐方，1988），情緒的な面での自己開示度が低い（榎本，1991）などの知見がある。また家族との関わりでは，拡散型の者の家庭を無秩序な方向でとらえる傾向があり，一方，早期完了では家庭を民主的なものと見ていることが示された（中村・秋葉，1992）。これらは本人にアイデンティティ・ステイタスとその他の変数とを尋ね，その間の関連を調べた研究が多い。つまり自分自身でとらえる自分の状態や性格の間の関係を見ている。他者から見たその人の性格や行動傾向でないことは留意すべきであろう。

　アイデンティティ・ステイタスをこのようにとらえるのは一面的に過ぎるという批判も出てきている（谷，2001）。アイデンティティは青年期に確立した後，ずっと同じ状態で持続するものではなく，状況が変わるごとに再び問い直されていくという考え方が最近では優勢である（図 6.30）。

表 6.10　自我同一性地位（無藤，1979）

自我同一性地位	危　　機	傾　　倒	概　　略
同一性達成 （Identity Achievement）	経験した	している	幼児期からの在り方について確信がなくなりいくつかの可能性について本気で考えた末，自分自身の解決に達して，それに基づいて行動している。
モラトリアム （Moratorium）	その最中	しようとしている	いくつかの選択肢について迷っているところで，その不確かさを克服しようと一生懸命努力している。
早期完了 （Foreclosure）	経験していない	している	自分の目標と親の目標の間に不協和がない。どんな体験も，幼児期以来の信念を補強するだけになっている。硬さ（融通のきかなさ）が特徴的。
同一性拡散 （Identity Diffusion）	経験していない	していない	危機前(pre-crisis)：今まで本当に何者かであった経験がないので，何者かである自分を想像すること不可能。
	経験した	していない	危機後(post-crisis)：全てのことが可能だし可能なままにしておかれなければならない。

6 人の輪の中で

6.5.4 その次の課題

　卒業や就職を経験し，ひとまず「これで行こう」と落ち着いたあと，エリクソンの理論で設定されているのは「若い成人期」である（図 6.28 参照）。ここでは**親密性**，すなわち，他者，とくに異性と親密な関係を築くこと，家庭を作り次世代の育成の準備をすることが課題となる。青年期の不安定な自分を乗り越え，ある程度は確固たる自分自身ができてこそ，自分とは感じ方も考え方も異なる他者と真の意味での親密な関係を作ることができる，と考えるのである。

　アイデンティティの不安定さや混乱が，親密性を築くときにブレーキになる例はいくつか挙げることができる。たとえば，自分が何をしたいのか，何が好きで何が嫌いなのか，どういう方向をめざしているのかといった感覚をあまり持たず，ただ流されて生きているような場合である。誰かと親密な関係を持つということは，異質な者同士が関わり合って，新しい世界を開くことにつながる。しかし自分というものをはっきり持たないときには相手に差し出すものもなく，やがては相手も得る部分がなくなり，離れたくなることだろう。逆に自分というものが不安定なために，相手からの新しい異質な考えや行動がまったく受け入れられず拒否する場合も，親密な関係を作ることは難しい。不安定な側面があったとしても，ある程度は自分がどんな人間なのかという基盤が育っていないと，一時的な恋愛はできても，長期間継続する人間関係を培っていくことは困難だろう。

　これに対し，エリクソンの理論は男性中心の理論であり，女性には当てはまりにくいという批判がある。とくに女性の場合，アイデンティティの確立の後に他者との親密性が問題になるというよりは，他者との親密な関係を通してアイデンティティが形成される，あるいは両者が平行するといった状態が一般的なのではないかという考え方もある。さらに，こうした対人関係の中で徐々に自分というものを確立していくという考え方こそ，男女を問わず，現実の姿であると考えることもできる（杉村, 1998 ; 無藤, 1999）。

　もちろんこれらは一般論であり，すべての人が必ずこの道に沿って発達するということではない。また，社会や文化が変わることによってあり方

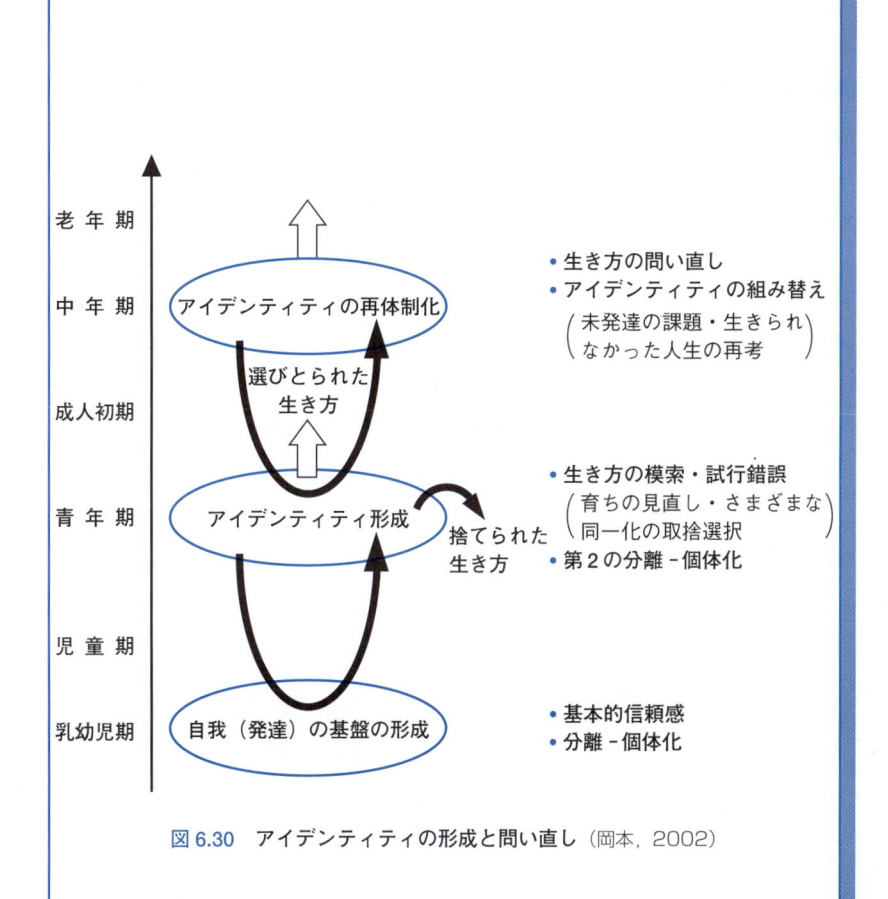

```
老 年 期
              ↑         ↑
中 年 期     ⬭ アイデンティティの再体制化      • 生き方の問い直し
                                            • アイデンティティの組み替え
                      ⇧                      （未発達の課題・生きられ
成人初期            選びとられた                なかった人生の再考）
                   生き方
                                            • 生き方の模索・試行錯誤
青 年 期     ⬭ アイデンティティ形成             （育ちの見直し・さまざまな
                              捨てられた       同一化の取捨選択）
                              生き方         • 第2の分離-個体化

児 童 期

乳幼児期     ⬭ 自我（発達）の基盤の形成      • 基本的信頼感
                                            • 分離-個体化
```

図 6.30　アイデンティティの形成と問い直し（岡本，2002）

が異なってくることもある。図 6.18 で見てきたように，生まれながらに「職業」や「生きる道」が決められているような時代・社会も存在し，そこではアイデンティティについて悩む余地はないからである。

● **参考図書**

遠藤由美　2000　青年の心理——ゆれ動く時代を生きる　サイエンス社
　青年期の心，からだ，人間関係についてやさしく書かれた入門書。

榎本博明　1999　〈私〉の心理学的探求　有斐閣選書
　「自分という物語を作る」という視点で，自己の形成，発達について述べている。

松井　豊　1993　恋ごころの科学　サイエンス社
　恋愛や好意について，実態から学問的な考え方まで網羅している。

エルダー，G. H.　本田時雄・川浦康至・伊藤裕子・池田政子・田代俊子（訳）
　　1991　大恐慌の子どもたち——社会変動と人間発達（新版）　明石書店
　子ども時代に経済不況を経験した人々を 40 年近くにわたり追跡した研究の成果をまとめたもの。本人にとっては巡り合わせとなった社会経済的な変動が，人格形成にどう関わってくるかを垣間見ることができる。

コラム　道徳をどう考えるか——テュリエルの領域特殊理論

「そういう制服の着方はいけません。校則違反です」。

そのほうがかわいく見えると思い，制服をミニスカートにしていた中学生のA子さんは，先生から呼び出しを受け，叱られた。表面的には謝ってスカートを長くしたが，A子さんは釈然としない。なぜ怒られるのか。なぜ制服をミニにしてはいけないのだろう。隣の高校生はやっているのに。

テュリエルの領域特殊理論はこの疑問に対する一つの答えとなる。領域特殊理論とは，私たちの持つ社会的認識が「道徳」「慣習」「個人」の3つの領域に分けられるとするもので，これらの概念間の調整が道徳的発達において重要だとする考え方である。

道徳領域とは，正義や権利といった価値概念で，法律や規則とは無関係に悪い，あるいは良いとされることがらである。具体的行動としては盗みや殺人（悪いこと），人助け（良いこと）などが含まれる。慣習領域は集団の秩序を維持したり，快適に生きていくために私たちが定めたルールであり，具体例としては挨拶やテーブルマナーなどが挙げられる。校則など多くの規則もここに含まれる。個人領域とは決定権が個人にあると考えられる領域で，趣味や友人の選択などが挙げられる。A子さんの不満は，慣習領域のことを個人領域に含まれると考えていたことや，先生が慣習領域の事柄に対し道徳の違反のように対応したことが原因であろう。

道徳意識の発達にとって，子どもがこれら領域の違いを理解できることが重要であり，そうした大人の関わりが大切とされている。しかし私たちの多くは，大人であっても，その違いをあまり明確に意識していない。結果として認識のズレを確認しないまま，「あいつは反抗的な奴だ」「押しつけがましく頭の固い奴だ」と，当人の性格のせいにすることが出てくる。これは文化を越えた付き合いをする場合，もっと大きな問題となる。

社会や文化によって大きく異なるのは慣習，そして個人の領域である。たとえば日本でそばを食べるのにツルツルと音を立てるのはむしろ好ましいが，多くの外国ではとんでもない下品なマナー違反である。異文化との間ならば「習慣が違う」と理解もできるが，同じ文化の中でのちょっとし

た違いで，相手を「下品な奴だ」「礼儀知らず」と思うことはないだろうか。こうした社会的認識の違いを，相手の性格に帰していることはないだろうか。

生涯発達の時代 7

　性格を発達という観点から見た場合，もっとも多く発せられる疑問は「性格は変わるのか，変わらないのか」ということであろう。私たちは往々にして，心理学や精神医学など何一つ知らなくとも暗黙のうちに，「個々人には決まった性格という実態があり，人の態度や行動はその反映である」と考えている。その論理に従えば，一人の人間はいつ，どんな場所や状況でも「持っている性格」を発揮するはずであるし，年をとっても共通する特徴が感じられるはずである。

　はたしてそうなのだろうか。

　私たちは普通，相手によって微妙に「自分」を使い分けている。親に対しては「子どもとしての」自分で対応する。自分が10歳であろうと，25歳であろうと，あるいは40歳であろうと，自分と親との関係は変わらないので常にその年齢なりに「子どもとして」接するのである。しかし学校の友だちや職場の同僚に対して，同じように「子どもとしての」自分を見せる人はあまりいないだろう。友人や同僚は対等の立場であり，「友人として」「同僚として」付き合うのが普通である。逆に言えば，友人や同僚は「子どもとしての」あなた自身は見たこともないし，付き合ったこともない。あなたにそんなところがあるとは気もつかないかもしれない。そんなわけで，親から見た「あなた」の性格と，友人から見た「あなた」の性格は大きく異なることもある。

　成人期は，こうした役割が増え，その一つひとつに自分を反映させていく時期とも言える。同じ「あなた自身」が時と場所によりどう変化するのか，それを垣間見ていくことにしよう。

7.1 何を「性格」と呼ぶか

5章冒頭で述べたように，子どもの「性格」という場合，年齢が低ければ低いほどそれは「他者が見た性格」であることが多い。さまざまな場面でのその子の行動を通し，私たちは「この子はこんな性格だ」という印象を作り上げていく。思春期前後からは文章理解能力も高くなり，質問紙に対する回答がある程度信頼できるものとなってくることから，本人が答えたものを「性格」と見なす場合も多くなる。とくに研究の一環として性格をとらえたい場合，本人から回答を得るのは簡便でもあり，非常によく用いられている。

いったい「性格」とは何だろうか。何をもって私たちは「性格」と言っているのか。

7.1.1 性格の定義

性格という用語は，ある人を特徴づけている一定の行動様式で，持続性とまとまりを持ったものを意味している（詫摩，1967）。character（刻み込まれたもの）というその語源から，より生得的な意味を持つと考える場合もある。また，後天的・社会的に作られた側面を人格，あるいはパーソナリティという用語を用い，そうしたものの根底にある基礎的な側面を，体質と対応するように気質と呼ぶこともある（玉瀬，2004）。それらの関係は図7.1のように表すことができる（9，10章も参照）。

通常，性格はその人に備わったものとしてとらえられ，時と場合によって大きく変化するとは考えない。わかりやすい性格のとらえ方として人間をいくつかの少数の典型例に分ける類型論，および基本的な行動傾向の諸次元を仮定し，それらの高低とプロフィールとでその人を記述しようとする特性論の2つがある（1章参照）。前者の代表としてはクレッチマー，ユング，シュプランガーなどの類型論が挙げられる（表7.1）。それぞれどれが正しいというものではなく，この理論に従って分類した場合は，こう分けられると理解するのが妥当であろう。類型論は他者が当該人物を評して「この類型」と見る場合もあるし，本人自ら「この類型に当てはまる」

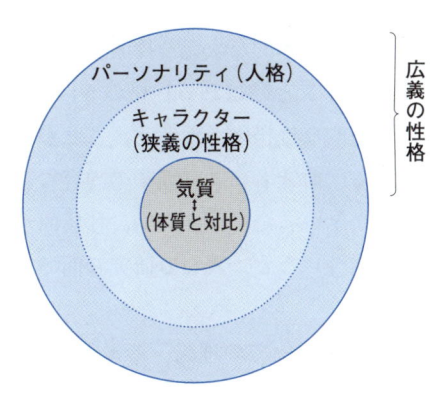

図 7.1　性格を表す用語の関係（玉瀬，2004）

表 7.1　シュプランガーの類型論（宮城，1967 より作成）

理 論 型	物事を客観的に扱う。好き嫌いなどを問題にしない。経済的な観念がなく，政治的なもの，審美的なものにも関心が薄い。
経 済 型	金や財産ということに最大に関心を示す。物を知りたいという傾向はあるが，知識を求めるためでなく，これを利用するためである。
審 美 型	敏感で繊細な感情をもち，物事を感情を通してながめる。生きる目的は美を求めることであり，自分の享楽である。
宗 教 型	完全に満足できるような最高の価値を求める。人生のうちに神性が現れると考えるものもあるし，あの世こそ本当に価値ありと考えるものもある。
権 力 型	つねに他人を支配し，他人に命令しようとする。他人を支配することこそ目的であり，経済競争で勝利を得るという所に目標がある。
社 会 型	仲間を愛し，他人と共に生きようとする。時にはわが身を捨てて他人に尽くす。

7 生涯発達の時代

と自己評定する場合もある。わかりやすい反面，典型例にぴたりと当てはまる人は少ないという欠点を持つ。

　特性論も多くの理論が林立していたが，一部の類型論をも含めそれらを統合し，人間の性格にとって基本的な次元を探索しようとする動きが近年さかんである。**ビッグファイブ**と呼ばれる性格の5因子モデルは，**表7.2**のような5つを人間に普遍的な性格因子と考え，これが性格の基底となっていると考えるものである。研究者により因子の内容に若干ずれはあるが，不安を経験しがちかどうかといった神経症傾向，積極的か控えめかといった行動を表す外向性（内向性）など，異なる研究者間で一致した部分が多い。

　ところで，こうした性格についての理論，考え方の元になるデータは，多くの場合，自己記入式の質問紙である。たとえばビッグファイブに関する代表的なインベントリーは，ほぼすべて自分で自分を評定する形で整えられている（たとえば Costa & McCrea, 1995 の NEO-PI-R，辻ら，1998 の FFPQ など）。このように，主として個々人が自分でとらえた自分自身を「性格」と考えることが多いことは念頭に置くべきだろう。

7.1.2　自己概念としての性格

　前項で述べたように，自己記入式質問紙でとらえられた性格は，**自己概念**の一部とも言える。自己概念とは，自分はこれこれこのような人間だと思う内容をさす（遠藤，1998）。性別，年齢や現在の自分の姿，そして自分はこうだという「性格」のみならず，理想とする自分の姿や未来についてのイメージなどを含む（梶田，1988）。

　自己概念はどのように形成されるのだろうか。私たちはどんなプロセスで「自分は気が小さい」「外向的だ」などと思うようになるのだろうか。

　第1に挙げられるのは，他者からの評価である。梶田（1988）は性格的側面をも含めた自己意識全般の最初の形成要因として**表7.3**のような5つを挙げているが，これらはすべて他者からの働きかけがあって初めて成立する。とくに児童期までは，自ら自分自身を振り返るというよりは，「あなたはやさしい子だ」「頑張るね」「だめじゃないか」といった他者からの

表7.2 5因子モデルの例 (玉瀬, 2004)

	NEO-PI-R	Big Five 尺度	FFPQ
作　者	コスタとマクレー	和田	辻ほか
項目数	240 項目	60 項目	150 項目
因子名	神経症傾向（N） 外向性（E） 開放性（O） 調和性（A） 誠実性（C）	神経症傾向 外向性 開放性 調和性 誠実性	情動性 外向性 遊戯性 愛着性 統制性

表7.3 自己意識形成の主要な要因
（梶田，1988 より作成）

1. 他人からの独自の扱い
2. 欲求充足に対する障害
3. 言語的コミュニケーション
4. 固有な「名前」の使用
5. 性別の意識

評価によって主に性格的な自己概念が作られると考えてよいだろう。

その後は，自分で自分を他者と比較するプロセスが考えられる。高田（1992）は大学生に日常生活の中で他人と自分を比較する頻度や内容について尋ね，容姿や性格，態度，能力，行動などがよく比較されることを見出した（図7.2）。また成人では，容姿についての比較は減るが，ものの考え方，能力や才能などについて，自分と身近な他者を比較することが示されている（高田，1994）。こうした社会的比較は，他者と比べることで正確な自己理解を得ようとする働きだと考えられている。また，自分よりもよくない状況にある人と自分を比べることで自尊感情を維持したり，自分よりすぐれた人と比較して，高い目標や理想に向けて自分をふるいたたせるためにも行われる。欧米のデータによると幼児期には他者との比較をあまり行わないが，日本人ではこの年齢でも社会的比較を行っており，文化的に他者と自分を比較して自分自身の特徴を自覚しやすい点があるのではないかと考えられている（高田，1992）。

いったん作られた自己概念は変化するのだろうか。人は「自分はこんな人間だ」という知識を体系化して持っているが，これを自己スキーマという（Marcus, 1977）。そして「こうだ」と思っている自分に合致する情報に対しては素早く「そのとおりだ」と判断でき，あまり合致しないこと，自分ではそう思っていないことを言われると抵抗を示す。また合致する情報はよく覚えていて，再生させると成績もよいことが実験などで示されている。たとえば自分のことを男性的な性格だと思っており，男らしいことは自分にとって重要だと考える人は，いろいろな性格を表す単語を提示されると，男性性を示す言葉に素早く反応する。また自分が男性的だと思う理由として具体的なエピソードもたくさん思い出すことができた（Marcus et al., 1982；図7.3, 図7.4）。自己スキーマがあることで人は自分についての情報処理を素早く行うことができるが，逆に考えれば，現時点で「自分にとって重要だ」と思っている内容と合致する情報だけが素早く処理され，記憶にも残りやすいということである。上の例で言えば，自分が男性的であると思う人は，男性的な面については敏感だが，そうではない自分の側面は見落としがちかもしれない。その結果，本人は意外に女

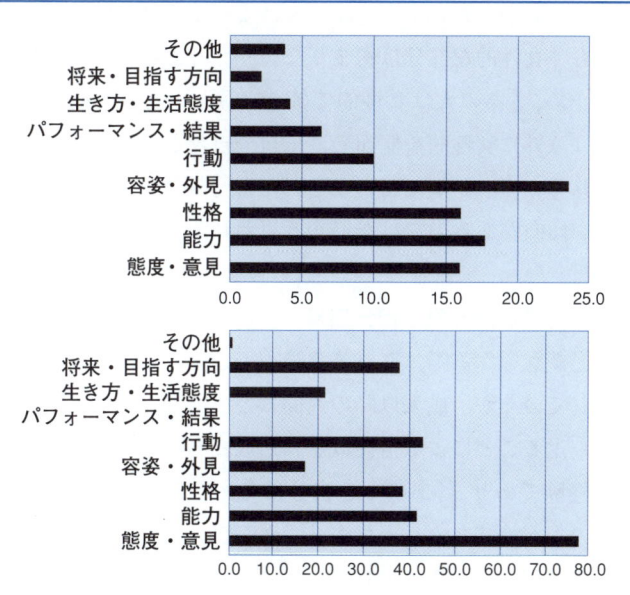

図 7.2　大学生（上）と成人（下）の社会的比較 (高田, 1992；1994)

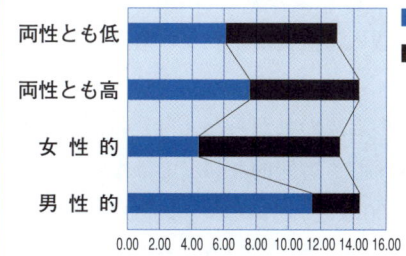

図 7.3　各語について想起できた具体的エピソードの数（平均）
(Marcus et al., 1982 より作成)

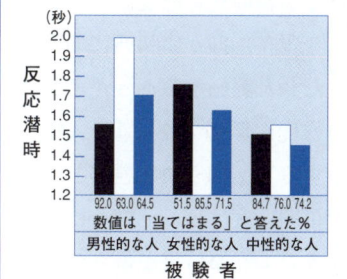

図 7.4　形容詞が「自分に当てはまる」と答えるまでの平均反応潜時
(Marcus et al., 1982)

7 生涯発達の時代

性的な面があるにもかかわらず，そのことはまったく意識にのぼらず，尋ねられたときも「女性的な部分はあまりない」と答える。その言葉を周りの人間が受け止め，「あの人は女性的ではない」という目で見るようになれば，本人の「意外に女性的な側面」は，自分自身からも他者からもどんどん見落とされていく。いったん形成された自己概念は，このように比較的変化しにくい傾向があるのではないかと思われる。

7.1.3 自伝的記憶と語られる自分自身

私たちが自己概念を作る際，これまで述べてきたようにさまざまな形の情報を取り入れていくが，成人以降の人間にとってもっとも大きいのは自分で自分を振り返ることによる自己概念の形成であろう。そのベースとなるのは過去の経験であり，「あのとき自分はこんなことをした。こんな風に感じた」という記憶である。それが「だから自分はこういう人間だ」という自己概念に結びつくと考えられる。

そのような記憶を，**自伝的記憶**という。自伝的記憶とは，人生の中で体験したさまざまな出来事に関する記憶の総体である（Brewer, 1986）。個人的経験に関するエピソードであり，個人に直接かかわりのある過去の出来事に関する記憶といってよい。

ところが，一見，事実を記憶したものと思われがちな「自分の経験」も，実は記憶を再構成したものであり，必ずしも客観的な事実ではないことがわかってきた（榎本，1999；高橋，2000 など）。レビンソンとローゼンバウム（1987）は，抑うつ状態にある人，抑うつから回復した人，まったく抑うつでない人の3群に過去を想起させ，自分の親の養育態度がどのようなものであったかを回答させた。その結果，今現在，抑うつ状態にある人は，他の2群よりも自分の親を「拒否的だった」と評価することが示された（図7.5）。もしも「抑うつは親の拒否的態度が原因である」という，あまり科学的根拠のない素人理論が正しいとすると，抑うつ状態群と回復群（かつて抑うつ状態にあった者）の親の拒否的態度は高く，抑うつでない群だけが低くなるはずである。しかし図7.5のような結果が得られたということは，抑うつ状態の人々がこのような素人理論に影響され，自分の

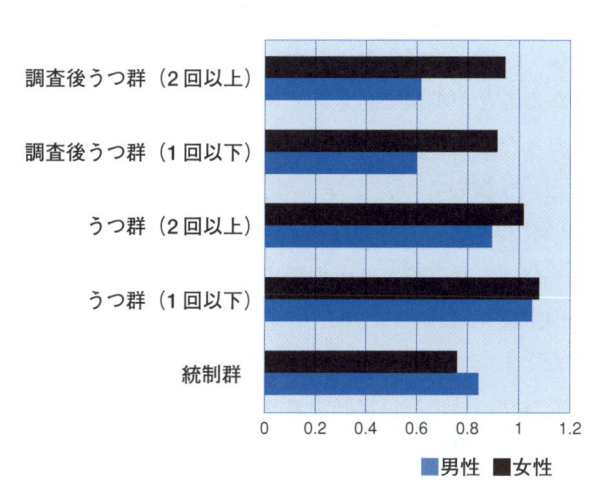

図 7.5　うつ時に想起する親の拒否的態度得点（Lewinsohn & Rosenbaum, 1987 より作成）
統制群：どの時点でも抑うつ的でなかった回答者。
うつ群：調査時点で抑うつ的であった回答者。
調査後うつ群：調査の後で，抑うつ的になった回答者。
現在抑うつ的であると，自分の親の態度を「拒否的だった」とする得点が高い。調査の後になって，たまたま抑うつを呈した回答者（調査後のうつ群）では，それほど得点が高くならない。

抑うつを説明するために，親の拒否的態度を現実以上に高く「思い出して」しまったことを示唆する。神谷・伊藤（2000）は同じような問題意識から，大学生を対象にして自己評定した性格と思い出した不快な記憶との関係を調べている。不快経験の数や内容，そのときの感情について性格による差違は見られなかったが，情緒不安定傾向の高い人は不快な経験をより鮮明に，そして自分により大きな影響があったとして思い出すことが明らかになった（図7.6）。

　それだけでなく，過去の経験は外部からの操作によって「作り出す」ことすら可能であることが実験で示されている。ロフタスらは，あらかじめ家族に実際にあった出来事を尋ねた上で，「実際にあったこと」と，「本当はなかったこと（5歳のころ，ショッピングセンターで迷子になった）」について本人に尋ねるという実験を行った（ロフタス，1997）。事実や嘘が書かれた冊子を読んだ直後と，その後に2度の面接が行われたが，実に29％もの人が実際にはなかった「ショッピングセンターでの迷子」事件を自分の経験だとして「思い出して」いた（図7.7）。このような実験は数多く行われており，私たちは催眠やカウンセリングなどでも「なかった経験」を記憶として「思い出す」ことがあることが示されている（ロフタスとケッチャム，2000）。

　このように自分の人生の記憶ですら事実と一致するとは限らない。私たちは自分のシナリオ，ストーリーによって再構成された「過去の経験」をもとに，自分とはこんな人間だ，ということを認識していると言える。どこかで「なかった事実」を記憶として再構成し，それにもとづいて自分の性格を作り上げてしまっているかもしれない。自己概念としての性格が必ずしも確固たる事実，あるいは不変のものであるとは考えられないのである。

7.1.4　他者が判断する性格

　では，他者から性格を判断してもらってはどうだろうか。自分で評価する自分が必ずしも確かでないならば，他者評価をもって自分の性格をとらえることはできないのであろうか。

不快なエピソードの鮮明度

- 情緒不安定低×活動性低
- 情緒不安定低×活動性高
- 情緒不安定高×活動性低
- 情緒不安定高×活動性高

(0 0.5 1 1.5 2 2.5 3)

不快なエピソードの，現在の自分への影響度

- 情緒不安定低×活動性低
- 情緒不安定低×活動性高
- 情緒不安定高×活動性低
- 情緒不安定高×活動性高

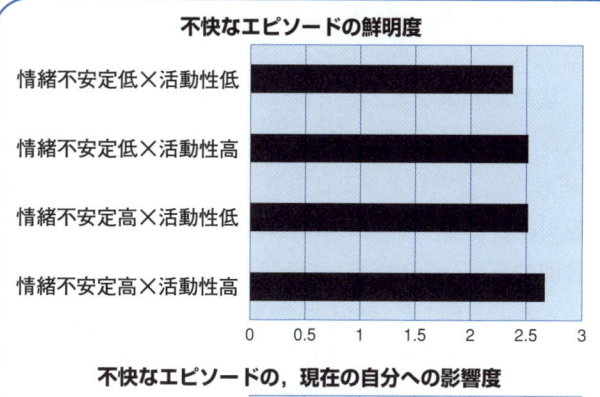

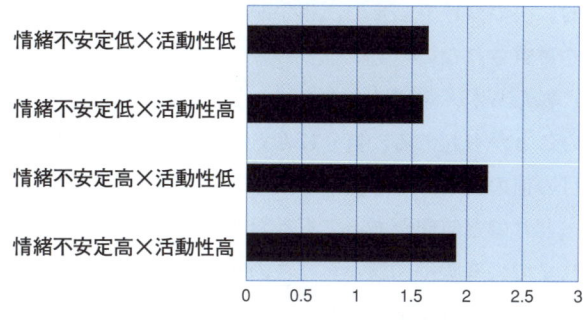

(0 0.5 1 1.5 2 2.5 3)

図 7.6 自己評定した性格特徴と，想起した不快エピソードの解明度・影響度（神谷・伊藤，2000 より作成）

真実の記憶を思い出す／偽りの記憶を「思い出す」

- 冊子を読んだ後
- 1回目の面接
- 2回目の面接

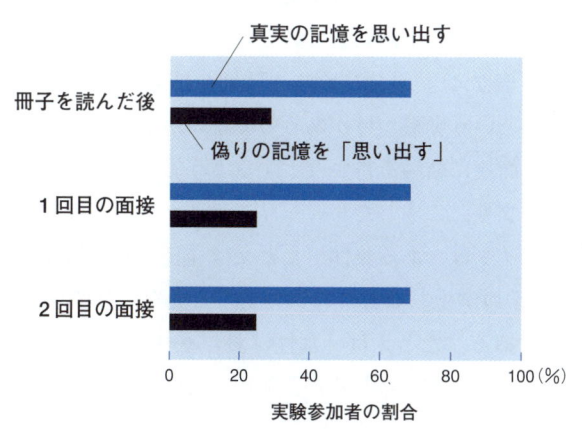

(0 20 40 60 80 100 (%) 実験参加者の割合)

図 7.7 思い出された「偽りの記憶」（ロフタス，1997）
ロフタスたちは，「あなたは5歳のころ，ショッピングセンターで迷子になった」という嘘の話を，実際の本人の体験に混ぜて，冊子にして読ませた。すると約4分の1の実験参加者は，ありもしない経験を「思い出す」ことが示された。

実は他者を認知することは，自分で自分を見ること以上に歪みやすいというのが心理学が明らかにしてきた事実である（池上，2001）。このことは古くから光背効果，論理的過誤などとして知られてきた（中村，1972）。光背効果とは，ある人物の望ましい特徴が目につくと，それ以外の側面もすべて望ましいように思い込んでしまうことである（図 7.8）。また論理的過誤とは，自分の過去経験からある特徴（たとえば親しげに話しかけてくる中年男性）が常に別のもう一つの特徴（たとえばセクハラをしがちである）と結びついていると考えることである。この場合，初めて出会った中年男性が親しげに話しかけてくると，それだけでその人がセクハラをするに違いないと自動的に決めつけてしまい，相手が「そうでないかもしれない」可能性はあまり考慮されない。

　このような錯誤は，私たちが，常に「全力を尽くして」他者を見，判断しているわけではないことから起こる。自分にとって重要か重要でないかにかかわらず，常に目の前の相手に対し「この人はどんな人だろう」と詳しく観察していては，どれほど時間があっても私たちの生活は成り立たない。その代わりにこれまでの経験や知識から「この特徴はこの特徴と結び付きやすい」などといった枠組みを用い，いちいちゼロから情報を蓄えて考えるという時間と労力を節約しているのである。これをヒューリスティックスと言う（表 7.4）。十分に吟味の時間や情報が与えられたり，正しい判断をしたいという動機づけがあるのでないかぎり，人はヒューリスティックスに頼り簡便に結論を得ようとするようである。

　ステレオタイプも，こうしたヒューリスティックスと考えることができる。ステレオタイプは，ある集団（たとえば「日本人」「男性」「〇〇県出身者」「××大学の学生」など）に典型的だと見なされている固定的なイメージのことである。たとえば「女性はおしゃべりだ」「日本人は集団を好む」といった内容が挙げられるが，無口な女性もいれば，集団に迎合するのが嫌いな日本人もいる。しかし「女性」「日本人」といったカテゴリーが先に立ち，本人をよく知る前から私たちは「おしゃべりだろう」と判断してしまうのである。こうした傾向は専門家が自分の専門領域に関する判断を求められた場合も働いてしまうことがあり（Fry & Addington,

成績もよい
に違いない

落ち着いた
性格だろう

恵まれた家庭の子

図 7.8 光背効果

一つのよい特徴が，あたかも後光が差すようにその人を後ろから照らすため，私たちは目がくらむようにその人本来の特徴を見ないで，勝手に付随するよい特徴を加えて考えてしまう。

逆に，たとえば「不幸な家庭に育った」という情報により，「だから成績も悪いに違いない」などと，勝手に付随する悪い情報を付け加えてしまうことを，「ゴーレム効果」と呼んでいる。

表 7.4 代表的なヒューリスティックス (Tversky & Kahneman, 1974；遠藤, 2004)

名 称	認知事象	定 義	適 用 例
代表制ヒューリスティックス	確率判断	AがBに所属する確率は，AがBを代表している程度の基づいて判断される。	ある人 (A) は，風貌や振る舞いがあなたの芸術家ステレオタイプにぴったりなので，芸術家 (B) に違いないと判断される。
利用可能性ヒューリスティックス	頻度または確率判断	ある事象の頻度や生起確率は，該当する事例の利用しやすさに基づいて判断される。	離婚率を推定するのに，離婚した事例をどのくらい思いつくかを利用する。友人や知人にたくさんいれば，離婚率が高いと判断する。
シミュレーション・ヒューリスティックス	予期，原因帰属，印象，感情経験	ある事象に関するシナリオを心のなかでシミュレーションできる程度に応じて，判断や印象が決定される。	宝くじの当選番号と1つ違いで外れたときの方が，まったく違う番号のときよりも，あたった場合のことが想像されやすいので，悔やむ気持ちが強くなる。
調整と係留ヒューリスティックス	ある事象の位置の推測	ある事象の推定に，何らかの初期値を設定し，それを係留点として，新たな事例について調整を行う。	ある人の貯蓄額を判断するのに，自分の預金残高を基準にして行う。

7 生涯発達の時代

1984；図 7.9)，人の判断の難しさを表していると言えよう。

　こうした他者を認知する場合の情報処理プロセスを，池上（2001）は図 7.10 のように表している。他者の性格をとらえようとする場合，錯誤は図の各々の場所で生じ得る。まず外から入ってきた情報を受容する時点で情報自体が選択されるし，情報を理解し，統合・加工・関連づけする時点でも自分がそれまで持っていた社会的スキーマに合うように統合されるであろう。たとえば友人が自分の仕事を手伝ってくれた（入力情報）とすると，その友人が自宅ではまったく親やきょうだいが忙しいときに何の手伝いもしない人物であったとしても，その情報は取り入れられない。また「手伝ってくれた」という事実が，「手伝ってくれるくらいだから，この友人はやさしい人だ」という判断に統合されていく。何度か同じような事態が重なり，いったんやさしいという評価が形成されてしまうと，次に友人が「バスの中でお年寄りに席を譲らず座っていた」という行動を取っても，それは友人の性格だという風には処理されず，「今日はたまたま疲れていたのだろう」と状況のせいにされるのである。

　このように，性格を評価，判断するということは，誰がどのように行っても「これが正解」という場所には行きつかない。このことを十分念頭に置きながら，成人し，社会の一員として生きていくことが個人の「性格」にどのように影響を及ぼすのかを考えていこう。

7.2　イニシエーション

7.2.1　「イニシエーション」の意味

　イニシエーションとは，創始・開始すること，初歩の手ほどきをするということという意味があり，テクニカルタームとして「成人儀礼」の語を当てることもある。人間の成長，変化は一律になだらかに進むものではなく，いくつかの節目を持つのが通常である。たとえば入学，卒業や就職，結婚，子離れといった多くの人に共通する出来事があり，その前と，後とでは，立場や役割，求められる態度などが大きく変わる。このようにそれまでの状態から新しく異なった段階へと変化することをイニシエーションと呼ぶ。

小学 5 年の男児の同じビデオを視聴。

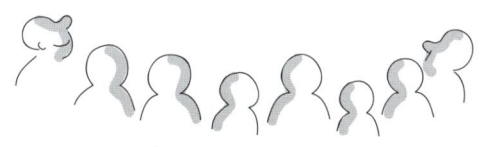

被験者……一般人 300 名，教師 150 名，ソーシャル・ワーカー 150 名。

| 「母子家庭の子ども」と，聞かされたグループ | 「父子家庭の子ども」と，聞かされたグループ | 「両親が揃った家庭の子ども」と，聞かされたグループ |

同じビデオを見ているのに，「両親が揃った家庭の子ども」に，もっともよい評定，「父子家庭の子ども」にはソーシャル・ワーカーなど専門職であっても低い評価であった。

図 7.9　フライとアディントン（1984）の実験

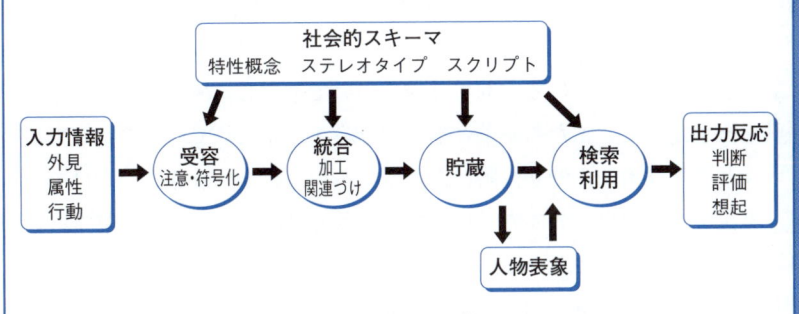

図 7.10　対人認知の情報処理モデル（池上，2001）

現代の日本では，式典としての成人式にはさほど重い意味がないように見えるが，入社式やそれに続く新人研修などはイニシエーションと呼んでよいのではないだろうか。それまでの子ども（学生）としての気持ちを脱ぎ捨て，新たに成人社会の一員としての役割，態度などを身につけることが要求される。ある年齢に達すれば，職業を持とうと持つまいと子どもじみた行動が許されなくなることも多い。こうした変化に伴い，個々人の行動パターンや価値観など，性格に関わる部分も変化していくと思われる。

7.2.2 職業的社会化

現代社会において，ほとんどの人間は何らかの職業を持つことで生計を立てている。また専業主婦のように，直接は賃金が支払われなくとも，ある特定範囲の労働を引き受けて賃金労働者をバックアップするようなシャドウ・ワーク（イリイチ，1982）をこなす場合もある。このように私たちは好むと好まざるとに関わらず，成人としてなにがしかの責任を負い，義務を果たしていくことを求められている。

職業的社会化とは，職業についての志向・行動様式・価値・規範を獲得する学習過程である（『社会学小辞典』1997）。これには2つの側面が含まれる。一つは主として青年期までの時期であり，職業に就く以前にその仕事への興味や価値観等を形成する「職業への社会化」の段階である。もう一つは職業に就いてから，所属する組織などに必要な規範・価値観などを内面化していくことであり，「職業による社会化」と呼ばれている。

人はどのように「職業人」となっていくのだろうか。スーパー（1957）は職業との関わりにおける人間の発達について検討し，**表7.5**のような発達段階を想定した。私たちが子ども時代を終え，成人していくのはこの表でいうと探索段階から確立段階にかけてであり，興味や好き嫌いだけでなく，実現可能性や自分の能力，機会などが多方面から検討されて特定の仕事に就業していくこととなる。

ところで現代の日本では，生まれや育ちによって職業を規定，あるいは制限されるということは原則としてあり得ない。武士の家に生まれたらどれほど戦いが嫌いでも武士にならなければいけない，あるいは女性に生ま

表7.5 スーパーの職業的発達課題 (Super & Jordan；那須, 2000)

階段	期	年齢	様相
成長段階	空想期	4〜10歳	欲求が支配的で、空想の中で各種の職業的役割を演じる。
成長段階	興味期	11〜12歳	興味に基づく希望職業が表明され、「好き」であることが志望や活動の主な決定要因となる。
成長段階	能力期	13〜14歳	能力に対する自覚が高まり、職業希望や進路の志望をきめる要因としての能力のもつウエイトが高まる。
探索段階	暫定期	15〜17歳	欲求、興味、能力、価値観、雇用機会などを考慮しての暫定的選択がなされ、空想、議論、仕事の中で試みられる。
探索段階	移行期	18〜21歳	現実的要因にウエイトをおきながら、自己概念の実現を求めようとする。
探索段階	試行期	22〜24歳	自己に適する分野に入り、それが将来のライフワークとなるか試みる。
確立段階	本格的試行期	25〜30歳	1〜2回の転換を含めた、ライフワーク発見のための努力のあとで、真のライフワークを発見して、そこでの自己確立をはかる。
確立段階	安定期	31〜44歳	自分のキャリアがはっきりしてきて、その仕事の世界で安定して、地位を確保しようとする努力が払われる。
維持段階		45〜64歳	仕事の世界での一定の地位を占め、それを保持しようとする。新しい分野の開拓は少ない。
下降段階	減速期	65〜70歳	精神的、身体的な能力の衰えが進み、仕事のペースを落としたり、仕事の分担を変わったりして、引退への準備をする。
下降段階	引退期	71歳〜	仕事の世界から完全に遠ざかり、活動量がしだいに減少して、さまざまな感慨のうちに死を迎える。

れたらどんなに能力と意欲があっても結婚し子どもを産む以外の人生は認められないという世の中ではない。このような社会では，どんな職業を選ぶかという時点で，個々人のパーソナリティが関わるとされる。ホランド（1990）は，人は自分のパーソナリティと一致する職業環境を求めるとし，興味や適性といった個人の特性と，職場環境との一致の程度が，職業生活での成功や満足を規定するという考え方を示した。シュプランガーの価値体系などを土台として，個人の興味を，現実的，探求的，芸術的，社会的，企業的，慣習的，の6つに分類したものが図 7.11 である。

では職業についた後，人の性格はどう変わっていくのだろうか。職業は多種多様にわたるため，「この仕事に就くとこのようになる」といった単純な方程式を職業ごとに作ることは難しい。しかし，仕事を遂行するためには，たとえ自由業であっても，何らかの関係する集団や組織に属したり，関わっていかないと仕事自体が成り立たない。そうした，仕事のために関わる集団や組織の中で認められ，仕事をしていくために，私たちはそこでのルールや雰囲気，ものの考え方，行動を身につけていくことになる。これを組織社会化と呼ぶが，このことで，それまでの性格や行動，態度が変化していくのである。

組織側（たとえば会社）は，仕事の効率を上げ，業績を高め，かつメンバーの職務満足をも高めるため，新しく参入してきた新人に対し「研修」などのさまざまな働きかけを行う（図 7.12）。また制度としてでなくても，「職場の雰囲気に染まる」ような形で，適応的な態度・行動を身につけていく。このようにして何らかの職場，あるいは職業に適応していくことで，「サラリーマンらしくなった」「看護師らしくなった」など，他者から見える性格，もしくは自分で自覚する性格が変化すると考えられる。

7.2.3　親になること

成人にとってもう一つの大きな出来事が，親になることである。自分の子を持つという経験は，幸せかそうでないかとは関係なくそれ自体が危機的な状況であり，このときに人間は適応上の問題を多く経験する（氏家，1999）。

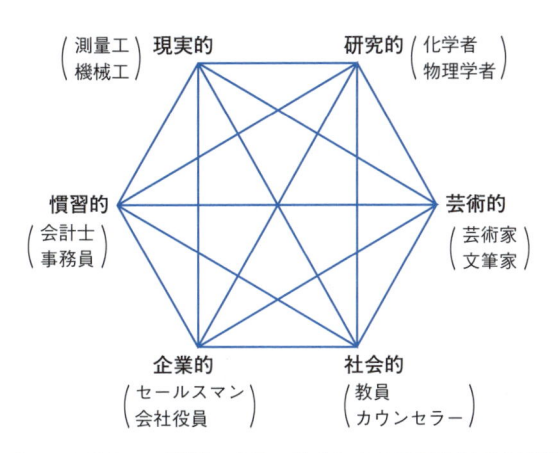

図 7.11 パーソナリティ，環境，あるいはそれらの相互作用の心理学的類似性を定義するための六角形モデルと，職業の例（ホランド，1990 より作成）

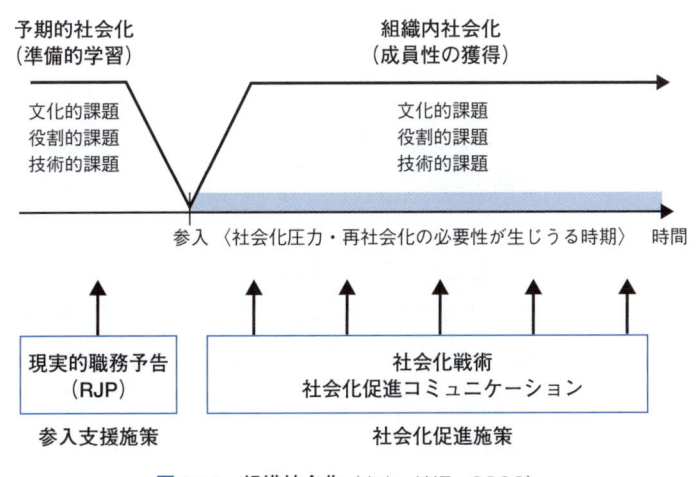

六角形モデルの頂点：
- 現実的（測量工／機械工）
- 研究的（化学者／物理学者）
- 芸術的（芸術家／文筆家）
- 社会的（教員／カウンセラー）
- 企業的（セールスマン／会社役員）
- 慣習的（会計士／事務員）

予期的社会化（準備的学習）
　文化的課題
　役割的課題
　技術的課題

組織内社会化（成員性の獲得）
　文化的課題
　役割的課題
　技術的課題

参入〈社会化圧力・再社会化の必要性が生じうる時期〉　時間

現実的職務予告（RJP）
参入支援施策

社会化戦術
社会化促進コミュニケーション
社会化促進施策

図 7.12 組織社会化（宗方・渡辺，2002）

⑦生涯発達の時代　**181**

親になるというのはどういうことだろうか。実際に親になった人々からは，「予想外のことが多い」という意見が多く聞かれる（丹羽，1999；表7.6）。とくに女性の場合，実際に育児の第1責任者となることが多いため，夢のような「かわいい赤ちゃんとの生活」を想像していて，あまりの現実とのギャップにストレスを感じる場合も多い。

　このようなストレス経験は，時として人間を大きく変化させる。柏木・若松（1994）は幼児を持つ親346組に対し，「子どもが生まれる前と後とで，自分自身にどのような変化を感じたか」について尋ね，その変化について図7.13に示すような内容に分類できることを示した。親になったことでとくに感じられる変化は，「他人の気持ちをおしはかるようになった」「自分本位な態度・行動をとらなくなった」といった自己抑制的側面や，「物事を運命として受け入れる」「伝統や文化の大切さを思う」「常識やしきたりといったものを考える」などの，運命・信仰・伝統の受容ともいうべき側面で強い。また「生きている張りが増した」「自分がなくてはならない存在だと思うようになった」「気持ちが安定した」などの，自分の生き甲斐や存在感を強く感じるようにもなっている。こうした変化は子育てに直接関わることの多い母親で高く，父親ではさほどでもない。同様に，女子学生と幼児を持つ母親とを比較した研究では，母親群のほうが孤立感が低く，より自分を高めたいとする自己向上感が強いことが示された（井上，2002）。年齢が異なるなど，単純に比較はできないサンプルではあるが，子どもを育てる経験が全体として，人間の自己意識を変化させる可能性を示唆するものであろう。またその変化はどちらかといえばポジティブな方向へのものであると考えることができる。

　では，変わるきっかけは何だろうか。氏家（1996）は56名の母親について，出産から2年間，詳細なインタビューと調査，および家庭での観察を行い，次のような示唆を得ている。まず，出産後しばらくの間，母親たちには「行動＝思考＝感情システム」が機能しなくなり，自己概念が傷つきやすくなる。いくら事前に「赤ちゃんはこういうもの」「育児はこうやればよい」という知識を持っていても，最初から適切に行動できるわけではない。「こうすべき」「こうしなければ」という思考に行動はついていけ

表 7.6　出産前と出産後の生活やイメージの変化（丹羽，1999 より作成）

「全然違いますね。今まで赤ちゃんに触れたことがなかったので，赤ちゃんがどんなか想像できませんでした。手芸や洋裁が好きなので，手作りでかわいい格好させてと思っていましたが，現実は時間もなくてできませんでした。」

「どうしてこんなに泣くのでしょう。赤ちゃんはおっぱいを飲んだら寝て，起きたら笑ってと思っていました。思ったより大変で，身動きとれません。ちょっとノイローゼにもなりました。」

「私は保母をしていまして，ゼロ歳児を6年間保育していましたが，……中略……わが子が泣くと放っておけずオロオロしてしまいます。」

「忙しくなりました。この3カ月，赤ちゃんに振り回されました。でもやっぱり赤ちゃんができたので，家族の絆が強くなったという気がします。」

「時間に追われるようになりました。」

「1日のスケジュール，時間帯が変わりました。家の中が汚れていてもしょうがないと思うようになって，気にならなくなりました。」

「(夫婦)2人とも映画が好きでいつも見に行っていましたが，今は主人に見てもらって月に1回行くだけです。」

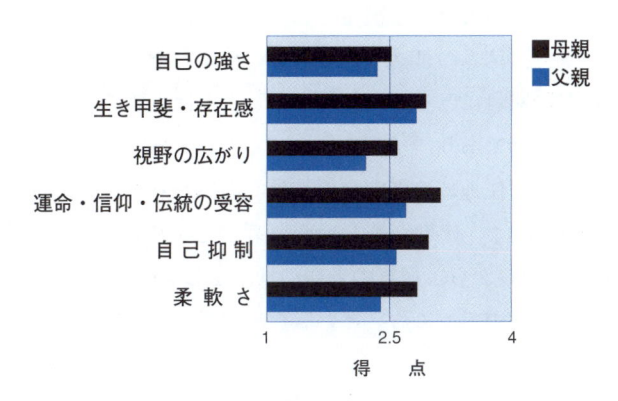

図 7.13　親となることによる成長・発達（柏木・若松，1994 より作成）

ず，結果としてネガティブな感情が起こり，できない自分に対して自己評価も低下する。しかしなんらかの，多くは偶然のきっかけで，物事そのものへの認知が変わり，事態が好転していくという（氏家，1996）。

なんらかのストレスがかかり，それまでの自分にできないことが環境から課せられたとき，人間は主観的，客観的に行動パターンや価値観を変えて適応しようとする。それが自他ともに認める態度や行動の変化，あるいは「性格が変わった」という印象と結び付くのだと思われる（図 7.14）。責任を課せられ，逃げられない状態で必死に課題（たとえば育児）に取り組むことで，人間は自らの性格的側面をも高めていくことができるのであろう。逆に考えれば，できることだけやっていて何もストレスがかからない状態では，自分から見ても他者から見ても性格は変化しないと言える。

7.3 ストレスをどう処理するか

7.3.1 多重役割と性格

前節で職業を持つことと，親になることについて見てきたが，成人の特徴の一つとして，さまざまな役割を同時並行でこなしていくことが挙げられる（図 7.15）。たとえば通勤・通学の際に出会う最寄り駅の駅員を思い浮かべてみよう。若い人ならば駅員としての役割が自分の中で大きく，後はプライベートで，休みの日はすべて自分の自由にできる時間かもしれない。しかし中年の駅員にとって，駅員であることは主要な仕事ではあるが，同時に夫あるいは妻であり，子どもにとっての親であり，老親を養っている子どもであり，居住地域の町内会の役員であったりする。そのどれもが責任ある業務であり，「仕事が忙しいから親としての務めを果たさない」「仕事の手が抜けないから，病気の老親の世話をしない」「子どもがいるから任された仕事を途中でやめる」といった無責任な言動は，本来は許されない。

このように一人の人間がいくつもの役割を持つことを**多重役割**と言う。たとえば中学生や高校生も，勉強をする生徒としての役割と，部活動に励む選手としての役割など，複数の役割を持つ。しかし子ども時代や青年期

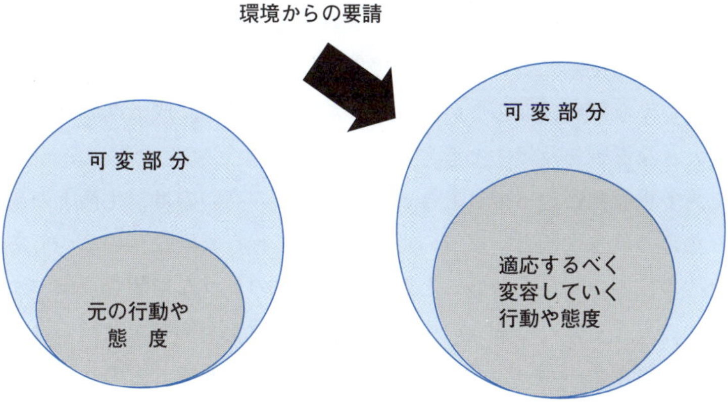

図 7.14　性格が変容するプロセス

図 7.15　多重な役割

⑦生涯発達の時代

には，たとえば定期試験になれば学校が部活を休みにするといった配慮が，環境側からなされるのが普通である．本分はあくまでも勉強（あるいは選手生活など）であり，優先順位を自分で考えることは少ない．ところが成人はいくつもの役割について自分で優先順位を決め，それぞれと独自に折り合っていかなければならない．こうした多重役割が，成人期の性格的側面にも大きな影響を及ぼすと考えられる．

　さて，多重役割といってももっとも優先順位の高いのは，生活上の金銭を得るための仕事役割と，家族の世話と管理を行う家庭役割の２つであろう．複数の役割の責任を持つことが，人間にどのような影響を及ぼすかについては，大きく分けて個人の中で多重な役割同士が影響を及ぼし合う流出効果（スピルオーバー）と，相互作用する２人の間で一方の状態がもう一方の状態に影響を与える交差効果（クロスオーバー）が考えられる（稲葉，2004；図 7.16）．

　流出効果は，一方の役割でのストレスなどが他方の役割に影響することで，具体的には仕事が忙しいので家庭にしわ寄せがかかる，家庭のことで拘束されるので仕事がうまくできない，などを指す．また，双方の役割を持っているので元気にやっていけるといった，ポジティブな効果も考えられる．手のかかる乳幼児を持つ親について，このスピルオーバーが抑うつ度とどの程度関連するかを調べた研究（福丸，2000）では，夫においても妻においても両役割間のポジティブな流出効果が負の関係を示した（表 7.7）．つまり「仕事での経験が家庭でも活かされる」「家庭がうまくいっているので仕事にも張り合いが出る」といった，両方の役割を取ることでうまく気分転換したり，自分を認めてもらえる場所が複数あるということが，抑うつの低さと関わっていた．この結果は，20 代に妻，母，社会人などいくつもの役割を持っていた女性のほうが，40 代の時点で持つ役割の質が高く，それが生活満足感の高さに繋がることを示したヴァンデウォーターズら（1997）の研究知見とも通じるものである．ただし，役割が多いほど抑うつが低かったり満足が高いといった単純な図式では説明しきれない部分も多く，より詳細な検討が望まれる．

　交差効果（クロスオーバー）とは，個人内ではなく，相互作用する２人

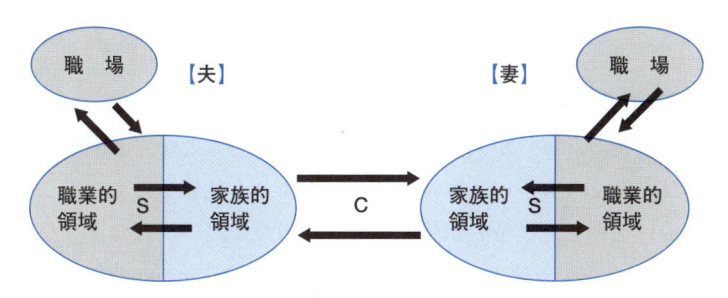

図 7.16　流出効果と交差効果（稲葉，2004 より作成）

Sが流出効果である。一人の人間の中で，「仕事が忙しくて家庭での夫／妻としての役割が果たせない」，逆に「仕事がうまくいっているので，家庭でも円満でいられる」などをさす。

Cは交差効果である。たとえば夫の内外での忙しさが，妻の仕事や家庭生活に支障をきたすような例が考えられる。

表 7.7　乳幼児を持つ共働き夫婦での，流出効果と抑うつの相関（福丸，2000 より作成）

	父親の抑うつ度	母親の抑うつ度
家庭から仕事へのネガティブな流出効果	−.309	−.358
両役割間のポジティブな流出効果	.261	.274
仕事から家庭へのネガティブな流出効果	関連なし	関連なし

（数値はいずれも1％水準で有意。）

の間で，一方のストレスがもう片方に影響を持つことを指す。多重役割を持つ夫婦間での影響の及ぼし合いについての研究が外国ではいくつか行われているが，日本での組織的な研究は少なく，今後の課題となっている（稲葉，2004）。

7.3.2　タイプA

　多重役割を持ち，毎日が大変であっても，忙しいことが生き甲斐のようにバリバリと働く人も多い。短時間に他の人よりも仕事をたくさんこなそうと精力的に活動し，競争心が強く，攻撃や敵意が高い。このような行動パターンを**タイプA**と呼んでいる（Freedman & Rosenman, 1959；山崎，1995；大芦，2003）。

　この行動パターンが注目されるようになったきっかけは，医学的関心からであった。狭心症や心筋梗塞など冠状動脈性心疾患の患者に，このような傾向を示す人が多いことが明らかになったのである。こうしたせっかちで敵意の高い行動傾向（表7.8）が，なぜ心疾患と関わるのだろうか。

　こうした人々は，作業や仕事に向かうときに生理的覚醒が高まりやすく，交感神経系が興奮しやすいということが，多くの実験から示されている（岩永，2003）。単に高まりやすいというのではなく，協力して物事にあたる課題のときは，タイプAでない人（タイプBと呼ぶ）と同様であるが，競争的な事態になると交感神経系が興奮しやすいのである（Van Egeren, 1979）。

　タイプA的な人々は競争心が強く，時間に駆り立てられるように業務をこなしていく。自分がそうであるから，もたもたしてテンポの遅い相手に対して敵意を感じたり，攻撃を向けたりすることもあるだろう。そのため周囲からけむたがられることもあるかもしれないが，一般には，課された仕事を精力的にこなしていくため，仕事や学業の面での評価は高くなることも多い思われる。しかし，こうした行動パターンで常に動き，要求水準を高く保つことは，冠状動脈性心疾患だけでなく，失敗したときに学習性無力感やうつに陥りやすいとも言われている。

表7.8 タイプA行動パターンの質問例
（日常行動質問票　中野，1995）

【怒り・敵意・短気をあらわす項目】
- 比較的大きな声で，早口に話す。
- 議論をするのが好きである。
- 人の話を聞くより，自分で話すことが多い。
- 人の話をゆっくり聞いていられず，よく口をはさむ。
- 気性がはげしく，すぐ腹が立つ。
- 相手が時間に遅れるとイライラしてくる。
- 短気で，自分の気持ちをコントロールできない。

【競争心・精力的・頑張り屋をあらわす項目】
- 人に色々指図するのが好きである。
- 色々な会やグループのまとめ役をすることが多い。
- 人より速く，短時間でたくさんの仕事ができる。
- 人と意見が対立したり，衝突したりする。
- 負けず嫌いで，頑張り屋である。
- 何かする時には全力を尽くし，かなりの努力をする。
- スポーツやゲームには勝ちたい。
- 競争相手がいると仕事やその他のことがはかどる。

【時間に追われ急ぐ行動をあらわす項目】
- いつも時間に追われている感じである。
- 食後，休憩を取らずにすぐ何かを始める。
- 食べる速度が人より速い。
- 歩くのは速く，エスカレーターも歩いて昇る。

【多くのことに興味を持つ熱心さをあらわす項目】
- たくさん趣味をもっていて，忙しい毎日である。
- いつも何かにチャレンジしている。
- 色々なことに興味があり，何にでも関心を示す。
- 物事に熱中しやすい。

7.3.3 ストレスの理論

ストレスの感じ方に個人差があることは，日常的によく理解されている。たとえば同じ試験を受けるときでも，ある人はほどんとストレスらしいストレスを感じず通り過ぎるが，別の人は多大なストレスを感じ，食事もできなくなることがある。また，ストレスを引き起こすストレッサーは，暑さ寒さや痛み，騒音などの物理的刺激から，試験や仕事，人間関係のいざこざに至るまで幅広い。物理的なストレッサーには強いが，人間関係には弱い，あるいはその逆の場合もある。それが，他者から見たとき「タフな性格」「打たれ強い」，逆であれば「根性がない」などと見えることもある。こうした個人差はどこから来ているのだろうか。

ストレスの元（ストレッサー）がどのようにして身体症状や精神症状などのストレス反応に結び付くかを，ラザルスらの考え方にもとづいて示したのが図 7.17 である。ストレッサーは至るところに存在する。たとえば暑い夏も寒い冬もストレッサーであるし，試験や仕事の期限，人間関係などもストレッサーになり得る。しかしそれは人間が「自分にとって脅威だ」と認識しないかぎり，その人にとってのストレッサーとはならない。この判断を**第 1 次評価**と言う。人間関係のトラブルは「脅威」になり得るが，「これは自分とは直接関係のないことだ」と考える人にとっては「脅威」にはならず，従ってストレス反応には結び付かない。

次に，そのストレッサーを「なんとかできるかどうか」という**第 2 次評価**が行われる。自分がなんとかすることでトラブルを回避できる，あるいは誰かに頼んでトラブルを解消してもらうことができると思えば，ストレス反応には行き着かない。しかしここで「脅威」であるにもかかわらず，「どうすることもできない」「がまんするしかない」という評価がなされると，その辛さで気分が落ち込んだり，頭痛がおきたりといった精神・身体症状を促すことになる。それが強いものであり持続すると，実際に胃かいようやうつ病といった疾病に結び付くこともある。

ストレスへの対応としては，**問題焦点型対処**と，**情動焦点型対処**の 2 種類がある。問題焦点型対処とは，ストレッサーそのものを軽減したり評価を変えようとする方法で，上の例で言えば人間関係のトラブルそのものを

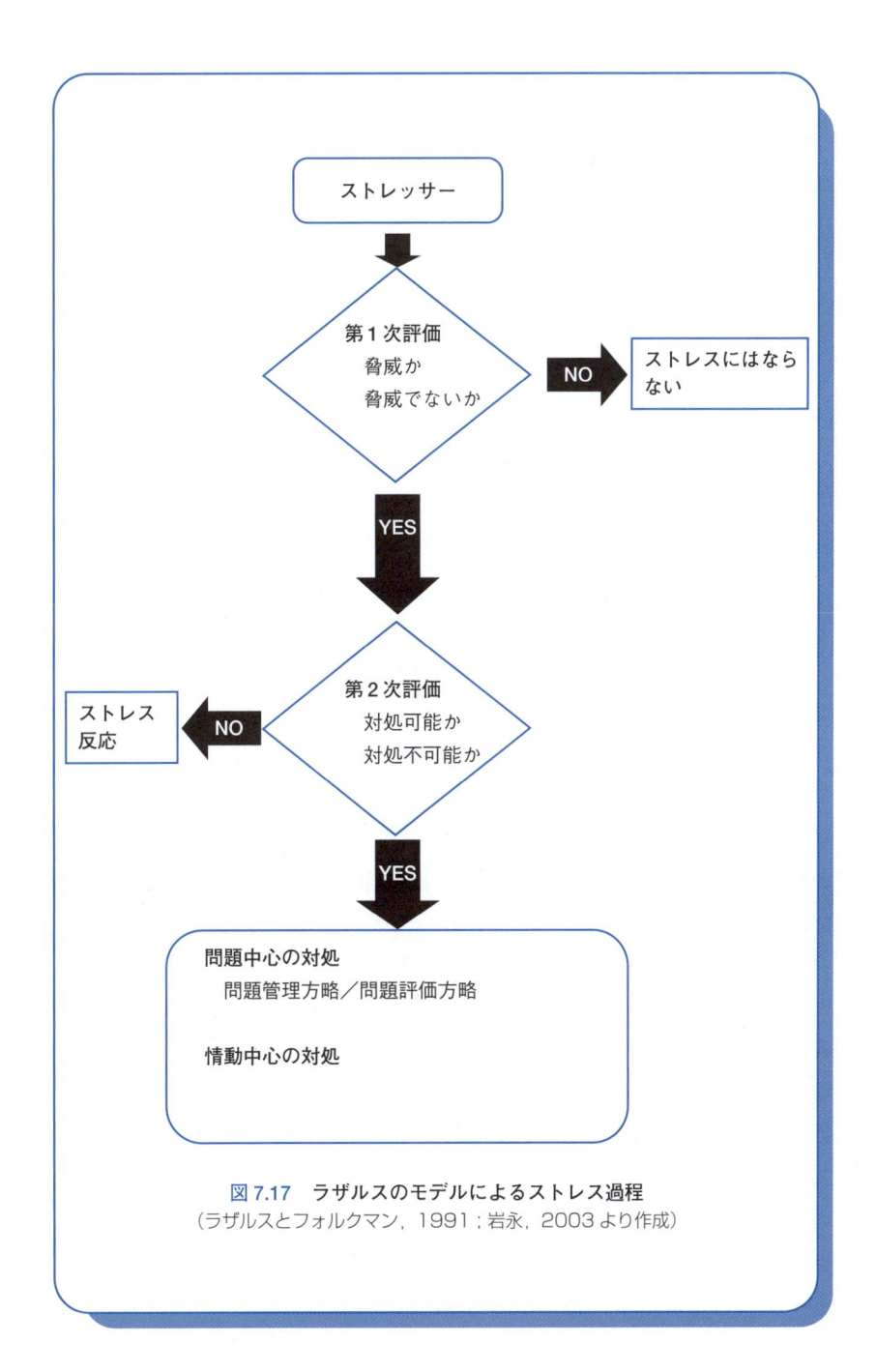

```
                    ┌─────────────┐
                    │  ストレッサー  │
                    └──────┬──────┘
                           ▼
                       ╱ 第1次評価 ╲
                      ╱  脅威か    ╲──NO──▶ ストレスにはなら
                      ╲  脅威でないか╱              ない
                       ╲           ╱
                           │
                          YES
                           ▼
                       ╱ 第2次評価 ╲
         ストレス ◀─NO─╱  対処可能か ╲
         反応          ╲  対処不可能か╱
                       ╲           ╱
                           │
                          YES
                           ▼
              ┌──────────────────────────┐
              │ 問題中心の対処              │
              │   問題管理方略／問題評価方略  │
              │                          │
              │ 情動中心の対処              │
              └──────────────────────────┘
```

図 7.17　ラザルスのモデルによるストレス過程
（ラザルスとフォルクマン，1991；岩永，2003 より作成）

どうにか解決してしまおう，あるいは「そんなトラブルはたいしたことない」と評価し直すような場合を指す。これに対し情動焦点型対処は，「ひとまず嫌なことは忘れてカラオケに行って歌う」など，ストレスによって生じた情動を和らげようとするものである。一時的な対応としては有効だが，根本的な解決にはならない（岩永，2003）。

　ストレスに対する個人差は，図 7.17 のそれぞれの過程での個人差として考えることができる。第1次評価で「脅威」を感じやすい場合，対処のレパートリーが少ないため，第2次評価で「統制不能」であると感じやすい場合などが，「ストレスに弱い」といった自他の印象を生む。こうした部分が性格の差異として認識されるのであろう。

7.4　アイデンティティが問われるとき

7.4.1　成人期とはどんな時代か

　幼児期や児童期が，比較的，年齢と相応しており，かつ，社会や文化によってもさほど大きな違いが見られないのに対し，青年期以降は「何歳から何歳まで」などと明確に定義するのが難しい。すでに述べたように，青年期の始まりは第2次性徴や成長のスパートなどで定義できるが，終わりは時代や文化，とらえ方によって異なる。たとえば30歳くらいまでを青年期と考える場合もあるし（笠原，1984；図 6.18），20歳前後で教育を終えた以降は成人期とする場合もある。

　成人期自体は，より不明瞭である。エリクソンの心理社会的漸成図では，青年期以降は若い成人（ヤング・アダルト）期，成人期，老年期の3つに分けられているが，その内容からだいたいの目安はあるものの，とくに年齢と対応しているわけではない。むしろ実際にどのような出来事があり，どんな立場にあって何をしているかという生活実態が，身体的年齢以上に大きな意味を持つ。表 7.9 は成人期をいくつかの発達段階に分けた一例（飯島，2001）だが，それぞれの時期に多くの人が経験する特徴的な出来事があり，それが本人の生活や価値観，性格的な側面にも影響することが考えられる。ただし，こうした図式は，法的に結婚するかどうかは別とし

表 7.9　成人期の発達段階の一例（飯島，2001より）

発達段階とその特徴		生活出来事		年齢に関する行事	道づれ（convoy）
		生物学的要因	社会的要因		
老年期 (65〜)		死	配偶者の死 きょうだいの死 施設入居	白寿 卒寿 米寿 喜寿 古稀	配偶者 子ども，きょうだい，孫，親戚 親しい友人，配偶者の対人関係 施設の職員，カウンセラー かかりつけの医師，近隣の人
成人後期 (55〜65)	人生の受容	身体機能の老化 運動機能の老化	再就職 定年 親の死	還暦	配偶者 子ども，きょうだい，親戚 友人：先輩・同輩・後輩 上司
成人中期 (30〜55)	自己の再吟味	閉経	孫の誕生 子どもの独立 祖父母の死	男性の厄年 女性の厄年	子どもの友人の親 配偶者の対人関係 カウンセラー かかりつけの医師，近隣の人 配偶者 親，きょうだい，親戚 友人：先輩・同輩・後輩 上司，子どもの教師
成人前期 (22〜30)	両性具有性の発達		子どもの誕生 結婚		配偶者の対人関係 子どもの友人の親 カウンセラー かかりつけの医師，近隣の人 親，祖父母，きょうだい，親戚
青年後期 (18〜22)	生き方の選択		就職 大学・短大・専門学校への入学	成人式	友人：先輩・同輩・後輩 上司，配偶者の対人関係 カウンセラー かかりつけの医師，近隣の人

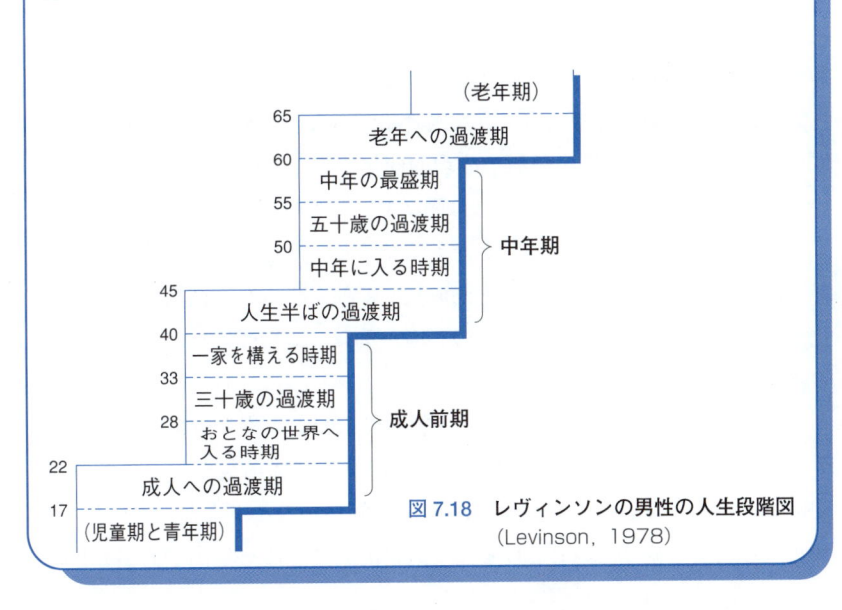

65	（老年期）	
60–65	老年への過渡期	
55–60	中年の最盛期	中年期
50–55	五十歳の過渡期	中年期
45–50	中年に入る時期	中年期
40–45	人生半ばの過渡期	
33–40	一家を構える時期	成人前期
28–33	三十歳の過渡期	成人前期
22–28	おとなの世界へ入る時期	成人前期
17–22	成人への過渡期	
〜17	（児童期と青年期）	

図7.18　レヴィンソンの男性の人生段階図（Levinson, 1978）

ても異性の配偶者やパートナーを得，子どもをもうけ，ある程度固定的な職業をもって社会的な生産活動に従事することを前提として作られている。今日の日本のように未婚率が上がり自分の子孫のいない成人が増え，就業形態も多様になった社会では，もう少し異なる内容を加味しなければならないと思われる。

7.4.2 中年期の危機

　中年期のただ中である40歳前後が，「**過渡期**」あるいは「危機的な時期」であるという指摘は多い。たとえばユングはこの時期を「人生の正午」と呼んでいる（Jung, 1933）。それまで職業や家族形成など外界に適応すべく過ごしてきた若い時代に対し，正午を過ぎる人生の後半では，自分の内面に目が向き，「**個性化**」をめざすという。また，レヴィンソンは中年期の男性40名，女性45名に詳細な面接を行い，成人期以降が一般に図7.18のような段階に分けられると提唱した（Levinson, 1978；1996）。対象となったのは男性では労働者，管理職，小説家，生物学者，女性については専業主婦，会社勤務，大学教職員と，それぞれかなり異なった生活を送っているであろう人々である。研究全体を通し，成人期には生活構造が安定した時期と，変化があり不安定な時期（過渡期）が交互に訪れること，おおよそ40歳前後に，成人期の始めにたてた夢が実現していないことを自覚し，人生について考えるような過渡期があることを述べている。この他にも40代前後の時期を急激な心理的変化が起こりやすいとする説は多い（シーヒィ，1978など）。これは図7.19に示すように，この時期あたりから身体的な衰退を感じることが多くなるという現実や，標準的な**ライフ・ステージ**から考えて，子どもが成長して独立するなど役割・立場の変化が起こりやすいといった，多くの要因が重なって転機になりやすいことの現れと考えられる。

　成人女性の主観的なwell-being（幸福感に似た，人生全般にわたるポジティブな心理機能）について調べた研究では，40代前後を中心に意識が変わることが示唆された（西田，2000）。「新しいことに挑戦したい」「これからも成長し続けたい」といった「人格的成長」こそ年代が上がると低

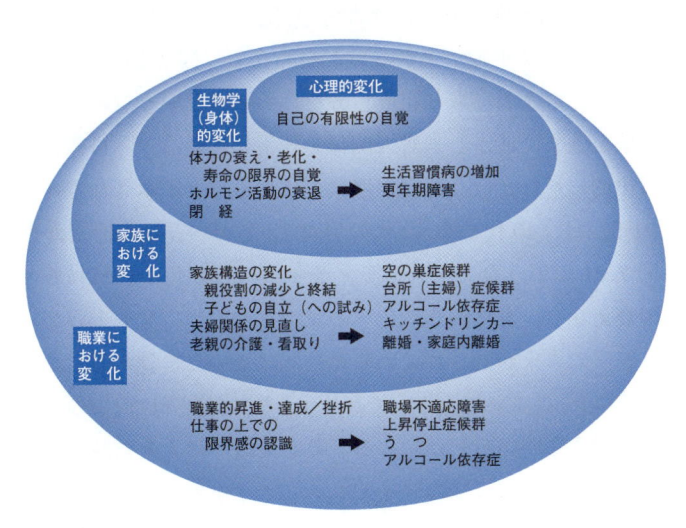

図 7.19　中年期危機の構造（岡本, 2001）

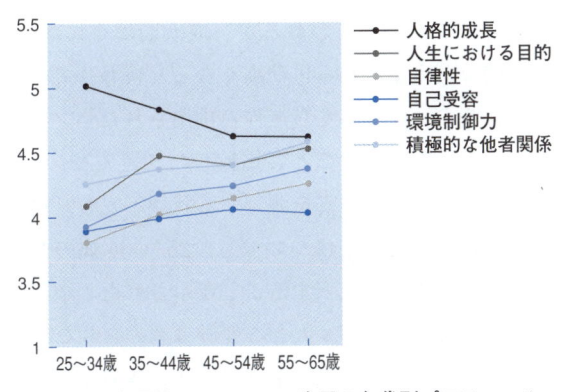

図 7.20　心理的 well-being 6 次元の年代別プロフィール（西田, 2000）

下したが，自分を活かしながらうまく環境に適応し，柔軟に対処していけるといった「環境制御性」や「自律性」，肯定的な対人関係をもつ「積極的な他者関係」などは年齢が上がるほど高くなる（図 7.20）。つまりこの時期を境に，新しいことに取り組み自分を高めようという意識が下がるが，代わって環境をうまく活かし，対人関係を円滑に進めながら目標をはっきり持って自律的に進むという意識が取って代わることが示されている。

　岡本（1985）は，40 代から 50 代の男女 22 名への詳細な面接から，この時期に図 7.21 のようなアイデンティティの再体制化が行われるとした。まず体力の衰えなど，身体的な老化への気づきから，自分も老いていく存在であり，無限の未来が残されているわけではないと自覚する。それが引き金となり，「自分はこれで良かったのか」「本当の自分は何なのか」といった生き方に対する問い直しが起こる。そして後半の人生に向けて軌道修正を行い，新たな中年期以降のアイデンティティを獲得していくのである（岡本，1997）。

7.4.3　成人期以降の変化と安定

　危機説とは逆に，中年期はパーソナリティ的には大きな変化がない時期だという指摘も多い。

　不安は一般に青年期に高いと言われるが，成人期はそれほど高くなく，老齢になると身体的な衰えなどから再び高くなると言われている。中里・下仲（1989）は首都圏の一般人口から無作為抽出されたサンプルを用いて，状態不安と特性不安の双方を年代ごとに比較した（図 7.22，図 7.23）。その結果，回答している時点での不安を測定する状態不安も，比較的安定した不安傾向の強さを示す特性不安についても，25〜34 歳のグループがもっとも高く，年齢を経るごとに低下することが示された。中年期はゆるやかに下降する坂の途中と言えるが，大きな変動は認められない。

　孤独感については，小学生から高齢者まで 3,000 名あまりを文章完成法などを用いて調査した落合（1999）が，年代によってどのような内容の孤独感を感じるかが大きく異なることを明らかにしている。児童期から 20 代までは，「人が自分を理解してくれない」「人の中に入れない」などの対

段階	内　　容
Ⅰ	**身体感覚の変化の認識にともなう危機期** ・体力の衰え，体調の変化への気づき ・バイタリティの衰えの認識
	↓
Ⅱ	**自分の再吟味と再方向づけへの模索期** ・自分の半生への問い直し ・将来への再方向づけの試み
	↓
Ⅲ	**軌道修正・軌道転換期** ・将来へむけての生活，価値観などの修正 ・自分と対象との関係の変化
	↓
Ⅳ	**アイデンティティ再確立期** ・自己安定感・肯定感の増大

図 7.21　アイデンティティの再体制化プロセス（岡本，1985）

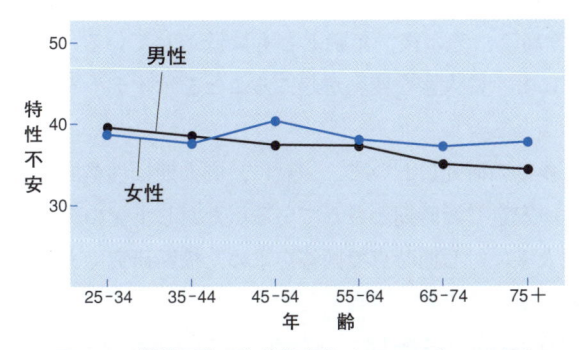

図 7.22　特性不安の年代的変化（中里・下仲，1989）

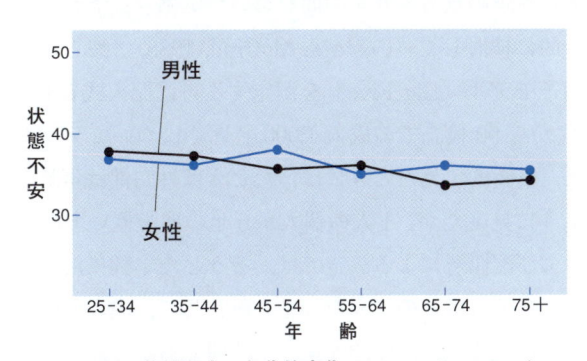

図 7.23　状態不安の年代的変化（中里・下仲，1989）

他的次元の孤独感が高いが，これは30歳以降の働き盛りになってくると，ぐんと下がる。逆に高齢になるに従って，自分は代替のきかない他者とはまったく異なる人間だというような対自的次元での孤独感，および，人生や，自分だけでなく祖先や子孫までも含めた時間的展望の次元での孤独感が高まる（図7.24）。しかしどちらにせよ，中年期には大きな変容は見られない。

　自分自身に注意を向ける自意識は，自分の外的・対人的側面に対する意識（公的自意識）と，自分自身の内面に向けられる意識（私的自意識）とに分けることができる。菅原ら（1986）は首都圏での無作為抽出データにもとづき，各年代での自意識の様相を明らかにした。私的自意識は20歳前後で高まるものの，後は40代後半に至るまであまり年代による変化はない。しかし他人から見られる自分を意識するという公的自意識は，10代から20代で高く，その後，年齢とともに低下している（図7.25）。ここでも中年期にとくに大きな変動が起こることを示すデータは得られていない。

　このように多くの研究において，一般に，成人期は性格的な特徴については変動のない安定した時期とされている。ただし上記のデータは多様な年代・年齢の人々に対し同時点で回答を求めた横断研究であり，自己回答による結果のみであることは留意を要する。

　こうした回答のゆがみを排除するため，コスタとマクレーは自己評定，他者（配偶者）評定の双方を6年の間をおいて実施し，それぞれの評定値の変動を総合的に検討した（Costa & McCrae, 1988）。彼らが使用したのは性格の5因子モデル「Big Five」を測定する自己記入式質問票NEO-PIであり，20代から90代までの成人1,000名近くについてデータが得られた。その結果，横断的に見たときには，たとえば外向性は年齢とともに減少していくように見えたが，1人の個人が6年の間を置いて評定した自分自身の性格および配偶者による評定では，そうした年齢に沿っての変動は見られなかった。彼らはこのような知見を総合して，成人期はパーソナリティという点から見ると，比較的安定した時期であると述べている。

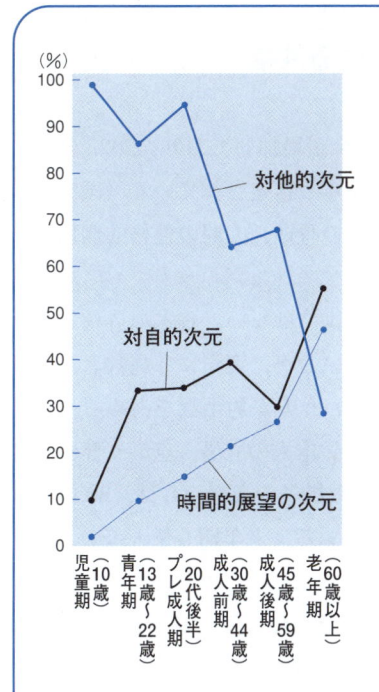

図 7.24 孤独感の年代的変化 (落合, 1999)

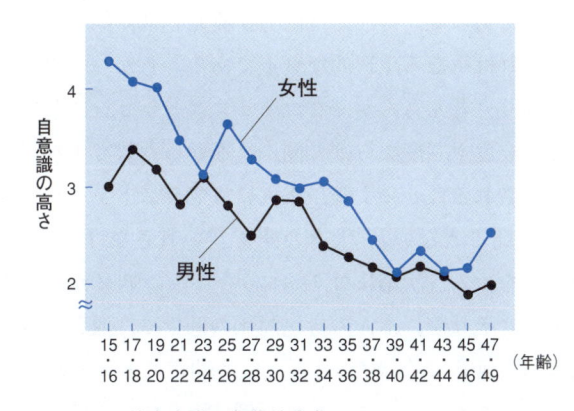

図 7.25 公的自意識の年代的変化 (菅原・山本・松井, 1986)
菅原 (1984) の公的自意識尺度の中から 5 項目を選び、当てはまるか否かを 2 件法で評定してもらった。図の得点は「あてはまる」と答えた項目数の平均値

7.5 生涯発達の枠組みから見る性格

7.5.1 老年期の特徴

　日本では少子化とともに高齢者人口の割合が増加しており，2025年には全人口の4人に1人以上が65歳以上となると推定されている（国立社会保障・人口問題研究所ホームページ）。この時期，人間の性格的側面にはどのような変化が見られるのだろうか。

　何歳から「老年」「高齢者」と呼ぶかは一律ではない。日本の各種統計などでは一般に65歳以上を高齢者と呼んでいるが，実際に「高齢者」だと思う年齢を尋ねると，70歳以上であるという人が約半数を占める（内閣府少子高齢化対策ホームページ；図7.26）。本人の立場，意識や健康状態，周りの扱い方によって，60歳で年老いた様子の人もいれば，80歳近くになっても気力，体力ともに充実した人もいる。老年期も個人差の大きい時代と言える。

　老年期の特徴として挙げられるのは，まずそうした個人差，そして生理的な衰退，さらに社会的役割の喪失である（藤田，1990）。とくに生理的・身体的な衰退が，性格的なもののように見える変化を引き起こす可能性には留意すべきであろう。たとえば聴力が衰えれば，他者の声が聞き取りづらくなる。これは単なる生理的な衰退である。しかしその結果として返事をしなかったり，とんちんかんなコミュニケーションになってしまう場合が出てくる。一度や二度ならば「聞こえなかった」ですむが，何度も何度も毎日繰り返されることにより，本人にはフラストレーションを，周囲には「言っても聞こえない」「大きな声で言い直さなければならない」といったストレスを生み，次第にコミュニケーション自体が質のよくないものになっていく。それが，本人の自己評価の低下や，他者からの否定的な評価，たとえば「頑固になった」「自己中心的だ」といったイメージに結びつくのではないだろうか。このような例に限らず，高齢者には否定的なイメージが強い（図7.27）。若い世代も高齢者自身も，多くが「高齢者」というと心身が衰え，健康に不安を持つと考えている。

　社会的役割の喪失も同様に，老年期の人々の自己評価を低下させる一因

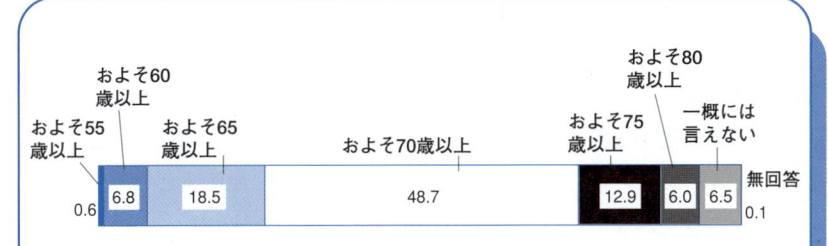

およそ55歳以上	およそ60歳以上	およそ65歳以上	およそ70歳以上	およそ75歳以上	およそ80歳以上	一概には言えない	無回答
0.6	6.8	18.5	48.7	12.9	6.0	6.5	0.1

図 7.26　何歳以上の人を「高齢者」「お年寄り」だと思うか
（内閣府少子・高齢化対策ホームページ http://www8.cao.go.jp/kourei/index.html
「平成 15 年度『年齢・加齢に対する考え方に関する意識調査』結果について」）

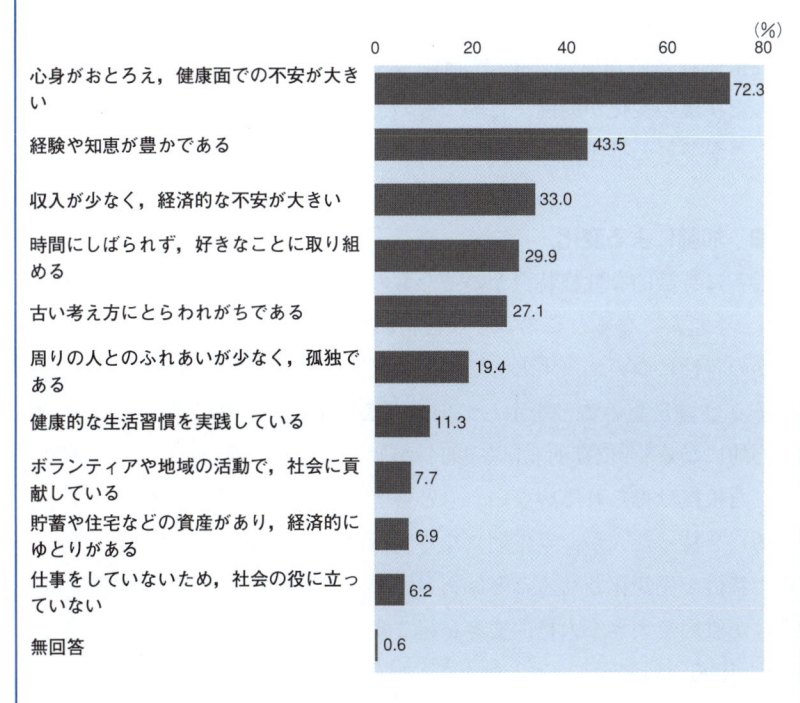

項目	(%)
心身がおとろえ，健康面での不安が大きい	72.3
経験や知恵が豊かである	43.5
収入が少なく，経済的な不安が大きい	33.0
時間にしばられず，好きなことに取り組める	29.9
古い考え方にとらわれがちである	27.1
周りの人とのふれあいが少なく，孤独である	19.4
健康的な生活習慣を実践している	11.3
ボランティアや地域の活動で，社会に貢献している	7.7
貯蓄や住宅などの資産があり，経済的にゆとりがある	6.9
仕事をしていないため，社会の役に立っていない	6.2
無回答	0.6

図 7.27　「高齢者」「お年寄り」について，どのようなイメージを持っているか（複数回答）
（内閣府少子・高齢化対策ホームページ http://www8.cao.go.jp/kourei/index.html
「平成 15 年度『年齢・加齢に対する考え方に関する意識調査』結果について」）

7 生涯発達の時代

となり得る。若いころから仕事一筋でやってきた人は、定年退職によってこれまで自分自身のよりどころであった社会的立場をすべて失うことになる。また、仕事一筋であればあるほど仕事以外での人間関係に乏しい傾向がある。定年後に新たに一から友人を作っていかなければならないとすれば大きなストレスとなるだろう。また子どもが独立した母親という立場も、それまでの役割がなくなり、自分の存在意義に疑問を持つきっかけとなり得る。

このように、老年期には身体的な衰退と、社会的な役割や立場の喪失、場合によってはそれに付随する経済力の低下など、人間の自己評価を下げがちになる条件が多々揃っている。これに病苦などが加わった場合、それ以前は明朗快活だった人が、抑うつ的になることも不思議ではない。老年期の性格変容という場合、単に加齢によって一律に変わるというよりは、こうした状況の変化が態度・行動・ものを見るときの枠組みなどを変えていくことが多いと推測される。

7.5.2 加齢による変化

高齢者に特徴的な性格特徴といったものがあるのだろうか。下仲（1995）は従来、「老人になるとこのような性格になりやすい」と言われてきたいくつかの特性について、主として外国の研究を引用しながら検討し、必ずしもそうは言えないことを示している（表7.10）。このほか、「老人は自己中心的になる」「依存的」「保守的」などとも言われるが、いずれもはっきりした根拠は得られていない。もともとそのような特徴（たとえば自己中心的）を持った人が、老年期になり判断力等が衰退して、最初から持っていた特徴を先鋭化させることはあっても、もともとそうでない人が、加齢だけが原因で大きな人格的変容を起こすことはないのではないだろうか（下仲、1995）。

首都圏で、1976年に70歳であった対象者を15年間にわたり追跡した調査研究では、文章完成法（SCT）を用いて高齢者の家族関係や家族以外の対人関係、自己概念などを調べている（下仲・中里、1999）。もちろん個人差はあろうが、全体としては、加齢と共に家族や家庭についてより肯

表 7.10 老年期に特徴的な人格特徴はあるか（下仲，1995 より作成）

人格特徴	従来の見方	主として縦断研究等による近年の研究知見
内向性	年をとると増す。	老年世代が他の世代より高いという結果と，一定で変化しないという結果と双方ある。
慎重・用心深さ	年をとると増す。	従来の知見は，老年者に不利な実験室状況での研究結果から導かれたもので，加齢による現象とは言えない。
抑うつ的・心気症傾向	若者に比べ高い。	30 年間の縦断研究では加齢と共に増加している。老年期は身近な人間の死に出会いやすいのも一因。
頑固	年をとると増す。	データからは裏付けられず。そうした傾向は見られない。

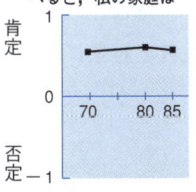

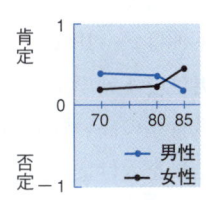

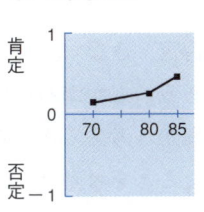

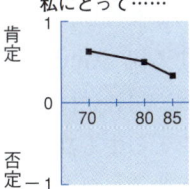

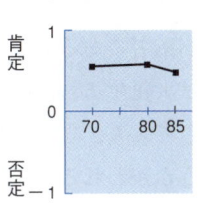

図 7.28 文章完成法で見た自己概念と価値観の変化（下仲・中里，1999）

1. たいていの家庭にくらべると，私の家庭は……
2. 家の人々は，私を……
5. 人とのつきあいは，私にとって……
15. 私の人生は……
8. これまでは……
9. 私のからだは……

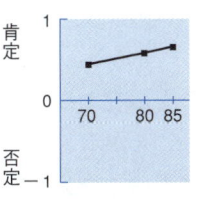

男性
女性

定的になることが示された。また対人交流（人付き合い）については年齢と共に肯定的反応が減り，友人関係が縮小していくことがうかがわれた。ただしここには性差もあり，定年退職後は友人関係もぐっと減る男性に比べ，女性のほうが肯定的反応は多い。興味深いのは，加齢と共に過去の自己像がより肯定的になっていくことである。つまり 70 歳のときは客観的，あるいは否定的見方であったものが，80 歳，85 歳になると充実などを述べた肯定的な過去に変わっていく。また女性においては，年をとることで人生に対する価値観がより肯定的になっていくことも示された（図 7.28）。

　では，女性のほうが老年期には適応的なのであろうか。老年期の対象者に**性役割**を尋ね，自尊感情，不安，幸福感情との関連を調べた研究では，男性性も女性性も高い，いわゆる両性型の高齢者の自尊感情や主観的幸福感が高いという結果が得られた（下仲ほか，1990；図 7.29）。また，どちらも低い両貧型は不安がもっとも高かったが，この型に属するのは女性が多かった。老年期にはそれまでの人生の中で抑圧していた異性の特徴（男性であれば女性性，女性であれば男性性）が表出され，性役割の逆転が起こるとする説（Guttman, 1975）もある。東京の高齢者を対象にしたこの研究では，男性に関してはこれを示唆する結果が得られたが，女性の男性性は年をとっても高くならないことが示された。

　どの年代を対象とした研究でも同じであるが，とくに老年期を対象とした場合，結果の解釈には十分注意が必要である。**縦断研究**では病気や死亡などで，対象者が欠けていくのが通常である。結果として最後まで研究に応じてくれるのは同年代の中でも健康で，毎日を生き甲斐を持って過ごしている高齢者である可能性は否定できない。また，下仲ほか（1990）でも，対象者は大正生まれが中心であるにもかかわらず，男性の 4 分の 1 が大学を卒業しており，当時の進学率から考えてきわめて教育歴の高い層であることがうかがわれる。こうしたことを考慮しながら結果を受け止めることが必要である。

　また，横断的な調査から年齢曲線を描く場合，**コホート効果**が混在するのは避けられない。かつて横断的な研究結果から「老人になれば知能は低下する」とされていたものが，詳細に検討すると，実は時代による教育歴

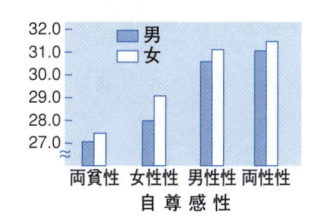

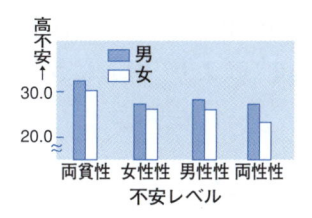

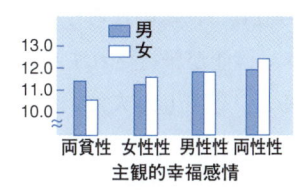

図 7.29　老年期における性役割と心理的適応 (下仲ほか，1990)

表 7.11　自我の強さを測定した項目の例 (小川，1965)

1. 身体の機能と生理的安定感
ここ数年だいたい丈夫だ。
気を失ったことはない。
この頃ずっと体が弱っているような気がする。

2. 神経衰弱と引きこもりがちの傾向
くよくよすることがよくある。
どうしてよいか決心のつかないことがよくある。
つまらないことが頭に浮かんできて，幾日も苦しむことがある。

3. 現実感覚
ちょっとの間何も出来なくなり，まわりのことがわからなくなることがある。
時々急に笑ったり泣いたりして止めることができない。
歩くとき身体がふらふらすることがある。

4. 自己適応感と物事に対処する能力
議論になるとすぐ負けてしまう。
一つの仕事に心を集中するのがむずかしい。
へなへなと，気がくじけてしまうことがある。

5. 幼児的不安
火がこわい。
きたない物を見ると胸が悪くなる。
便所や閉めきったせまい所にいるのがこわい。

注：下仲・中里(1999)で実際に用いられたのは全35項目。

（進学率）の差の影響ではなかったかと反論されたことは有名である（Schaie et al., 1973）。とくに，女性を取り巻く社会環境はこの数十年に非常に大きく変化しており，性差については今後また変動する可能性を秘めている。

7.5.3　性格と寿命

人生の終焉を迎えるころ，性格という面での変化はあるのだろうか。高齢者の自我機能を調べ，10年の間隔を置いて，機能が維持されていた人と，低下した人とを比較した研究がある。すると，低下した人に，その後，死亡した者が多いことが明らかになった（下仲・中里，1999；表7.11，図7.30）。興味深いのは，自我機能が高いこと，あるいは低いことではなく，ある期間にもとのレベルから低下したということが，生存率と関わっていたことである。このような傾向は，諸外国の研究でも指摘されており（Hagberg et al., 1991），死に先立って私たちの現実感覚や自己適応感などが弱まることを示している。むろん，ここには実際の健康状態の悪化や，身体上の不具合が反映されているであろう。しかしそうした疾病状況よりも，主観的な健康評価の方が長寿を予測するという知見もあり（Palmore, 1982），私たちが自分の中に思い描く自分自身の姿が，どれほど性格，あるいは人生そのものに影響を及ぼすのかが思い知らされる。

病気などで死を予期したとき，心はいくつかの段階を経るとされている。図7.31はキューブラー=ロスによる有名な「死の受容段階」を表したものである（キューブラー=ロス，1971）。ガンの宣告など，将来の死を告げられたとき，私たちに最初に起こるのは衝撃であり，その情報の否認である。「そんなはずはない」「何かの間違いだ」という反応の後，「なぜよりによって自分がこのような目に」といった怒りの段階が現れる。怒りは家族や医療スタッフに向かうことも多い。やがてある期間内には死ななければならないという事態を受け止めての抑うつに代わり，最終的には死の受容へと至る。もちろん，誰もがこの通りに進むわけではないし，各段階は進退を繰り返す。残念ながら最終段階を待たずして寿命のほうが尽きる人もいる。

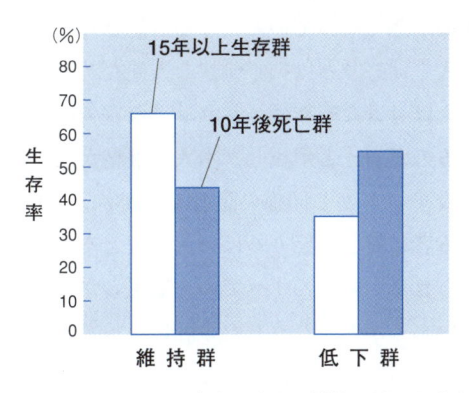

図 7.30 70〜80歳における自我の強さの維持・低下と生存率の関係
（下仲・中里，1999）

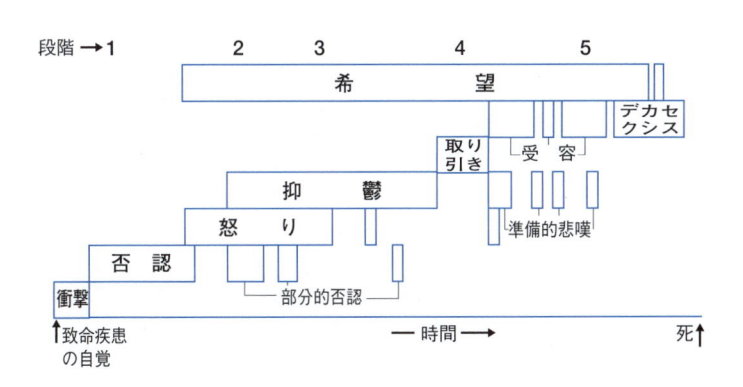

図 7.31 死の受容チャート（キューブラー＝ロス，1971）

キューブラー=ロスは，これを死の宣告に限らず，大きな不測のストレスを受けたときの典型的な心理プロセスではないかと述べている。豊富な事例の中には，たとえば，医療スタッフに対し怒りをぶつけ，問題患者とされ，どんどん関係が悪くなっていく例なども記されているが，このような場合に周囲が本人を「怒りっぽい不愉快な人間だ」と見やすいことは注目に値する。たとえば身近な家族は，ショックな宣告のせいでこんなに怒りっぽくなっているのだろうと帰属し，本人の性格が大きく変わったとは考えないかもしれない。しかし同様の患者を大勢抱えた医療スタッフは，強い怒りを表現する者に対し「怒りっぽい人だ」と本人の性格に帰属することも多いと考えられる。むろんすべての末期患者がこのチャートに沿って進むわけではない。しかし，こうした事態になったとき，自分あるいは他者が思っていた「性格」とは別に，私たちの多くが典型的にこのような反応を示しがちだということ，そして周囲にはそれこそが本人の「性格」だと見られがちだという傾向は，知っておく必要があると思われる。

● **参考図書**

丹野義彦　2003　性格の心理——ビッグファイブと臨床からみたパーソナリティ　サイエンス社

　性格5因子論（ビッグファイブ）を中心に，性格の考え方，形成，測定，病理などについてわかりやすく書いてある。

詫摩武俊・瀧本孝雄・鈴木乙史・松井　豊　2003　性格心理学への招待［改訂版］——自分を知り他者を理解するために　サイエンス社

　性格の諸理論や，基本となる類型論，特性論の考え方など，性格についての基礎的な知識をまとめた概説書。

詫摩武俊・清水弘司・鈴木乙史・松井　豊（編集）2000　性格の発達（シリーズ・人間と性格　第2巻）　ブレーン出版

　赤ちゃんから高齢者まで，性格にまつわる20のトピックスを取り上げ，内外の研究成果を取り入れながら解説している。

南　博文・やまだようこ（責任編集）　1995　老いることの意味——中年・老年期（講座　生涯発達心理学5）　金子書房

　生涯発達という視点から，成人期，老年期に焦点を置いて心理的な変容について述べられた研究書。

コラム　ネットの向こうの人

　インターネットは，大人の生活になくてはならない一部となりつつある。大人だけではない。子どもたちも学校で情報教育の一環として，コンピュータ操作やネット上での検索の方法を習う。ショッピングも簡単にでき，どこかにいる趣味や関心の似た人々と友だちになることもできる。

　迅速に発達したこの新しいコミュニケーション手段の中で，ともすると私たちは「メッセージを送ろう」「返事をもらおう」ということしか考えず行動しがちである。メールやチャットなどの文章だけのやりとりで，「自分が相手にどんな印象与え，どういう性格だと思わせているか」は，さほど意識にのぼらない。むしろ「相手はこんな性格の人か」と，返事から相手の性格を推測する方がずっと多いのではないだろうか。

　実際に会っている場合は，表情や態度，うなづいたり相づちを打ったりの言語以外のコミュニケーションが，私たちの人間関係の形成や維持に大きな役割を果たしている。ところがコンピュータを介したコミュニケーション（Computer Mediated Communication 略して CMC）では，書かれた文章がすべてになる。CMC についての初期の研究では，コンピュータを通した会話では，実際の会話に比べて相手に肯定や共感を与える発話が少なく，緊張を和らげる言葉がほとんど見られないことが示された。面と向かっていれば自然にやってしまう相づち，目を合わせる，微笑む，あるいは話題を変えようと表情や姿勢を変えるなどが，文章だけではなかなか伝えられない。

　年齢と性別は印象形成において非常に大きな鍵だが，こんなことすらコンピュータを介した場合はなかなかわからない。名前，文章やその内容から推測することはできるものの，かえって誤った印象を作り上げてしまうこともある。たとえば「ウメさん」という名前の人が，ていねいで礼儀正しい文章を書いていたら，どんな人だと思うだろうか。やさしい落ち着いたおばあさんをイメージするのではないだろうか。しかし書き手はもしかすると元気のよい 10 代の少女で，日常生活ではやや礼儀に欠けるところのある人かもしれない。

実際に目の前にいる人とコミュニケーションする場合ですら，先入観やステレオタイプなどにより，本人とかけ離れた誤った印象が作られることがある。対面事態よりもずっと情報の少ないCMCでは，相手の性格を大きく誤解しやすい条件が重なっていることは間違いない。

性格心理学の源流と成立 8

　性格や知能の個人差のようなことは，人類誕生から存在したと思う人も多いだろうが，実際にはそうではない。個人差を把握する必要がない時代にはそうしたものに注目する人はいなかったのである。近代になっていわゆる先進諸国で身分制度が崩壊し，個人の進路が自由になり始めると，個性に注目する必要が出てきた。学校での授業についていけない子どもへの特別なサービスを提供する目的で作られた知能検査がその典型である。その前史として，客観的測定にこだわる頭蓋計測学のような試みもあった。日本における性格心理学の源流と呼べるような取組みも紹介しつつ，性格心理学の興隆について見てみることにする。

8.1 性格心理学の成立

8.1.1 心理学以前，性格心理学以前　その1；ずーっと前

　心理学の過去は長いが歴史は短い，と言ったのはエビングハウス（Ebbinghaus, H.）である。人間の個性や性格に関する学問，性格心理学についても同様のことが言える。性格心理学の過去は長いが歴史は短いということである。

　人間の個性への興味は，西洋では遠くギリシャ時代に遡ることができるが，こうした興味が学問として成立することはなかった。それは，心理学という精神の働きを扱う学問が，哲学から独立し得なかった事情と同様である。19世紀中ごろ以降になってはじめて心理学が学問的な息吹をあげる。そして，それと同時に，人間の個性について学問的にとらえる枠組みがでてきたのである。

　近代，という時代が成熟し始めてから，人間について考える学問が成立し得たという事実は大きい。それ以前は必要なかったと言えるからである。

　近代以降のもっとも偉大な性格心理学者であるオルポート（Allport, G. W.）は，近代以降の性格研究に影響を与えた潮流として，古代ギリシャにみられた「体液心理学」「文芸論的性格学」「相貌学」を挙げている（オルポート，1982）。以下では溝口（1997）の記述に従ってこの3つの流れを見てみよう（図8.1）。

　体液心理学の源流は紀元前4世紀前後に活躍したヒポクラテスの体液病理学にさかのぼる。誤解をおそれず簡潔に述べれば，人間には血液，粘液，黄胆汁，黒胆汁の4つの体液があり，そのバランスが崩れると病気になる，というものである。体液心理学を完成させたとされるのは2世紀に活躍しギリシャ医学を集大成したとも言われるガレノスである（図8.2）。彼は，人それぞれで4つの体液のいずれかが気質を支配すると考えており，それが，多血質，粘液質，胆汁質，憂うつ質，という人間分類につながっていく。

　文芸論的性格学の祖はアリストテレスの弟子，テオフラストスであり，彼が著した『人さまざま』はもっとも古い個性描写の文献であるとされる。

```
体液心理学 ─────────── ヒポクラテス
                      『体液病理学』

文芸論的性格学 ───────── テオフラストス
                      『人さまざま』

相 貌 学 ─────────── アリストテレス
                      『動物誌』
```

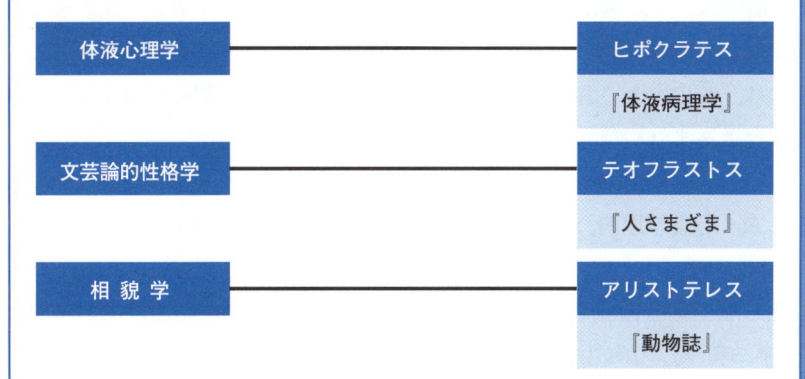

図 8.1　性格心理学の知的源流

図 8.2　ヒポクラテス（右）（紀元前 460 ～ 370 年ごろ）とガレノス（左）（中央はアヴィケンナ）(大村, 1990)

8 性格心理学の源流と成立

恥知らず，へそまがり，どん欲などという言葉でギリシャ庶民の人柄が描かれているこの本は，岩波文庫から刊行されており，現在でも簡単に読むことができるので読んでみてほしい（テオフラストス，1982）．

相貌学は，アリストテレスの『動物誌』をその源流とする．人間の個性の違いを，顔の違いから類推しようとする試みの始まりである．この書の中には「顔の大きい者は性格の卑しい人間」などという記述があるが，その根拠はあまり明確ではない．

8.1.2　心理学以前，性格心理学以前　その２；ちょっと前

「体液心理学」「文芸論的性格学」「相貌学」という考え方は，それぞれ変化しながらも命脈を保っていく．しかし，これらは決して既成の学問（神学や哲学）の内外でメジャーな領域にならなかったし，新しい学問領域をつくるだけのパワーも持ち得なかった．

性格に関する学問が成立するきっかけになったのは，ヨーロッパにおける生活の変化とそれに伴う「人間観」の変化であった．

英単語の MAN は男という意味の他に，人間，という意味がある．このことを逆から考えると，男だけ（ヨーロッパの一定階級以上の成人男性市民のみ）が「人間」だとされていたのだと言える．

女性は人間でなかった．などと書くと現代の読者からは怒られそうだが，これが当時の認識である．それが変わってきたのが 19 世紀ごろからなのである．子ども，狂人，犯罪者，異民族，といった人たちのことも「人間」として認識されるようになってきた，つまり人間という概念が拡大したのである（佐藤，1997a；図 8.3）．

社会史家・心性史家のアリエスによれば，子どもが「発見」されたのは 18 世紀ごろである．中世における狂人は魔女として焼かれるか，病院で鎖につながれていた．犯罪者は犯罪の付属物であって，犯罪者の動機などはまったく無視されて犯罪事実の大きさに従って処罰されていたし，刑の執行は見せ物でもあった．異民族を奴隷として使用できるという考えは，奴隷を自分たちの仲間としては見ていないことの現れだし，19 世紀末の万国博覧会では，各国の植民地の「原住民」が「展示」されて人々の好奇

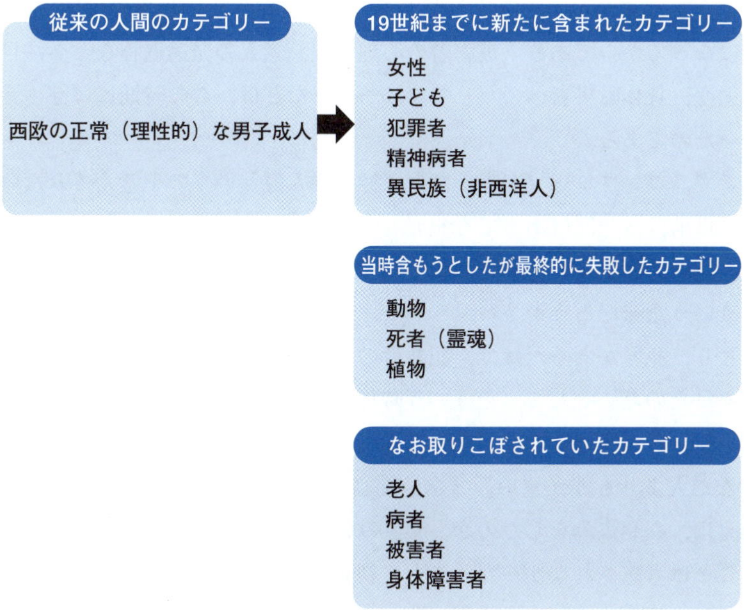

従来の人間のカテゴリー	19世紀までに新たに含まれたカテゴリー
西欧の正常（理性的）な男子成人 →	女性 子ども 犯罪者 精神病者 異民族（非西洋人）

当時含もうとしたが最終的に失敗したカテゴリー
動物
死者（霊魂）
植物

なお取りこぼされていたカテゴリー
老人
病者
被害者
身体障害者

図 8.3　19 世紀以降の人間概念の拡大

の目にさらされていた。

　ついでに言えば，この時期は死者や植物も人間として認めようという考えがあった。死者については，交霊術を行うことで交流を図り（図ったつもりになり，とも言えるが），死後の生活，などという題の本が出版されていたりもしたが，最終的には死者が人間概念の中に組み込まれることはなかった（佐藤，2000）。なお，こうして広がった概念にも含まれなかった人たちはいた。たとえば，老人や被害者などはこの時期の人間概念の拡大には含まれておらず，そうした人たちに注目が与えられるのは20世紀後半になってからである。被害者の心理過程，老人の発達過程などへ注目する態度，身体障害者へのバリアフリー対応などは，この時期には芽生えなかったのである。

　ここで，ロンブローゾが唱えた生来性犯罪人説というのを考えてみたい。
　それ以前は，犯罪はあっても犯罪者はいなかった，と言うことが可能である。犯罪者は犯罪の付属物の扱いだった。いても無視されていた。
　どういう意味だろうか？
　つまり，犯罪があるだけで，犯罪者のことなど考慮に入れないということがあったのだ。そして，そういう時代では結果責任というものが重視されていた。たとえば，窃盗。100万円のものを盗んだ人は，5万円のものを盗んだ人よりも罪が重い。まあ，妥当な考え方と思うかもしれないが，たとえば，なぜ盗みをしたのか，楽しみのためか生活に困ってか，などということは考慮されなかった。また，初犯と累犯の区別もなかった。極端に言えば5万円を10回盗む人の罪は100万円を1回盗んだ人の罪よりも軽かった。ところが，刑務所などで統計をとりはじめると，何度も罪を犯して刑務所に入ってくる人間がいることが分かった。そこで，ただ犯罪（結果）の大きさだけで処罰を決めることは好ましくない，犯罪人のあり方そのものに着目する必要があるということになってきたのである。こういった趨勢にのって，イタリアのロンブローゾ（図8.4）が考えだしたのが，生来性犯罪人説というものである。この説は表8.1のような3つの前提の上に成り立っている（瀬川，1998）。

　ロンブローゾ自身の意図はともかく，こうした前提を組み合わせると，

図 8.4　ロンブローゾ（Lombroso, C.）
（1836-1910）

表 8.1　生来性犯罪人説の前提 (瀬川, 1998)

1	犯罪者は犯罪を犯すように運命づけられており，人類学上の一変種。
2	犯罪者には身体的および精神的特徴があり，一般人と識別が可能。
3	犯罪者は人類の祖先（野蛮人）への先祖返りした者か退化した者である。

犯罪者がどのような人物であるかを外見から正確にとらえることができそうに思える。体型その他によって生まれつきの犯罪者かどうかが分かるならば非常に便利である。客観的に測定できるのであればさらに便利であろう。ただし，生まれつきの犯罪者であれば更正の可能性もないから，この世から消してしまえ，というような考え方にもなりがちである。そして，実際にそうした方向で影響力をもってしまったのである。当時の典型的な生来性犯罪人像を掲げる（図 8.5）。

ロンブローゾの説は現在では影響力を失っているが，当時において彼の説が影響力をもったのは，彼が臨床的調査を精力的に行い実証的データにもとづいて結論を導いたからである。彼の考え方の背景には，身体と精神の結びつきを強調するという意味で骨相学の影響があり，データにもとづく実証という意味で統計学の影響があり，犯罪を働く者が退化しており，排除もやむを得ないという意味で自然選択（優勝劣敗）説の影響を受けている。

骨相学とは，18 世紀にオーストリアの医師ガル（図 8.6）が，頭の形や隆起によって人間を理解しようと考えたもので，命名自体はその弟子にあたるスプルツハイムによる。この考えの基本は，頭の形は内部の器官の大きさや形の反映であるから，それを測定することで人間の性質の差異が分かるということにある。その後骨相学はイギリスのコームによって 19 世紀に最盛期を迎え，コームの骨相学は頭を正確に測定することを目指していた（上山，1994）。図 8.7 はスプルツハイムによって唱えられた，頭の各部分と性質の関連を示した図である。たとえば，鼻の付け根の部分は「個性を司る」部位であるとされていた。骨相学の価値は今日ではほとんど認められていないが，脳の機能局在説の先駆であるという評価がなされることもある。

さて，ロンブローゾの生来性犯罪人という理論は，刑法という学問の世界では，法判断の基礎を科学的測定に置くという意味で，非常に大きな新しい展開を見せたものとして歴史的意義を認められている。というのも，裁判官の主観ではなく，犯罪者の身体的データという，客観的な指標をもとに量刑を決定しようということが新しかったのである。

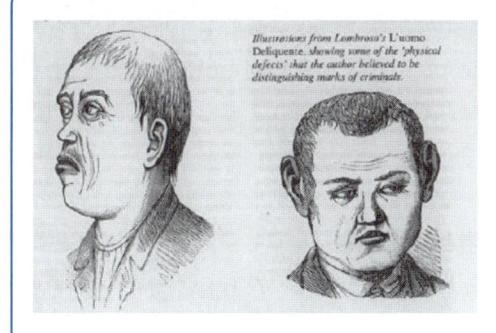

図 8.5 生来性犯罪人のイメージ (http://www.crimeculture.com/Contents/VictorianCrime.html)

図 8.6 ガル (Gall, F.) (1756-1828)

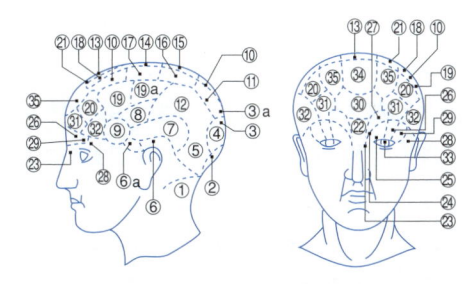

図8.7 スプルツハイムの骨相図 (大村, 1990)
【感情】①性愛, ②子ぼんのう, ③集中力, ③a 愛郷心, ④粘着性, ⑤闘争心, ⑥破壊性, ⑥a 食欲, ⑦寡黙, ⑧利欲心, ⑨積極性, ⑩自尊心, ⑪名誉欲, ⑫警戒心, ⑬慈悲心, ⑭畏敬心, ⑮剛毅さ, ⑯良心, ⑰希望, ⑱驚異, ⑲理想心, ⑲a 不確かさ, ⑳機知・陽気さ, ㉑模倣性
【知性】㉒個性, ㉓形態感覚, ㉔大小感覚, ㉕軽重感覚, ㉖色彩感覚, ㉗位置感覚, ㉘計数感覚, ㉙秩序感覚, ㉚予想能力, ㉛時間感覚, ㉜音調感覚, ㉝言語能力, ㉞比較能力, ㉟推理能力

⑧性格心理学の源流と成立

犯罪者が犯罪の付属物でしかなくて，犯した罪の大きさによって量刑がほぼ自動的に決まる場合には，個人に対する興味は必要なかった。そうではなく，その犯罪者がどのような人なのかを知る必要が出てくると，個性への興味，性格への興味が噴出せざるを得なくなり，またその客観的把握への要請が大きくなってきたのである。

8.1.3　精神病理学・精神分析学と性格理論

それまで悪魔・魔女として見られかねなかった人たちを「病人＝精神病者」としてとらえ直そうという機運が起きたのは18世紀末のことである。このことの背景には人権思想などさまざまな要因が絡んでいるが，ここではあくまでも人間観の変化という枠組みでとらえると，前述のように「狂人」はやっと人間扱いされるようになり，治療や処遇について「人間として」扱われるようになったのである。精神医学が医学の一分野として地位を築くようになると，精神病という概念も整ってきた。

近代精神医学の父と呼ばれるクレペリン（図 8.8）は二大精神病というカテゴリーを作った。**統合失調症**と**躁うつ病**である。統合失調症は，最近まで精神分裂病と呼ばれていたが，日本精神神経学会が家族会などの意向を受けて変更を計画していたものであり，2002年に変更することを決定した。ちなみに，クレペリンは早発性痴呆と呼んでいた。

クレペリンは，近代心理学の祖，ヴント（図 8.9）の教えを受けたこともあり，実証的に精神の問題を扱おうという気概を持っていた。客観的方法によって精神の問題を検討するというのは当時の学問全体における一つのムーブメントだったのであり，その中の一つのエピソードとして近代心理学の成立を考えることができる。

精神病という概念は，2つの側面で性格概念と関係がある。一つは病前性格であり，もう一つは精神病質である。

病前性格は，文字通り，精神病患者の発症前の性格を記述する概念である。たとえばクレッチマーは，4,000人ほどの精神病者について研究し，まず体格との関係を調べている。有名な性格と体格の研究である。その後，さらに考えを進め，統合失調症，躁うつ病の遺伝圏にある性格傾向をそれ

図 8.8　クレペリン（Kraepelin, E.）
（1856-1926）

図 8.9　ヴント（Wundt, W.）
（1832-1920）

ぞれ分裂気質，循環気質と名付けている（図 8.10）。一方，精神病質は，後の人格障害につながる考え方で，精神病と正常状態との中間を示す概念である。シュナイダーの説などがある。

ただし，クレッチマーの類型説はその妥当性に疑問符が付けられており，今日では学説史的意味のみが残っている（藤井，1992）。

なお，魔女とされがちなヒステリー患者を「神経症」ととらえたのはフロイト（図 8.11）の精神分析であった。もちろん，フロイトだけがそう考えたわけではないが，「魔女」に代わる説得力のあるカテゴリーとして「神経症」という代替案を提唱した功績は大きい。

意識することを妨げる，つまり，抑圧という機構が働くと，人は神経症的になるとフロイトは考えた。彼の発想はそれまでの考えとはまったく異なる「逆転の発想」だったと言える。それは「無意識」という「無いとされるもの」を視野に入れて考えた点と，ヒステリーなどの症状が実は適応のためのメカニズムではないかと考えた点と，2つの意味でまさしく逆転の発想であった。

神経症患者の症状は非常に辛そうである。どこかが悪いから，あるいは悪魔にとりつかれたから症状が発生するというのが普通の発想だろう。たとえば，ヒステリーという言葉の原義は子宮に関連したものであった。つまり，子宮が原因であるというように身体のどこかに原因があるという考え方もあったのであり，ヒステリー患者の子宮を摘出する手術が行われたりしていたのである。当時，ヒステリーは女性に多いとされた。女性だけが持っているものといえば子宮。だから子宮が原因だろう。と，これほど単純ではないだろうが，こうした思考が学説として受け入れられて治療としての子宮摘出が行われていたのである。

しかしフロイトは，現実の生活がつらく厳しいとき，そのことに直面することを避けるために「防衛」という心的メカニズムが働き，それこそが症状なのだ，と考えたのである。フロイトが活躍した19世紀末のウィーンでは，首から下の器官の名前を人前で呼ぶことさえも下品なことだとされており，女性はとくに性的なことを表現することができなかった。そういことを表現できないからこそ，性的なことで問題があるとしても，防衛

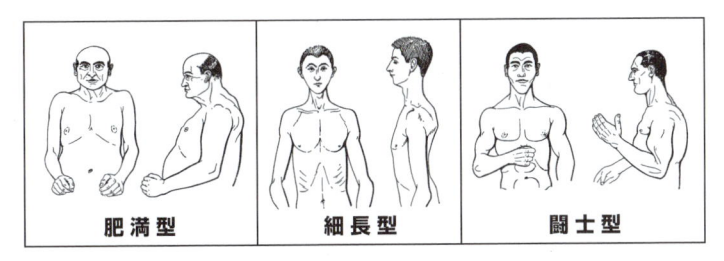

図8.10　3つの体格型（クレッチマー，1955）

肥満型　　細長型　　闘士型

図8.11　フロイト（Freud, S.）
（1856-1939）

8 性格心理学の源流と成立

機能が働いて神経症の症状として現れると考えたのである。

精神分析には，治療を行うという意味での精神療法的側面，症状発生の原理を探究するという意味での精神病理学的側面，個人の心理の差異や発達を理解するという意味での発達心理学的側面があった（**表 8.2**）。フロイトが治療を通じて到達した「汎性欲説」は，人間の発達段階や成人の個性を説明する性格理論としても影響力をもつに至った。

なお，フロイトの説を今日の目で見ると，父権主義的かつ女性蔑視的な点が気になる場合もある。しかし，その時点の目で見るなら，人間扱いもされなかった女性の精神障害に対して科学のメスを入れた点や，性行動や性欲のもつ意味について開かれた議論を可能にしたことは評価されてよい。人間発達において生後の養育環境を重視したことは，それ以前に優勢だった遺伝にもとづく説明とは異なるものであり，人間の可能性を開くものとして，新大陸アメリカで受容されたのである。**図 8.12** は，フロイトがクラーク大学総長の心理学者ホールの招きに応じて行われたカンファレンスの際の記念写真である。この講演をきっかけにフロイトの説はアメリカに受容され，それが日本にも影響したのである。

8.1.4　差異心理学，個人差心理学

人間の個人差が学問の対象，とくに科学の関心をひくようになったのは19世紀の初頭であった。天文学の分野において，星の子午線通過時刻を記録するという仕事がある。ある技官の記録が所長の記録と異なるという理由で解雇されるという事件が起こった際に検討してみると，個人の「反応時間」には差があり得ることが認識されることになった。これはヴントなど当時の心理学者の関心をひき，「個人方程式」が作られるようになった。

そのころ，イギリスには「数量化の使徒」と呼ばれるゴルトンがいた。進化論を唱えたダーウィンをイトコにもつ彼は，天気図における等圧線の考案者であり，また，指紋が個人ごとに異なることに着目して体系的な個人識別法を作り上げた人でもあった。その彼の関心は，知能や性格といった面の個人の相違にあった。彼の関心は主に知能の個人差研究へとつなが

表 8.2　フロイトの精神分析学説の 3 側面

精 神 療 法……精神病・神経症の治療
精神病理学……精神病・神経症の原因論
発達心理学……発達や個人差のメカニズム理解

図 8.12　フロイトのアメリカ講演（1909 年）の記念写真（クラーク大学蔵）
中央がホール。向かって右がフロイト、ユング、メイヤー。

っていく源流となった。とくに，相関という概念によってである。

ゴルトンは人間のさまざまな側面を測定して数値化することを望んでいた。1884年（明治17年）にロンドンで行われた万国衛生博覧会においてゴルトンは，人間についてさまざまな測定を行う機械を作製し，有料で多くの人を測定して多量のデータを得ることに成功した。彼が測定したのは，身長，体重といったものに加えて感覚の鋭敏度のような心理的変数も含まれていたし，親子のデータをセットでとるということも行われた（佐藤，1997a）。彼は，莫大な量の変数データから，たとえば2つの変数の関係を見るときには，変数同士の共変動に着目すべきだと考えて，相関という概念にたどり着いたのである。この概念はやがて多変量相関へとつながり，主成分分析，因子分析と連なって，心理学全体に大きな影響を与えることになる。

8.1.5 日本の性格心理学前史

では，日本での性格への興味はどのように展開したのだろうか。日本にとって，たいていの近代的学問は明治維新後に輸入摂取した学問であるから，正式な意味での前史というのは心理学の場合も存在しない。だが，人間の個性に注目していた理論や著作がまったく存在しなかったわけではない。

まず，戦国時代には『人国記』があった。その土地の風土との関連でそこに住む人々の価値観や気風などを解説したものである。現在でも，東北の人は××，関西人は〇〇，などということが説得力をもって語られることがあるくらいである（4章参照）。交通機関が整備されておらず，人々の交流が乏しかった時代には，現在よりもその土地土地で人の特徴が色濃く出ていたとしても不思議ではない。なお，こうやって考えてみると，現在では多様に見える世界中の国々の人々の気風も，交流が盛んになって地球が1つの国家のようになれば解消されていくという展望を持つことができる。

同じく戦国時代には，武士のタイプを6種類にわけて解説した書『甲陽軍艦末書結要本』が著されている。甲斐の国（今の山梨県）で勢力を誇っ

図 8.13　小幡勘兵衛（大村，1990）

表 8.3　小幡勘兵衛による武士の 6 類型（大村，1990 による）

沈着型の人……落着いてはいるが，どうかすると油断の人となる。
敏捷型の人……きびきびとすばやく行動するが人から軽く見られる。
重厚型の人……威厳があってどっしりしているが，仕事が遅くなる。
軽快型の人……身軽な反応をするが，周章（あわ）てものと思われやすい。
粘着型の人……粘り強いけれども埒（らち）が開かない，締めくくりがない。
剔抉（てっけつ）型の人……才気ある人であるが，うっかりすると途方もなく喋りまくる。

た武田軍団の軍学者小幡勘兵衛（図 8.13）が著者だと推定されている（表 8.3）。

　日本に限らず東洋という観点から目を中国に広げてみると，三国時代に劉邵が著した『人物志』がある。黒田（1948）がその著書『支那心理思想史』において「類型学若しくは性格学の先駆」としてとりあげている（図 8.14）。この書はまた，シュリオックによってアメリカで紹介されてもいるという（Shryock, 1937）。

　なお，ここで日本語としての人格と性格について若干の説明を試みておくと，「人格」は明治期の哲学（とくに倫理学）界で personality の訳として登場したようであり，その後で「性格」が character の訳語として使われたようである。

　日本に心理学が受容され，定着し始めたのは明治の中期以降である。当時の心理学は主として，教員養成の基幹科目として，また，哲学の1つの分科として取り組まれていた。前者においては子どもの発達や人間の感覚・知覚の働きについて理解することが重要だとされた。後者においては人間の意識のあり方や感覚について実験的に研究することが重要だとされた。さて，日本で最初の心理学者は元良勇次郎という人物である（図 8.15）。彼は，アメリカのホールのもとに留学していたこともあって，発達や性格の領域にも関心を持っていた。また，二重人格という現象に興味をもっていた。しかし，この時期には日本で性格心理学の研究がなされることはほとんどなかったと言ってよい。

8.2　知能と性格（永遠の交絡関係）

8.2.1　知能と知能検査（心理検査の本質）

　性格の本なのに知能の話が出てくるのは変だと思う人もいるかもしれないが，性格と知能は2つの面で関係がある。一つは，概念定義の問題，すなわち，知能と性格という概念の内容の重なりに関すること，もう一つは，心理的なものを「測定」「検査」するときの方法論の問題である。ここではまず前者に焦点を当てよう。

図 8.14　黒田　亮の著書
　　　　『支那心理思想史』

図 8.15　元良勇次郎
　　　　（1858-1912）

知識・学業の評価と性格など学業の成果以外の評価をどうするか，という問題は今に始まったことではない（佐藤，1997b）。知的な面だけを評価することに対する批判は古くから存在し，それを解決するために性格などを評価する試みも常に行われていた。

　古くは1890年（明治23年），森　有礼が文部大臣だったときに，人物査定（表8.4）が導入された。学業だけでなく，人物も査定するというもので，卒業証書に人物「成績」も記されたものだから，教師―生徒の信頼関係などさまざまな混乱を引き起こすことになり，わずか2年で終わってしまった。学校から「人物劣等」などという証書をもらうのであるから，憤る生徒たちの気持ちはよく分かる。

　そこには，学業以外の評価への素朴なあこがれ（学業はダメでも人物は良いはずだ）があったと思われるが，いずれにせよ，それが果たされなかったために大きな不満が起きたのである。

　つまり，ここで期待されていたのは，実は学業成績と負の相関をするような評価だったということがわかる（図8.16）。学業成績はダメでも人間としては優れていると思われたい，そう期待する人がいるのは自然である。ところが，実際には成績のよい生徒は光背効果（p.175参照）その他により人物も望ましく見えてしまうため，学業も人物も高い評価を受けることが多かった。そもそも，教室という場の中では，授業を理解して先生の言うことをよく聞く，すなわち手のかからない子の性格が良く見えてしまうのは当たり前のことである。しかし，こうしたさまざまなバイアスについての理解が当時はなかったため，学業面と性格面の両方で良い評価を得る者と，両方で悪い評価を得る者という二分化を招いてしまい，かえって学校や教師を恨む者さえ出たのである。概念的には独立した異なる2つの評価軸が，ある一定の状況の下では交絡しているという問題は，学校における知能と性格評価のみならずどこでも起き得ることであろう。そして，今ここで言及した性格評価の問題は現在でも克服されているとは言えない。このことは後で扱うことになる。

　1927年（昭和2年）には，文部省から「児童生徒の個性尊重及職業指導に関する件」という訓令が出された。大正期に問題化した受験競争など

表 8.4 人物査定の標準（天野, 1989）

東京府……行状, 志操。
長野県……品行, 才幹, 勤勉。
青森県……行状, 気質, 品行, 容儀。

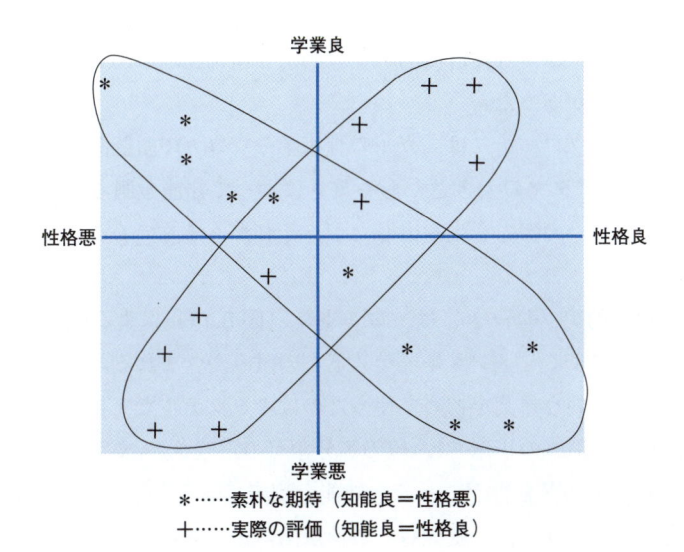

図 8.16 知能と性格の関係：素朴な期待と実際の評価

＊……素朴な期待（知能良＝性格悪）
＋……実際の評価（知能良＝性格良）

を緩和するために，生徒一人ひとりの個性をよく把握して適切な進路を指導せよという内容である。これに伴いさまざまな検査がつくられ研究も行われた。しかし，太平洋戦争へと向かっていく時局の逼迫と軌を一にするように，個性は顧みられなくなっていった。そして，1937年（昭和12年），文部省から出された『国体の本義』では，個性を目標とする教育は「我が国教育の本質に適わ」ないものとして切って捨てられることになった。

8.2.2 知能検査と性格検査

知能を客観的にとらえようとする試みは19世紀中ごろから行われるようになった。近代心理学の一つのメルクマールが，ヴントによる心理学実験室の創設（1879）であるとされることからわかるように，実験的手法によって人の心を扱うということが盛んになり，「知能」についても同様な手法でとらえようとしたのである。

こうした志向には，身体計測的アプローチと精神物理学的アプローチという2つの系統があった。

身体計測的アプローチには，ガルの骨相学やブロカの頭蓋計測学が含まれる（前述）。アタマの大きさや形や重さによって知能を測ろうとする試みは滑稽なくらいの努力を生み出したが，それがうまくいくことはなかった。

精神物理学的アプローチには，ゴルトン（図8.17）による感覚の実験やキャッテルによる「メンタル・テスト」の試みが含まれる。実際，メンタル・テストという言葉を初めて使ったのはキャッテルであり，彼は，握力測定，重量弁別（の正確さ），線の等分割（の正確さ），文字の記憶，といった小さいテストを行うことで，知能が測定できると考えたのである。なぜ握力か，というと，一度握って数値が出た後，さらにそのまま握ることで大きな数値が出せる人は「意志が強い」のだから知能も高い，と考えたのである。初期のこうした知能検査においては，知能の概念が非常に広いものであり，また要素主義的であった。それゆえに失敗したと言えるであろう（図8.18）。

知能検査というのは，こういった学問的な好奇心からではなく，現場の

図 8.17　ゴルトン（Galton, F.）
（1822-1911）

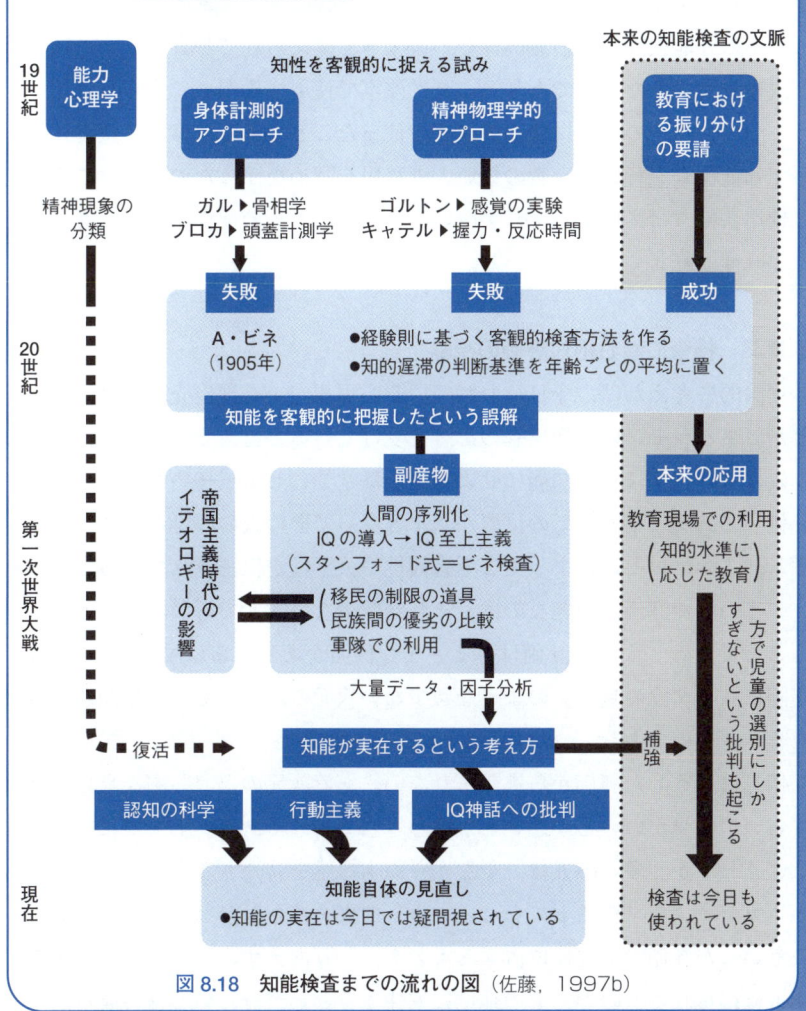

知能検査までの流れ

19世紀

- 能力心理学
- 知性を客観的に捉える試み
  - 身体計測的アプローチ
    - ガル ▶ 骨相学
    - ブロカ ▶ 頭蓋計測学
    - → 失敗
  - 精神物理学的アプローチ
    - ゴルトン ▶ 感覚の実験
    - キャテル ▶ 握力・反応時間
    - → 失敗
- 本来の知能検査の文脈
  - 教育における振り分けの要請
  - → 成功

精神現象の分類

20世紀

A・ビネ（1905年）
- 経験則に基づく客観的検査方法を作る
- 知的遅滞の判断基準を年齢ごとの平均に置く

知能を客観的に把握したという誤解

本来の応用 → 教育現場での利用（知的水準に応じた教育）

第一次世界大戦

副産物
- 人間の序列化
- IQの導入 → IQ至上主義
- （スタンフォード式＝ビネ検査）

帝国主義時代のイデオロギーの影響
- 移民の制限の道具
- 民族間の優劣の比較
- 軍隊での利用

大量データ・因子分析

‥‥復活‥‥▶ 知能が実在するという考え方 → 補強

一方で児童の選別にしかすぎないという批判も起こる

現在

- 認知の科学
- 行動主義
- IQ神話への批判

知能自体の見直し
- 知能の実在は今日では疑問視されている

検査は今日も使われている

図 8.18　知能検査までの流れの図（佐藤，1997b）

⑧性格心理学の源流と成立

要請によって生まれてきた。そのアイディアはフランスの心理学者ビネ（図 8.19）によって生まれた。当時のフランスでは遅れのある子には特殊な教育を提供することが必要だと考えられており，ビネは小学校に進学する際の子どもたちの遅れを検出するための信頼できる検査を作ろうと考えたのである。彼は医学生のシモンと協力して，1905 年に知能検査を完成させた。これは個人式のもので，検査者が子どもと一対一でやりとりしながら子どもを見るためのものであった。

　ビネの知能検査作成の意図はその後大きく変えられてしまう。一つは集団式検査ができたことであり，これは陸軍で使用するために作られた。もう一つは，移民の選別に個別式検査を使ったことである。移民希望者に対して知能検査を行い，点数の低い人の移民を認めなかったのだが，こうした使用法は，ビネによるより手厚いサービスのための検査，という考えとは 180 度逆転してしまっている。

8.2.3　検査に潜む相対評価の視線

　理論的に考えれば，今日行われている心理測定・心理検査の類はほとんどがビネとシモンの知能検査の影響を受けていると言える。そして，その本質は——性格にせよ知能にせよあるいは学業にせよ——いわゆる「相対評価」である。集団内での位置が基本となってその人の評価が下されているし，このプロセスによってこそ客観性や公平性が保証されている。

　こういった評価が問題なのは，それが数少ない次元で行われているということである。人間の評価はさまざまな側面があり得るはずであるのに，実際に「アタマの良さ」のような数少ない次元で評価することは問題視されるべきなのである。

　個人はそうした評価から逃れられない。ある次元の上で，あなたはこれくらいアタマがいいとか悪いとか思わされるわけである。トップにいる人はごくわずか。多くの人は，少なからぬ劣等感を持たざるを得ない。それがネガティブなプライドになっていき，他人を蔑む源泉となる。その一方，こういった評価で上位に位置するものも，とりあえずのポジティブなプライドは得られるものの，その地位に安住することが難しい。常に競争的に

図 8.19 ビネ（Binet, A.）
（1857-1911）

ビネの考え		その後の改善
個別式 臨床的 教育，援助	➡	集団式 測定的 診断，制限

図 8.20 ビネの意図の歪曲

8 性格心理学の源流と成立

なっていなければならない。相対的な位置こそが評価の源泉だからである。

学業に関しては相対評価のゆえの悲喜劇がある。たとえば，高校。進学校に進学した生徒が，進学校の生徒の中の相対的地位が低いことを悲観してしまうことがある。その一方で，そうではない高校に進学した者の中で，相対的地位が高いことで学業に意義を見出す場合がある。また，たとえば受験勉強などのように，多くの人が一斉に勉強をして実力がついている場合には，絶対的な意味では知識も増えて賢くなっているのに，相対評価であるために，「実力が伸びていない，もっとガンバレ」などと言われてしまう場合がある（図 8.21）。

相対的な評価以外に何かあるのか？ と思う方もいると思うのでいくつか例を挙げれば，たとえば陸上競技のタイムトライアルがそうであるし，学業でも常用漢字をいくつ書けるか，などが絶対的な評価ということになる。こういった評価の場合，他人がどうであるかとは別問題として，自分はこうなんだ，というプライドがもてる（逆に，自分はこれしかできない，と落ち込むことにもなるのだが……）。

8.2.4　一望監視装置としての心理検査

知能検査の結果は**知能指数**（**IQ**）として算出されるが，これは単に数字で表されるという特徴があるだけではない。IQ 算出者，検査をする側が一方的に多くの人の IQ を知ることができるのに，される側は自分の IQ さえも教えてもらえないという不均衡な関係が存在することを指摘しなければならない。

このような関係を示すのに格好な概念が，一望監視装置（**パノプティコン**）である（図 8.22）。パノプティコンとは，ベンサムが考え出した「理想」の監獄のことで，半円（扇）の真ん中の部分に看守がいて，囚人の背後から光が当てられているような監獄である。これが，誰にとって「理想」なのかといえば，もちろん管理する側にとってであり，なぜ「理想」なのかといえば，囚人からは看守を見ることができず，いつ見られているか分からないので，結果としていつも見られているような心持ちとなり，常に居住まいを正していなければならないからである。

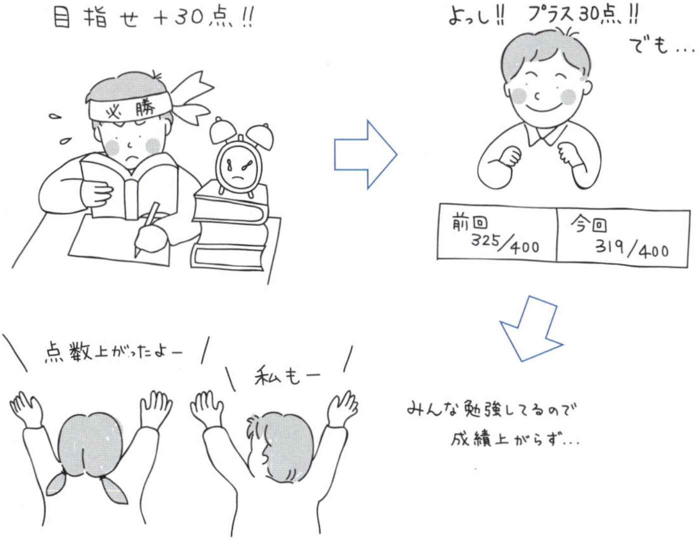

図 8.21　受験における「実力」のパラドックス

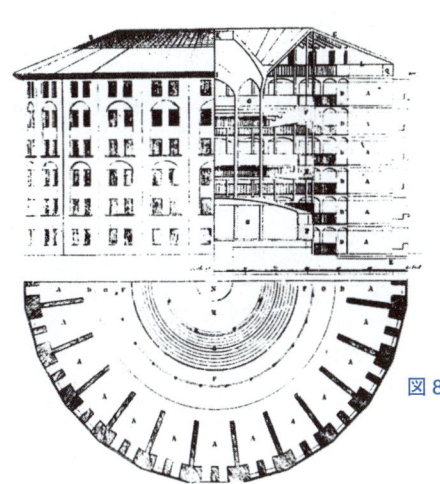

図 8.22　ベンサムによるパノプティコンの設計図
（フーコー, 1977）

大学で心理学を学び，後に哲学者となったフーコーは，試験・テストがパノプティカル（一望監視的）な構造を持っていると主張した。知能検査もパノプティカルだろうか？　そうだとしたら心理検査もパノプティカルだろうか？　普通のテストの場合，全員が100点であっても良い場合がある。たとえば，中学1年生のときの英語のテストなどがそうである。成績にばらつきがでなくても良い。だが，知能検査は違う。知能検査の項目というのは，全員ができるものでは仕方ない。相対的な評価が意図されている。そして，検査をされる側は，何のために検査がなされるのか分からないし，結果も返ってこない場合がある。IQという指標において自分がどの位置にいるかさえも分からないのである。検査する側は，検査する意図を隠すことができ，そして，自分たちだけで一方的に結果を利用できる。このような関係はまさにパノプティカルなものであると言えるだろう。

　知能検査というのは，客観的，ということが強調されるが，そこに潜むまなざしにも注目する必要があるだろう。

● **参考図書**

佐藤達哉　1997　知能指数　講談社現代新書
　　知能測定や知能指数の成立の様子がわかる。
サトウタツヤ・高砂美樹　2003　流れを読む心理学史　有斐閣アルマBasic
　　知能や性格の問題を心理学史の文脈に着床してみるには好適。
瀬川　晃　1998　犯罪学　成文堂
　　著者は法学者。犯罪学全体を見渡せる好著。

コラム　学校でボランティアを評価すること

　学校におけるボランティアの評価ということについて考えてみたい。かなり驚くべきことに、ボランティア活動に従事したかどうかが点数化されて入試選抜の時に一定の重みをもつということが行われる場合があるという。

　こういう考えはどこが問題なのだろうか？　すでに述べたことと重複するが、たとえばボランティアをすることが単なる手段、入試のための手段にすぎないと認識されることになれば、入試が終わればハイそれまでよということになる。ボランティアは単なる手段にすぎないのである。ボランティアの重要な側面は、他者のために有用であること、非営利的であることと、自発的であること、といった面があると思うが、自発的には決して行われなくなってしまう。

　ところが、なぜボランティアをする人間に点数が与えられるのかといえば、それは、お金もとらずに他人のために役立って偉いから、というよりもむしろ、他人の困っている点に気づいて他人のために役立つ活動をしているから、というものであろう。そして、そういう活動をする根底には、ある種の「良き人間性」が仮定されているのではないかと考えられる。ボランティア性と言ってもいいかもしれないが、そういうものが仮定され、それが今後（入学後）も何らかの良い影響を生み出すと考えられるからこそ点数化されるはずである。たとえば、学業成績が入学後の学業を予測しないということはあり得ない。良い点数の人間は、その後の学業もそれなりに芳しいと予測するからこそ、合否を点数で決めているのである。

　ボランティアを点数化して入試に反映させることは、実施者にとっては学業以外の評価を加えることになるのかもしれないが、受験者にとってはボランティアの学業化ということに他ならない。

　入試のキーポイントが学業である以上、何かを加えるということが救済にはならない。むしろ、「やらなければならないこと」が増える、つまり、監視されることが増えることに他ならないのである。

性格心理学の展開 9

　性格心理学は，知能検査の成功の影響と，軍隊における性格把握の必要性の影響を受けてさらに発展することになる。また，精神病と性格の関係などを関連づける理論として類型論が勃興し，質問紙調査の結果処理法の進展を受けて特性論的性格論も進展した。血液型気質相関説と呼ばれる類型論や森田療法などが日本で開発されたのもこの時期である。前者は残念ながら否定されるに至ったが，世界的に性格に注目が集まっていることの現れでもあった。第2次世界大戦後に現れたオルポートは折衷的な立場から性格の定義を試みたが，その後も性格心理学は展開し続け，行動主義的立場から人間主義的立場まで色々な試みが行われている。近年では精神科診断基準に人格障害の診断軸が採用されており，人格障害に関する研究も進んでいる。そうした展開について見てみることにする。

9.1 性格検査の自立からオルポートの性格心理学まで

9.1.1 2度の世界大戦と集団式心理検査

　第1次世界大戦は，心理学にとっても大きな事件であり，とくに知能検査にとって大きな事件であった。すなわち，アメリカでは多くの心理学者が協力して，陸軍における人員振り分けのための知能検査を開発したからである。

　ここにおいて知能検査は個別式から集団式へと大きな変化を遂げた。かつてはこの変化を進歩や改善と述べていた人もいるが，現在の視点からするとそれほど単純ではなく改悪だと言うことも可能である。なぜなら，ビネは知能検査を単なる「測定結果算出マシーン」として作ったのではなく，1対1で子どもと向き合う中で子どもの様子をとらえることができるようにと作ったからである。集団式の知能検査では，検査の施行者が全員を細かく見ることは不可能であり，結果として数値のみに頼ることになる。数値に頼るのが好ましくないのは，数値には非常に強力な1次元性が存在するからである（1より2のほうが大きい，7は8より小さいということを意識せずにはいられない）。

　さて，軍隊で使用された知能検査ではあるが（図9.1は日本，図9.2はアメリカでの様子），知能検査の結果だけでは，優秀な兵隊を選別することが不可能であることも明らかになった。いくら頭脳明晰でも，いくら身体頑健でも，感情的な障害を抱えていたのでは，戦場で（戦場以外でも）力を発揮することはできない。そこで，「個人票（Personal Data）」という名の集団式アンケートが開発された（Woodworth, 1919）。ミネソタ大学精神神経部門に勤務していたハザウェイ（Hathaway, S. R.）がミネソタ多面人格目録（MMPI）を開発するのもこの時期のことであるが，MMPIの展開については戦後の項（9.2.1）で扱う。

9.1.2 偉大なる折衷家・理論家オルポートの性格心理学

　性格に関する研究や理論が花盛りになったころ，アメリカにオルポートが現れた（図9.3）。彼は主として，その人らしさ＝個性を重視する性格

図 9.1　日本の軍隊での知能検査実施の様子（『テスト研究』（1924）より）

図 9.2　アメリカの軍隊での知能検査実施の様子（アメリカ国立文書資料館蔵）

理論をうち立てているが，性格という概念それ自体についても包括的な書誌学的研究を行っている。

パーソナリティ（英；personality，独；Personalichkeit，仏；personalité）という語はいずれもラテン語の persona から派生した語であり，オルポートはこのペルソナという語からパーソナリティということの意味を考えた。

まず，①偽りの外観・見かけの姿，という意味があり，②劇で演じられる役という意味もある。これらはどちらかというと外からの視点であるが，③として個人的性質の集合としての俳優の真の自己，という意味もある。④として重みと尊厳という意味があり，これはローマの階級制において法的な権利義務を有する人とそうでない人がいるということに由来する。そして④に関連して，（奴隷ではなく）⑤自由市民，⑥制度の代表者，⑦牧師，⑧貴人・名士，という意味がある。その他，⑨として文法上の人称という意味が②から転用された。これらを図で示すと図 9.4 のようになる。私たち日本人にとってはなじみにくい面もあるが，persona にはこれくらいの意味があるということから，オルポートは性格について考えようとしたのである。

オルポート（1937）は，これらの 9 つの意味を起点にして，神学上の意味，哲学上の意味，法学上の意味，などをそれぞれ書誌学的に検討していくのであるが，ここでそのすべてを紹介することはできない。オルポートが心理学上の意味として考察した内容を見ていこう。

ここでオルポートは図 9.4 の③を起点にして考察を深めている。

ペルソナという語は「外から見たときの見え方」という意味が優勢であるが，オルポートはそのような考え方を支持したわけではない。

彼は最終的に以下のような定義を用いることが心理学にとって有用であると述べている（オルポート，1937）。

パーソナリティは，個人の内部にあって，環境へのその人特有な適応を決定するような，精神物理学的体系の力動的機構である。

図 9.3　オルポート（Allport, G. W.）
（1897-1967）

ペルソナ

3
俳優そのもの，個人的性質の場合

42
属性の総和
（一般的な定義）

43
属性の構成あるいは結合（全体的あるいは形態的）

45
構造化の水準(階層的)

46
適応の様式
（適応）

47
ある個人を他から際立たせる特色
（弁別的）

44
個別的な属性の統合

48
行動の型
（副詞的）

49
人が現にあるところのもの（生物物理的）

50
個人の内部で，環境への彼独自の適応を決定するような，精神物理学的体系の力動的機構

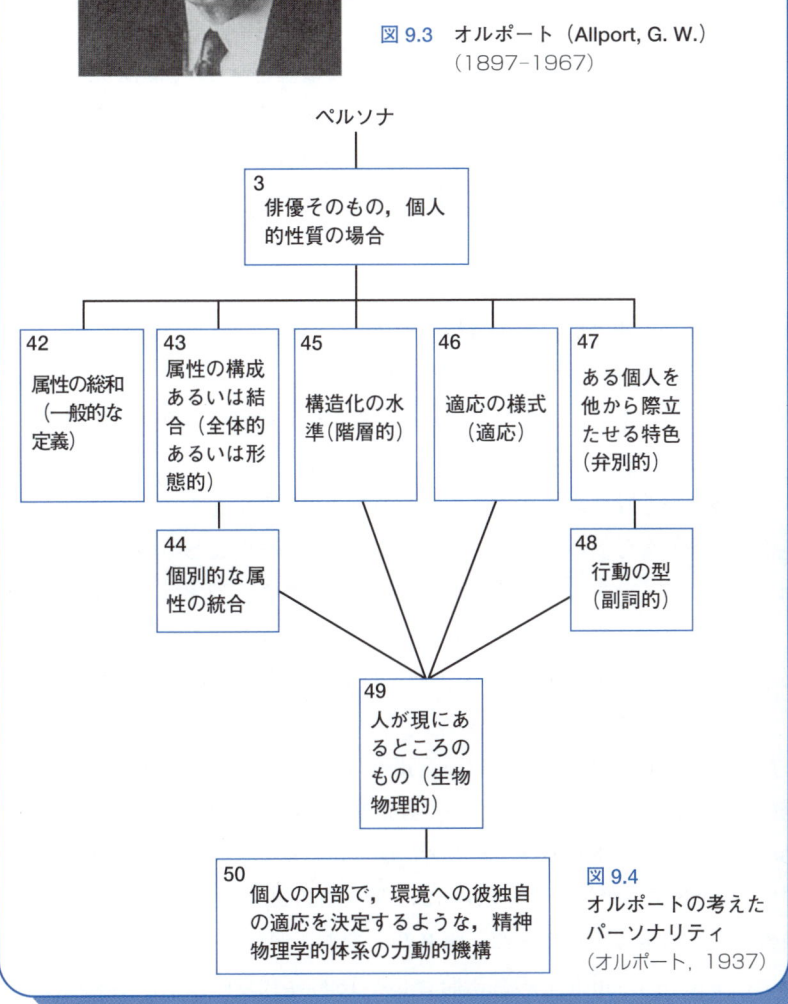

図 9.4　オルポートの考えたパーソナリティ
（オルポート，1937）

[9] 性格心理学の展開　　**247**

彼はこの定義について，少しでも誤解をなくすために，定義文のいくつかの単語について自ら解説を行っている。たとえば，「力動的」という語は活動的なメカニズムであることを示すために選択され，また，崩壊という過程をも視野に入れているとされる。また，「決定する」という語については，性格が行動とか活動と同義ではないこと，ましてや行動・活動が誰かに与える印象でもないことを示しているとする。性格は「何か」であり「何かをなす」ものである。彼は，性格は特定の行動の背後にあって，個々人の内部にあるものとして考えていると明確に解説している。

このようにして成立したオルポートの定義は盤石なものに見えたが，次章で扱うように反論を受け，それがもとになって論争となり，さらに新しい性格概念へとつながることになった。学問の進展というのはそういうものである。だが，その前に戦前期における日本の性格心理学の様相についても見ておこう。

9.1.3 戦前期までの日本の性格心理学

日本では大正時代になると，都市中間層が形成されるようになり，いわゆる「大正自由主義」的な風潮のもと，個人を尊重する雰囲気が醸成された。より高度な教育を受けたいと願う人たちが受験に力を入れるようになり，試験地獄と呼ばれるようになったのもこの時期である。ここに至って，性格や知能を含む個性を科学的に把握するための学問としての心理学への期待が高まっていった。明治期に日本に導入された心理学は，ドイツのヴントを中心とする実験心理学であったが，ヴントが気質論を提唱していたこともあり（図9.5），明治・大正期にはいくつもの気質論が紹介されていく素地をもっていた。

岸本（1935）の『我国に於ける応用心理学書』によれば，「個性・個人差の心理」に分類される心理学書が大正期中ごろ以降昭和初期にかけて爆発的に増加しているという（たとえば図9.6）。ここでは新たに Webcat を用いて 1868 年（明治元年）から 1945 年（昭和 20 年）までの本について検索してその推移を見てみた（図9.7）。なお，個性という語は「individuality」「Individualität」の翻訳語として 1890 年代以降日本に登場したの

	感情が強い	感情が弱い
感情の変化が速い	胆汁質	多血質
感情の変化が遅い	黒胆汁質	粘液質

図9.5　ヴントの4気質説

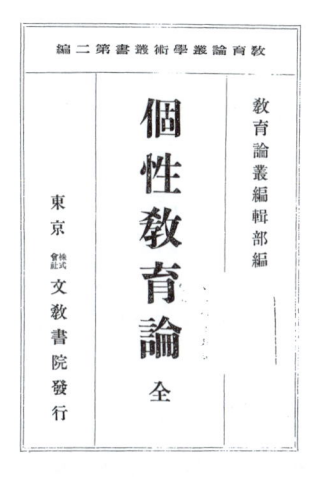

図9.6　『個性教育論』表紙

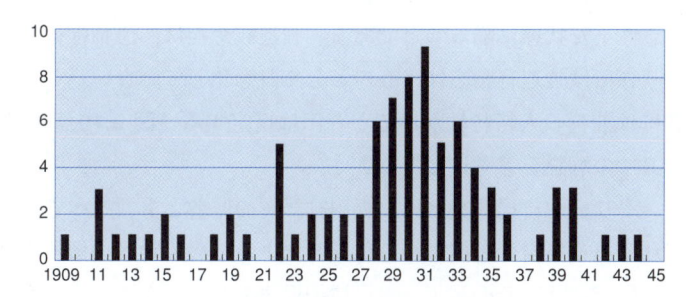

図9.7　日本でタイトルに「個性」が含まれる本の出版点数（1909～1945）

だという（星野，1997）。

戦前期の日本における性格心理学において注目すべきものをいくつか挙げるなら，森田神経質学説，血液型気質相関説論争，内田―クレペリン検査の作成であろう。

森田神経質学説は，精神医学者森田正馬（図9.8）によって唱えられたものである。独自の性格理論というよりは，日本独特の精神療法として知られる森田療法の開発の途上で進展してきた性格理論である。森田は神経衰弱と呼ばれる現象の治療に取り組み，大正時代中ごろから神経質という概念を定義することで彼自身の学説と療法を推進させたのである。森田は東京帝大医科大学で呉　秀三のもとで精神病学を学んだ。大学院進学後は精神病学の他，東京帝大文科大学において心理学をも学んだ。元良勇次郎からは精神物理学を，福来友吉からは催眠心理学を学んだと思われる。彼の専攻は精神療法であり，初期には統合失調症患者の作業療法などに取り組んでいた。神経症については，ヒステリーと神経質の2分法を唱え，当時主流となっていた生理的要因説に対して心因説の立場をとっていた。

森田は神経質という概念を明確することによって，彼自身の精神療法の適用範囲もまた明確にした。彼の神経質概念は最終的に3つの病型に分類されることになった（近藤，2001；図9.9）。

普通神経質は自身の生理的現象や体の変化などに対して敏感でありそれに執着することである。かつての神経衰弱であり，今で言うと心気症に近い。発作性神経質は不安発作や浮動性不安（漠然とした色々な不安が現れる）など急性不安状態に陥ることである。強迫観念症は，恐怖症のようなものであり森田は強迫行動を伴うものとして概念化していない。こうした神経質者には独特の人格特性があると森田は描定する（図9.10）。同じく近藤（2001）の解説を参考にしてみよう。

ヒポコンドリー的自己観察とは，森田神経質の基盤とも言うべき内向的性格の現れである。自分の能力や身体条件によってのみ物事の解決を図ろうとする傾向であり，その結果，自己に拘泥することになる。完全主義・最大限主義とは，自分の要求や外界の様子を最大限の理想的なものとして考える傾向である。実際にはそのようなことは理想でしかないのに，それ

図 9.8　森田正馬（1874-1938）

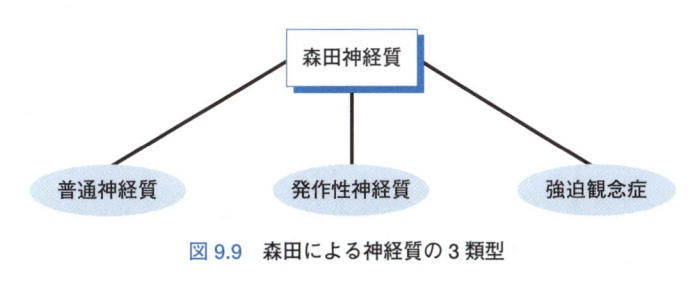

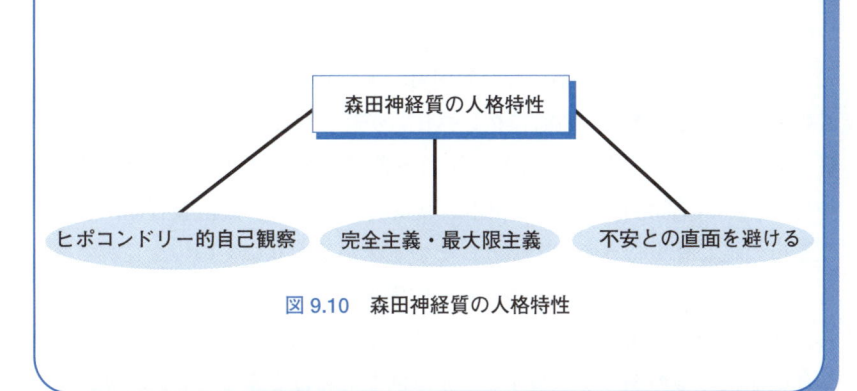

図 9.9　森田による神経質の3類型

森田神経質
├─ 普通神経質
├─ 発作性神経質
└─ 強迫観念症

図 9.10　森田神経質の人格特性

森田神経質の人格特性
├─ ヒポコンドリー的自己観察
├─ 完全主義・最大限主義
└─ 不安との直面を避ける

が実現されないことが重大な欠陥だと考えることになり，病理的になっていくのである。不安との直面を避けるとは，妙な表現ではあるが，自身が感じている不安に対して直面することができずに，かえって不安に苦しめられるような状態のことである。こうした特性は森田神経質に限らず神経症全般にあてはまることではあるが，森田学説ではこうした特性を含めて，自己中心性として表現する。絶対の安全がなければ行動することができないため，自身の行動が制限され，また周囲からの疎外感を感じざるを得ない。そのためさらに行動範囲が狭まり不全感にさいなまされるという一連のサイクルを形成するような心的態度のことを自己中心性と呼ぶのである。

　こうして，不安や不全感にさいなまされた人の治療を行うのが**森田療法**ということになる。その特徴は，「思想の矛盾」「体得と理解」「自然の受容」「苦痛の忍受と恐怖突入」といったことにあるが，絶対臥褥と呼ばれるいわば何もしない状態から自身の生への欲望に気づくことによって神経症の治癒がもたらされるとするものである。

　ここでは，精神療法としての森田療法についての詳細について扱うことはできないが，開発のきっかけとなったのは，自身の神経衰弱体験であった。彼は 16 歳ぐらいから頭痛や心悸亢進などに悩まされており，大学入学後には生活をすることさえ難しくなっていた。このときの彼は，実家からの送金さえ途絶されてしまうのであるが，それが開き直りを呼び，勉学に集中したところ好結果となり，症状も軽快したというのである。こうした経験が神経衰弱への興味の源泉であっただろう。

　内田―クレペリン検査は，クレペリン（1856-1926）の作業曲線の研究にヒントを得てデータを蓄積した内田勇三郎（1894-1966）が作り上げたものである（図 9.11）。名前にクレペリンが冠されているが，検査自体は日本人の創案になっていることに注意が必要である（単なる翻訳ではない）。現在では適性検査として使用されることが多い。被検査者は，簡単な 1 桁の足し算を行うだけであり，その意味が分かりにくいのも長所である。検査結果は 1 分毎にまとめられ，作業量のムラや，疲労度や習熟度から作業能力を見るものである。判断の際は，作業量の多少だけではなく，全体の曲線の型の類型を重視する。定型的なものは安定型とされ，非定型

図 9.11　内田勇三郎（左）と内田クレペリン精神検査用紙（右）

素質の實驗類型心理學的研究（一）

内田勇三郎
松井三雄
本田實昌
谷本撲一
山根　薫

第一章　緒言

從來我國に於ける性格學の理論的方面には、渡邊學士、松本博士、安井學士等の醫學者の研究發表がある。性格の分類的研究としては淡路博士、桐崎博士、岡部學士兩氏の分類があるが、之は主として性格形式に關係したもので素質を問題としては居ない。實驗的方法によつて素質の診斷を問題としたものには久保學士、高峰學士、林學士、樋原學士、三宅博士、内田學士、松井學士及び村松學士、桐原學士等があるが、これ等の諸家は類型を直接に問題とせんと試みたものに古川學士及び同氏の新研究による石川學士の研究がある。吾々は素質の類型を實驗的方法によつて分類せんと試みたものにのみで此の研究に志した。

図 9.12　内田ら（1930）の論文

9 性格心理学の展開　**253**

的なものは，さまざまな理由から作業が不安定であると推論される。現在では生理学的な要因との関連を見出す研究も多くなされている。

　内田は戦前期にさまざまな実験的性格研究に取り組んでおり，自己診断法，ロールシャッハ法，連想実験，反応実験の結果を組み合わせることで人の素質を大きく2つの型に分類できるという研究を行っている（内田ら，1930 ; 図 9.12）。2つの型とはクレッチマーの言う「回帰性素質型」と「乖離性素質型」であるという。なお，この研究におけるロールシャッハ検査の使用は日本で最初の部類に入るという。ただし，ロールシャッハ検査の紹介は『心理研究』において楢崎浅太郎が大正年間に行っている。

　さらに昭和初期には——現在にまで大きな影響を及ぼす——ある学説が発表された。血液型気質相関説である。**血液型気質相関説**とは，古川竹二が 1927 年（昭和 2 年）に『心理学研究』誌上に発表したもので，ABO 式血液型と気質との間に一定の関係を認めたとする学説である。

　古川竹二（図 9.13）は，東京女子高等師範学校（現お茶の水女子大学）付属高等女学校の教師であり，入試の責任者でもあった。その当時，女子が大学に入学することは正式に認められていなかったし，女子大学も存在しなかったから，東京女子高等師範学校は女子にとっての文字通りの最高学府の一つであり（もう一つ奈良女子高等師範学校があった），その付属校への入試も激烈を極めていた。簡単に言えば古川は，入試が知的側面の選抜のみであることに違和感をもち，性格の側面についても考慮に入れるべきだと考えたのである。面接試験において，明るいハキハキした子が有利であるということを問題にしていた古川の考え方には分かりづらい面もあるが，いずれにせよ古川は入試で使えるくらい客観的な性格測定をしようと考え，その基礎を血液型に求めたのである。彼は親族 11 人を対象にして血液型と性格の関係を観察した。すると，B 型と O 型は外向的であり，A 型は内向的であった。AB 型は親族にいなかったので A 型と同じにした。そして，彼はこの考え方をもとに質問紙を作成し，仮説通りの関係が認められたと発表したのであった（図 9.14）。

　彼の学説は，当初こそ関心を持たれなかったものの，次第に関心をもたれるようになり，多くの追試が行われた。その範囲は教育のみに留まらず，

図9.13　古川竹二（1891-1940）

オ願ヒ

科　年
姓名

左ノA組トP組トヲ読デ自分ガ属シテイルト思ハレル組ニ○ヲオツケ下サイ
若シ他ノ組ニモ当ツテルノガアツタラ，ソノ事項ダケニ○ヲオツケ下サイ

A組 (Active)

一、物事ヲ苦ニシナイ方
二、事ヲ決スル時躊躇シナイ方
三、恥カシガリヤデナイ方
四、人ノ前ニ出ルノヲ苦ニシナイ方
五、引込思案デナイ方
六、進ンデ人ト交ル方
七、自動的ノ方
八、他人ニ動カサレナイ方
九、自分ノ考ヘヲ枉ゲナイ方
十、意地ツ張リノ方

P組 (Passive)

一、心配性ノ方
二、事ヲ決スル時迷フ方
三、恥カシガリヤノ方
四、人ノ前ニ出ル事ヲ苦ニスル方
五、引込思案ノ方
六、進ンデ人ト交ラナイ方
七、他動的ノ方
八、他人ニ動カサルル方
九、自分ノ考ヘヲ直グ枉ゲル方
十、意地ツ張リデナイ方

（注）　アンケートの中に振り仮名を付けた文字があるが，実際には振り仮名が付いていない。ただ「方」という字に対しては「ハウ」と読むための振り仮名がある。ここでは「ホウ」としておいた（第2案・第3案についても同じ）。

図9.14　古川の最初の質問紙（1926年）（大村，1990）

9 性格心理学の展開

医学，産業，軍事などにも及んでいた。少なく見積もっても 300 以上の論文，多く見積もれば 500 以上の論文が古川学説の検証に挑んでいた。古川学説の信奉者も存在したが，多くの研究を総合的に見れば，結果がバラバラであった。1933 年（昭和 8 年）ぐらいを境にして，古川学説の研究は下火になることになる（図 9.15）。

9.2　現代の性格心理学：興隆の基礎

9.2.1　特性質問紙と投影法検査

　ミネソタ大学精神神経部門のハザウェイ（Hathaway, S. R.）がミネソタ多面人格目録（MMPI）を開発したのは第 2 次世界大戦前（1940 年代初頭）のことであるが，その成果が現れ席巻し始めたのは戦後のことである。ハザウェイは医療部門で働く臨床心理学者の先駆者の一人であり，精神医学的な障害の診断に役立つような検査を作ろうと試みたのである。彼は 550 のさまざまな項目を集め，それを大学病院の通院患者に施行して標準化を試みた。心気症，抑うつ，統合失調症など，特定の障害を示す人たちが特異的に「そうである」と認める項目が，それぞれの障害を弁別するための項目として残され，それぞれ心気症尺度，抑うつ尺度，統合失調症尺度，などを構成したのである。この他，性差の尺度や虚偽尺度なども作成された。ただし，MMPI はある尺度によって障害の診断をすることよりも，各尺度の得点のプロフィールの解釈を重視する（図 9.16）。そうした意味で「多面的」なのである。MMPI は包括的な項目をもっていたので，多くの研究を誘発することになった。ある展望論文には，6,000 もの論文が引用されていた（Dahlstrom et al., 1975）。MMPI は 1989 年に改訂版が出されている。

　投影法検査もまた，開発の萌芽は第 2 次世界大戦前のことであるが，その成果が現れ席巻し始めたのは戦後のことである。投影法検査でもっとも著名なのはスイスの心理学者ロールシャッハ（図 9.17）によるインクのシミを用いた検査（p.23 参照）である。欧米では，インクのシミや雲のような曖昧に見える図形を用いた遊びが伝統的に行われていた。たとえば

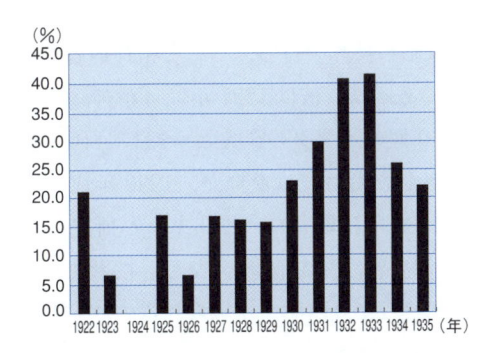

図 9.15　「古川学説」研究数の推移（佐藤，2002）

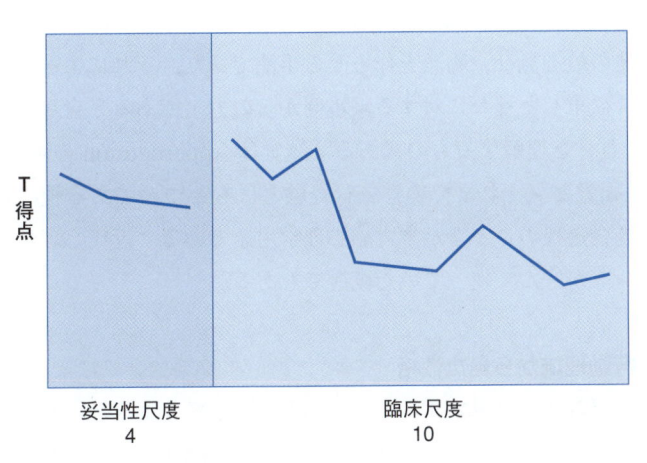

図 9.16　MMPI のプロフィールの例

図 9.18 は，インクのシミだけで作られた絵本である（Stuart, 1896）。白い紙にインクを落とし，紙を中央で折って対称性のシミを作った絵に文章を載せたものが絵本として広く流通していたのである（Popplestone & McPherson, 1994）。ロールシャッハはこうした文化的背景と個人的興味からインクのシミの反応に興味を持ち，それを精神病者の理解や診断に使用できると考えたのであろう。彼は 1921 年に『精神診断学』を（今では良く知られている）10 個のインクのシミと一緒に公刊した。彼のアイディアは最初から評価されたわけではないが，1930 年代には好意をもって受け入れられ始め，1936 年には『ロールシャッハ研究交流』が発刊された（『パーソナリティ測査雑誌』の前身）。なお，投影法が精神力動理論と結びついたのは，投影法により（防衛が破られるので）力動過程の把握が可能であるという考え方による。

　異なるタイプの投影法検査を開発したのがマレイである。彼は社会的欲求や動機を重視するパーソナリティ理論を作り出し，それを測定するための道具として『主題統覚検査』を開発した。Thematic Apperception Test の頭文字をとって日本では **TAT** と呼ばれている。これは被験者に対して曖昧な一連の絵を見せ，物語を作らせる手法であり，それによって，被験者自身の「欲求」とそれに対する環境側からの力（であると自身が感じている）「圧力」を理解するものである。統覚は Apperception の訳であり，（現在の）知覚と（それまでの）先行経験とにもとづいてある種の判断をする際の統合過程のことを示す古い心理学用語である。近代心理学の父とされるヴントが好んで使っていた概念でもある。

9.2.2　行動理論から見た性格

　行動を主たる研究対象にすることで心理学を革新しようとしたムーブメントは，イヌの条件反射で著名なパブロフ（図 9.19）の影響のもと，ワトソン（図 9.20）によって提唱され，一般的に **行動主義** と総称されている。現在ではスキナーの創始にかかる徹底的行動主義以外の行動主義は歴史的価値しか保っていない。この徹底的行動主義の立場では，人間の内部に構成概念をたてて説明することを行わない。したがって，性格という概

図 9.17　ロールシャッハ（Rorschach, H.）
（1884-1922）

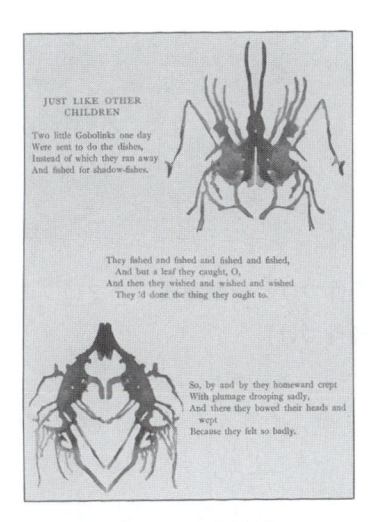

図 9.18　『Gobolinks』（インクの小悪魔）より（Stuart, 1896）

念も不要となる。その代わり，人間とその外部状況との相互作用の過程を記述するのである。なお，性格という概念は使用しないとしても行動上の個人差が存在することは事実である。そこで，こうした行動上の個人差がどのように形成されるのかという説明を記述的に行うことも行動理論からみた性格へのアプローチということになる。

1. 性格類型への行動理論からのアプローチ

性格類型について行動理論から説明を試みた人にアイゼンクたちがいる。アイゼンクは，内向性―外向性という類型と，条件づけられやすさの関係について検討している。それによれば，内向性の人のほうが条件づけが早い。また，グレイは，同じく内向性―外向性と報酬，罰への感受性との関係を検討している，それによれば，内向性で神経症的な人ほど，罰に対する感受性強いとのことである。ここで内向的な人とは，もの静かで内気な人で，内省的であり，人より書物を好み，打ち解けにくく，親しい友人以外にはよそよそしい人である。

内向性と共に興味をひく類型として「神経症的な人」がある。これは，情緒が不安定で，強く，かつ生じやすい人である。こうした性格特徴を持つ人が，環境をどう理解し行動を行うか，という観点から整理することになるのが行動理論からのアプローチである。実験神経症や恐怖条件づけの研究がまず現れ，それが行動療法を生み出すきっかけとなった。神経症や恐怖症が実験的に形成できるのであれば，その逆のプロセスを行えば，現在形成されている症状を軽減できるかもしれないからである。

2. 実験神経症・恐怖条件づけと行動療法（パブロフの実験，弁別不可能刺激による古典的条件づけ）

イヌを被験体にして，9：8の楕円で条件づけしようとすると，弁別不可能になるだけでなく，吠えたりうろついたりなどの行動変化も現れた。つまり，弁別できないということが，弁別課題時以外のときの行動を変えてしまったのである。また，その行動は非適応的なものであり，安定したものとなりがちであった。こうした状態を実験神経症と呼び，精神分析的な考え以外に神経症症状を考えるきっかけとなった。

ワトソンはレイナーと共に，乳児（11カ月児）における情動の条件づ

図 9.19 パブロフ（Pavlov, I. P.）（1849-1936）

図 9.20 ワトソン（Watson, J. B.）（1878-1958）

けが可能であると発表した（Watson & Rayner, 1920）。ワトソンらの研究は，男児（アルバート坊やと呼ばれている）が白ネズミに触れるたびに，大きな音を鳴らすというものであった。アルバート坊やにとって，白ネズミは当初怖いものではなかった。大きな音は，アルバート坊やにとって嫌悪的な刺激である。すると，最初はネズミに対して怖がっていなかったアルバート坊やが，白ネズミを怖がるようになり，決して触れようとしなくなったのである。大きな音という無条件刺激への嫌悪が，白ネズミに般化したと説明できる。彼らの実験は簡単なものであったが，行動だけではなく情動が条件づけられること，を示した点で重要である。後者については，情動が条件づけの所産であるならば，それを消去することを可能にすることを示しており，行動療法的アプローチへの展望を開いた面がある。

3. 学習性無力感

学習性無力感（learned helplessness）という現象は，恐怖の成立に関する実験的研究の中でセリグマンによって発見されたものである（Seligman, M. E. P., 1975）。

先行するセッションで，逃避も回避もできない電撃を受け続けたイヌの被験体は，その後のセッションで，逃避や回避が簡単な事態になってもそれらを学習せず，受動的に電撃を受け続けることになる。

セリグマンらはこのような現象を，「反応―結果の非随伴性の学習」による認知的学習という観点から説明し，学習性無力感理論を提唱したのである。その後，エイブラムソンが，社会心理学における帰属の概念をこの理論に適用して，改訂版学習性無力感理論を提出している（図 9.21）。この理論は動物実験で得られた成果を人間に適用するために，人間の認知的作用（帰属）に注目したものである。また，うつ病の発生機序について心理学的側面から提案したものとしても価値を認められつつある。もちろん，うつ病がすべてこうした学習性無力感によって発症するわけではないが，一つの下位類型として位置づけることが可能かもしれないのである。

さて，表面的な行動の記述から始まった学習性無力感の研究は，図 9.22 のように大きな研究の流れを作り出してきた（津田, 2001）。

第1に，学習性無力感の生物学的過程の解明をめざす動向がある。分析

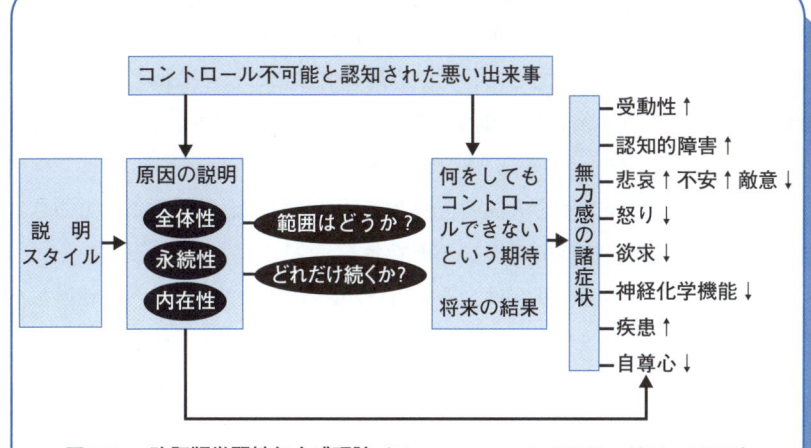

図 9.21 改訂版学習性無力感理論（Abramson et al., 1978；津田, 2001）

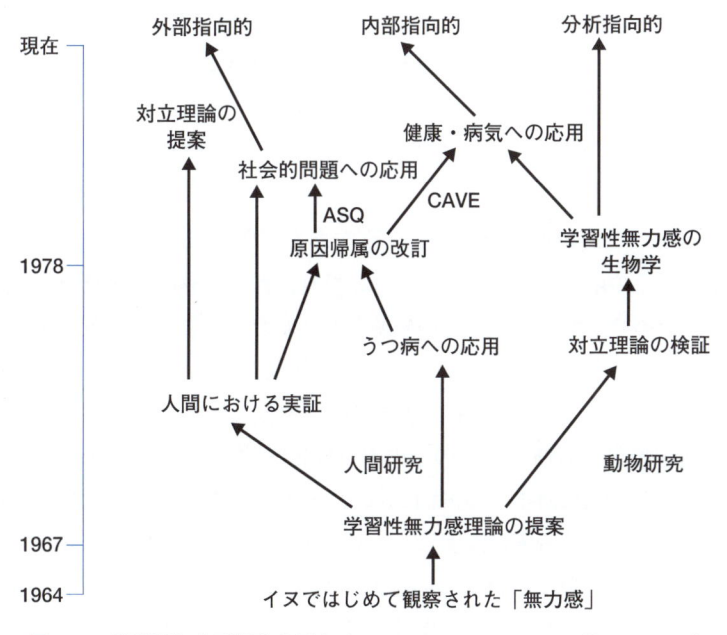

図 9.22 学習性無力感研究の歴史（Peterson et al., 1993；津田, 2001）

指向的アプローチである。

　第2に，学習性無力感の心理学的な基礎過程の解明をめざす動向がある。内部指向的アプローチであると言え，心理学者はここに多く関わっている。楽観主義者と悲観主義者を弁別する性格尺度（ASQ）や逐語的内容分析法などの開発にも結びついている（Seligman, 1990）。

　第3に，学習性無力感を人間の苦悩と成長の理解に応用することをめざす動向がある。外部指向的アプローチである。

　なお，学習性無力感の研究は，それ自体が認知的アプローチへと転換していくきっかけを作ったものであり，こうした研究によって行動理論の相対的な価値の低落が起こった。

9.2.3　操作的診断基準と人格障害

　1960年代以降，精神医学の領域では，診断基準の標準化が大きな問題となっていた。簡単に言えば，同じ病態を持つ患者が国によって異なる診断を下されたり，あるいは同じ国の中でも学派が異なる精神科医から異なる診断を下されたりすることが問題視されるようになってきたのである（図9.24）。診断が異なれば治療法も異なるし，各種統計も意味をなさない。

　この問題の解決は簡単ではなく，現在でも問題になっているが，1960年代以降，その解決が志向されるようになり，操作的診断基準及びその診断を行うための標準的面接項目の整備がなされた。精神医学領域の操作的診断基準で現在使用されているのは，世界保健機関（WHO）の『国際疾病分類（ICD）第10版』の中の精神病に関する部分とアメリカ精神医学会の『精神疾患の診断と統計の手引き（DSM）第4版』である。前者はICD-10，後者は **DSM-IV** と呼ばれることが多い。さて，性格と関連があるのは，後者における**人格障害**（personality disorder）である。

　人格障害という概念には4つの源流がある（小谷，2002）。まず，精神病ではないにもかかわらず行動異常を現す人々とその行為に注目したピネルやプリチャードの取組みであり，彼らは「道徳性狂気（moral insanity）」という概念を用いた。この考えはクレペリンの精神病質の分類に取り入れ

コラム　性格を行動の法則から考える

　行動主義によって性格を説明する場合には，必然的に環境の重視という形となる。行動主義を最初に唱えたワトソンが，12人の子どもを連れてくれば医者にでも泥棒にでも育て上げる，述べたのは，子どもの成長にとって環境が重要だということをよく表している。こうした発言には感情的な反発も予想されるが，それは，環境にとって個人の進路を「ねじ曲げる」ように感じられてしまうからである。アメリカではむしろ，個人の進路を自由にするものとして受け取られることが多い。さて，環境を重視する行動主義からは，性格をどのように説明できるだろうか。たとえば，以下のようなことが考えられよう。ある刺激条件（おもちゃ屋の前）で，ある反応をする（泣く）と，報酬が与えられる（おもちゃを買ってもらえた）。これはスキナー流の行動分析による三項随伴性のメカニズムである。こうしたプロセスが繰り返され，行動が習慣化し，さらに般化すると他人からは「わがまま」と言われ，親は「甘やかされている」と言われることになるのである。

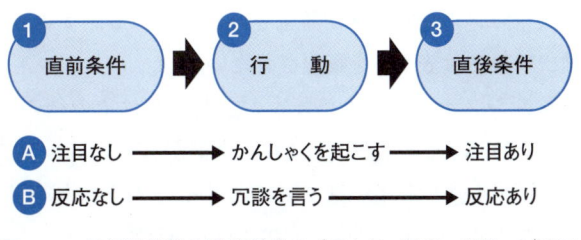

| ①直前条件 | → | ②行　動 | → | ③直後条件 |

Ⓐ 注目なし ── かんしゃくを起こす ── 注目あり
Ⓑ 反応なし ── 冗談を言う ── 反応あり

図9.23　三項随伴性と性格形成のプロセス（渡邊・佐藤，1993）

抑うつ的な妄想　→　アメリカ……抑うつ気分のある統合失調症
　　　　　　　　↘　イギリス……妄想のあるうつ病

図9.24　同じ病態への異なる診断の例

られた。次に，フロイトによる性格の精神分析的研究である。精神分析は治療論の基礎として人間の性格論を整備しており，ライヒによる人格障害の治療論などを生み，現在ではカーンバーグによる人格障害理論へと連なっている。3つめとして，第2次世界大戦時における兵隊の行動障害への取組みがあった。いわゆる戦争神経症において，表に現れた症状を行動レベルで把握してその除去を行うという考え方は──精神分析流の理論とは異なっており──症状の早期解消には一定の効果が認められていた。最後に，特性論などの心理学的性格理論である。多変量解析の技法を用いて性格をいくつかの特性に分ける技術は，心理学のみならず精神医学の性格論にも多大な影響を及ぼしている。

　これらの流れが人格障害という概念を形成したのであるが，それが今日のように普及したのはDSMの考えの中に取り入れられたということがある。DSM-Ⅰ（1952）でこそ言及は見られないが，DSM-Ⅱ（1968）において類型としての人格障害に言及がなされ，DSM-Ⅲ（1980）では，その多軸診断システムにおいて，臨床的症状の診断軸（1軸）とは異なる別の軸として人格障害の診断基準が整備されたのである。多軸診断システムの5つの軸については表9.1を参照されたい。

　この多軸診断システム及び人格障害の診断基準はその後のDSM-Ⅲ-R（1987）及びDSM-Ⅳ（1994）にも引き継がれている。ここでDSM-Ⅳにおける人格障害の定義を見ておくと「その人を取り巻く文化から，期待されるものから著しく逸脱した内的経験や行動の持続的なパターンが広範囲であり，固定的であり，思春期・青年期に発症し，時が経っても変わらず，困窮や障害をもたらすもの」ということである。そして，内的体験や行動持続的な逸脱パターン（機能障害）とは，①感じ方（認知……自分や他人の出来事を理解し，考えたりすること），②感情，③対人関係の機能，④衝動のコントロール，の4つの項目のうち，2つ以上に障害があるときにそのように判断されるものである。

　なお人格障害とその特徴はDSM-Ⅳでは表9.2のような分類となっているが，これは改訂ごとに変化し続けている。というのも，基準が改訂されるとその基準にもとづく研究が多く行われることになり，その実証デー

表 9.1　DSM-III 多軸診断システムにおける 5 つの軸

1 軸	臨床症候群と V コード（精神障害には起因しないが医学的関与や治療の対象となる状態）……診断名のコードは ICD-9 に準じている。
2 軸	発達障害と人格障害。
3 軸	身体疾患および身体状態。
4 軸	心理的社会的ストレスの強さ。
5 軸	機能の全体的評定。

表 9.2　DSM-IV による人格障害とその基本的特徴

妄想性人格障害：他人の動機を悪意あるものと解釈するといった，広範な不信と疑い深さ。
分裂病質人格障害：社会関係から遊離，対人関係状況での感情表現の範囲の限定などの広範な様式
分裂病型人格障害：親密な関係で急に気楽でなくなることとそうした関係を持つ能力の減少，および認知的または知覚的歪曲と行動の奇妙さの目立った，社会的および対人関係的な欠陥の広範な様式。
反社会性人格障害：他人の権利を無視し侵害する広範な様式。
境界性人格障害：対人関係，自己像，感情の不安定および著しい衝動性の広範な様式。
演技性人格障害：過度な情緒性と人の注意をひこうとする広範な様式。
自己愛性人格障害：誇大性（空想または行動における），賞賛されたいという欲求，共感の欠如の広範な様式。
回避性人格障害：社会的制止，不適切感，および否定的評価に対する過敏性の広範な様式。
依存性人格障害：世話をされたいという広範で過剰な欲求があり，そのために従属的でしがみつく行動を取り，分離に対する不安を感じる。
強迫性人格障害：秩序，完全主義，精神面および対人関係にとられ，柔軟性，開放性，効率性が犠牲にされる広範な様式。

タと基準に齟齬がある場合には基準を改変するようにしているからである。

なお、以上の人格障害は、記述的な類似性にもとづいて以下の3つにまとめられている（表9.3）。

DSMシリーズの基準は記述的な志向が強いため、人格障害の内部力動や関連については分かりにくい面がある。そこで精神分析の流れをくむカーンバーグによる人格障害理解の図式を掲げておきたい。DSMシリーズの診断基準と完全に重なるわけではないが、障害の重度及び、内向─外向、という2つの軸で構成されたマップの中にそれぞれの人格障害が位置づけられており、その相互関係を理解しやすくなっている（図9.25）。

9.2.4　戦後における日本の性格心理学

日本の心理学全体がアメリカ心理学界の影響を強く受けるようになったことから、日本における性格心理学もアメリカの影響を強く受けることになった。特性質問紙・因子分析、ロールシャッハ・精神分析、ゲシュタルト心理学・（レヴィン流の）性格分析。戦後の日本にはこうした動向が一気に流れ込み、また、教育心理学の4本柱の一つとして「人格心理学」が設定されたことから、活気ある領域となった。また、心理学者ではないが、精神医学者土居健郎による「『甘え』の理論」は優れた日本人論として日本のみならず海外でも歓迎された。また、同じく精神医学者小此木啓吾による「モラトリアム人間」は、青年期の特徴を「決断から逃れる執行猶予期」であるとし、戦後30年を過ぎた若者たちの行動を考える際のキーワードとなった。

しかし、その後の日本の性格心理学は「停滞」期となる。

なぜ、停滞したのか？　それはアメリカでおきた一つの論争の余波だったのである。「人か状況か論争」である。次章でそれについて扱い、停滞後の性格心理学の未来を展望していきたい。

なお、日本では1990年（平成2年）に日本性格心理学会（2003年に日本パーソナリティ心理学会と改称）が成立した。

表 9.3　DSM-IV における人格障害の 3 つのまとまり

A 群（妄想性，分裂病質，分裂病型）……しばしば奇妙で風変わりに見える。
B 群（反社会性，境界性，演技性，自己愛性）……しばしば演技的で，感情的で，不安定に見える。
C 群（回避性，依存性，強迫性）……しばしば不安におびえているようにみえる。

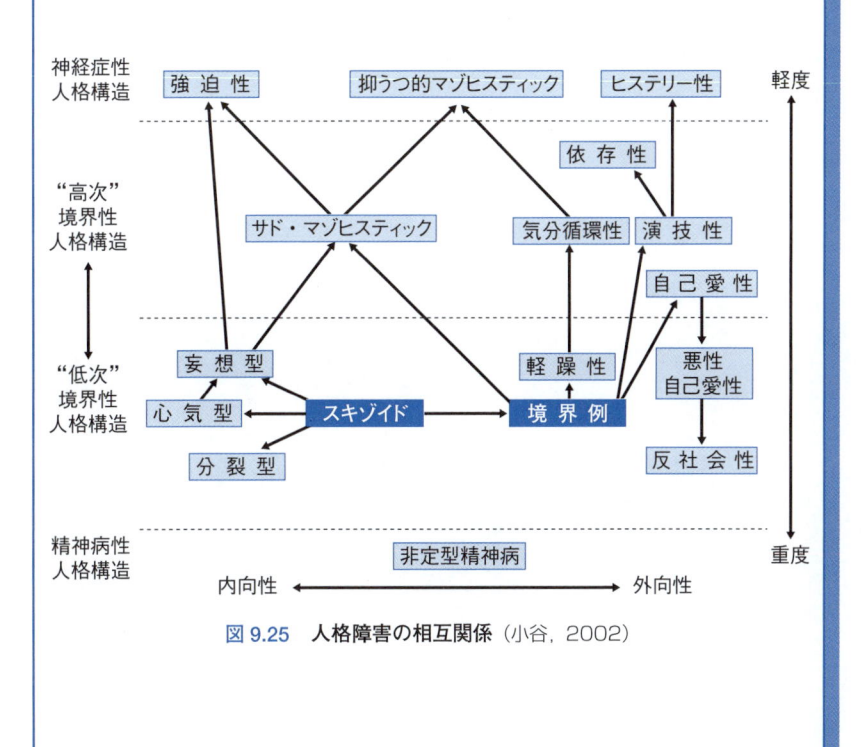

図 9.25　人格障害の相互関係 (小谷，2002)

● **参考図書**

詫摩武俊（監修）　1998　性格心理学ハンドブック　福村出版
　日本性格心理学会（現日本パーソナリティ心理学会）が総力を結集したハンドブック。

下山晴彦・丹野義彦（編）　2001　臨床心理学研究（講座臨床心理学2）　東京大学出版会

下山晴彦・丹野義彦（編）　2002　異常心理学Ⅱ（講座臨床心理学4）　東京大学出版会
　いずれも，臨床心理学のみならず性格メカニズム理解にも有用。

Popplestone, J. A., & McPherson, M. W.　1994　*An illustrated history of American psychology*. Brown a Benchmark, Wisconsin.　大山　正（監訳）　2001　写真で読むアメリカ心理学のあゆみ　新曜社
　心理学史全般について写真と共に解説。

性格心理学の新潮流：性格の可変性

人か状況か論争からの展開

　この章では，1970年代に行われた「人か状況か論争」を中心に性格心理学の歴史や心理学の概念について考えてみる。性格という概念を成り立たせているのはどのような構成要素なのか，性格概念の前提は正しいのだろうか，という議論は，大げさに言えば人間観そのものについての議論である。また，この論争において中心となったミシェル（Mischel, W.）は，基本的に行動の柔軟性を主張する立場にたっており，一時期は「性格などないと言っている」というように曲解されたこともあった。性格がある，ない，などという論争はそもそも不毛であろう。しかし，性格という概念が行動の一貫性を前提とし，その結果として人々の行動の柔軟性を殺してしまっている可能性はある。本章では，人か状況か論争を解説した上で，なぜ人の行動が安定して見えるのかという問題を「性格が安定しているからではなく，見る側が安定して見ようとするからだ」という対人認知の問題としてとらえ直す。その上で，変わる性格を支援するような理論的枠組みを提示する。

10.1 人か状況か論争

10.1.1 『性格と測査』とその文脈

人か状況か論争は一冊の本から始まった。

ミシェルが1968年に出版した『性格と測査（Personality and assessment）』がその本である。本自体は，ありふれたテキストの一冊として企画されたものであったが，その内容について多くの議論を巻き起こしたのである。ミシェルが主張したことは，「人間行動には通状況的な一貫性がない，つまり，さまざまな状況で状況に応じた行動をしている」というものであったが，この主張は当時の性格概念に対する挑戦だと受け止められたのである。心理学的な性格概念として著名なのはオルポート（1961）の定義であり，そこでは，「人の行動を時を越えて一貫させ，比較可能な事態で他の人と異なる行動をとらせる多かれ少なかれ安定した内的要因」として定義されていた。

こうした性格概念が前提としているのは表10.1のような考え方であり，性格の素朴実在論とでも呼べるものである。

また，オルポートの性格の定義が直接意味していることではないが，内的な要因である性格を他者が把握・記述できるのは，正確反映仮説を取り入れているからだと言える。つまり，性格を測定・把握・理解する側の人は性格が内的なものであるにもかかわらず把握される人の性格をある程度正確にとらえることができるという前提がおかれているのである。これこそが「正確反映仮説（accurate reflexion hypothesis）」（Shweder, 1975）と呼ばれるものである（図10.1）。

これに対してミシェルの批判は表10.2のようであった（堀毛，2002）。

ミシェルは，特性論や精神力動論が主張する性格概念が内的な実体として扱われてきたことや，質問紙法や投影法による測定結果と現実の行動評定の相関係数がせいぜい0.3程度であることを問題にしたのである（堀毛，2002）。

ミシェルの問題提起によって，性格心理学の議論は一変した（図10.2）。すなわち，それまでの性格心理学の理論的問題は，類型論，特性論，（精

表 10.1　オルポートの性格概念の前提 （渡邊・佐藤，1993）

1. 性格は行動の原因である。
2. 性格は経時的に安定している。
3. 性格は通状況的に安定している。
4. 性格は内的要因である。

```
┌─────────────────┐      ┌──────────┐
│ 隠れて見えない性格 │  ←  │ 性格検査 │  ＝（ある程度）正確に把握
└─────────────────┘      └──────────┘
```

図 10.1　正確反映仮説（Shweder, 1975）

表 10.2　ミシェルによる性格心理学への批判 （堀毛，2002）

行動の通状況的一貫性を安易に仮定しているのではないか？
行動の規定因としての状況を軽視しているのではないか？
測定道具による行動予測が有用かどうか疑わしい。
特性は内的に実在するものかどうか疑わしい。

神）力動論がそれぞれどのような特徴をもっているか，あるいはそれらのうち，どれが説明力をもつのか？というものであったのだが，これ以降は，これら3者の共通の前提が理論的に問われることになったのである。なお，ミシェルの説は，反内在論，社会的行動論，状況論，などと呼ばれるが，性格心理学において状況の役割を強調したということに鑑みて，以下では基本的に状況論と呼ぶことにする。状況論にはさまざまな種類があるが，行動が状況特定的であり，通状況的に一貫した行動はない，というのが基本的な立場である。こうした立場は状況を超えて特性が存在するという前提をもつ特性論的な立場とはまったく異なっている。

なお，ミシェルの師はパーソナルコンストラクトを提唱したケリーであり，ケリーとミシェルを構成主義的心理学の一つの源流としてとらえる考え方があることも紹介しておく。

10.1.2 『性格と測査』におけるミシェルの主張

ミシェルがなぜこの問題に関心をもったかといえば，彼の性格研究者としての経験によっている。すなわち，彼はナイジェリアに派遣される平和部隊の若者に対して，派遣後の適応などを予測するために，ロールシャッハ・テストや特性質問紙を行ったのだが，その結果がまったく芳しくなかったのである。つまり，若者達に対して国内で行った性格検査は，彼らの国外での行動を予測し得なかったのである。

もっとも，性格という概念に対するこのような批判はそれ以前にも存在した。もっとも有名なのは，ハーツホーンとメイによる研究（Hartshorne & May, 1928）である。この研究において，子どもたちはテストで不正ができるような状況におかれる。テストの種類はさまざまで，また，行える不正もさまざまだった（正解を写す，点数自体を水増しする）。さらに，テスト不正以外にも，うそをつく，盗みをする，といったことが可能な状況も研究に組み込まれたのだが，この研究の結果によれば，「ごまかし」「ずるがしこい」と言われる行動同士の間にはほとんど相関がなく，最大でも.30ほどであった。

「人か状況か論争」自体はミシェルの著書によって引き起こされたのだ

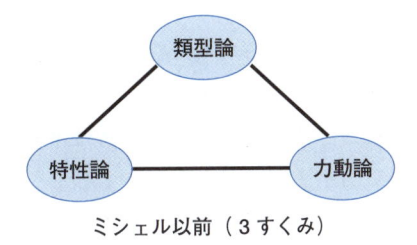

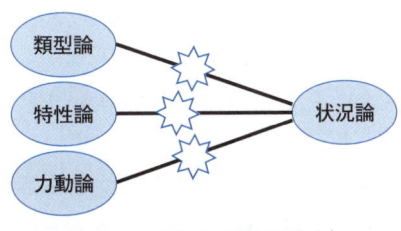

図 10.2　ミシェル以前・以後の対立の図式

が，このことは，彼のみが問題意識を持っていたことを意味しない。むしろ，多くの人が同様の問題意識をもっていたからこそ，ミシェルの問題提起に続いて大きな論争が起きたのだと言える。

ケンリックとファンダー（Kenrick & Funder, 1988）は，ミシェルの著書によって引き起こされた論争の論点を表のようにまとめている。論争は主に特性の存在あるいは特性による人間識別の妥当性について争われることになった。それは精神力動論的な性格理解・性格把握を行う心理学者からは初期の一部を除いてほとんど反論がなされなかったからである。

では，それまでは自明とされがちだった特性の存在に対する反論にはどのようなものがあったのだろうか（**表10.3**）。

こうした説明を簡単にまとめてしまうと，性格の評定・記述があるときに，それは，見る側の見方や表現の仕方としてまとまっているだけであって，性格そのものがあるとかないとか，安定しているとかしていないとか，一貫しているとかしていないとか，ということとは違うのだ，ということである。性格に関する知覚のすべてが作られたものであり虚構であるという主張さえも存在するが，ここまで極端でなくても，こういった考えはなかなか受け入れられにくいようで，性格心理学というよりは社会心理学における対人認知の問題として扱われるようになっていった。

まず，仮説1にあるように，性格の存在自体が見る側によって構成されたものであり，極端に言えば幻である，という考え方がある。ブルーナー（Bruner, J.S.）とタジウリ（Tagiuri, R.）によって暗黙の性格観という概念が提唱されたが，極端に言えば心理学における性格概念も素朴概念と同じで，見かけの説明力をもっているにすぎない，ということになる。また，人間行動の原因を内部に求めることがそもそも「基本的」な「錯誤」なのだとするジョンズらの考え方（基本的帰属の錯誤；Jones & Nisbett, 1972）も同様である。つまり，性格という実体の問題ではなく，対人認知という見る側の問題なのだと主張するのが仮説1なのである。だが，この場合には，複数の人がある人の性格を把握した場合に一致がみられるということを説明することが難しい。

仮説2と3は，共に，複数の人の評定が一致することを認めるものであ

表10.3 人か状況か論争における反特性論的仮説（特性の存在について悲観的な見方から楽観的な見方へと並べたもの）(Kenrick & Funder, 1988；大渕・堀毛，1996)

特性による識別性はないと考える唯我論的立場	仮説1	パーソナリティは見る者の目に映るものである。
識別性をともなわない判断の一致にすぎないとする立場	仮説2	評定者間の一致は，パーソナリティを記述するさいに用いられる言葉の意味的構造にもとづくアーティファクトである。
	仮説3	一致はベースとなる評定の正確さ（人間一般に関する推測と同じような推測を行なう傾向の強さ）にもとづいて判断がなされているために生じるアーティファクトである。
識別性はあるが行動との関連はないとする立場	仮説4	弁別的な識別性は根拠のないステレオタイプの共用によるアーティファクトである。
	仮説5	観察者は互いに共謀している。すなわち，正確な観察よりも論議の結果として判断の一致が生じている。
行動に関連する弁別的な識別性はあるが内的特性との結びつきはないとする立場	仮説6	評定者は対象を限定された場面でのみ見ており，状況的な効果を取り違えている。
	仮説7	状況の圧力に比べれば，行動に見られる通状況的な一貫性の重要性はごく少ない。

る。仮説2によれば，私たちが使用している言葉の意味が観察者間で共有されているために起きるとする。これは，大人数の性格評定を行って因子分析をした場合などには当てはまる批判だが，ある1人の人の性格評定が複数で一致している場合には当てはまらない。仮説3によれば，特性のベースレート，つまり人間一般について「こんな人だ」という推論があり，それが複数で一致しているために，結果としての性格評定が一致すると考える。特性によって人が違っているのではなく，あてずっぽ的に特性評定をすると，それが複数の観察者で一致すると考えるのである。たとえば残忍さ，ということについて考えたとき，極端に残忍な人はいないと思うし，その逆に極端に残忍じゃない人もいないと思うから，複数の人がある一人の人の性格を記述した場合に一致してしまうのだと考えるのである。

仮説4と5は，特性による個人の識別性は認める。だが，その識別性は観察者のステレオタイプによるものや，観察者間の相談や共謀によるとする。これは，見る側の相談について語っているが，それは，観察者間一致にもとづく特性の存在が論じられたからである。

最後に仮説6と7は，特性の存在は認めるものの，観察時の状況の役割を見直すべきだというものである。仮説6は，ある人の性格を評定したり記述したりするということ自体，特殊な状況であり，それらの状況自体に類似性があるため結果として行動に一貫性が見られるとするものである。

ケンリックらの整理は，特性の他者評定による行動予測が可能か，という点を中心に設定されている。したがってこれ自体が社会心理学的な問題設定であると言える。しかしいずれにせよ，ミシェルの状況主義的な反特性論はその当時大きな影響をもっていたことがわかる。

10.1.3 状況論への反論

ミシェルの問題提起に対してはさまざまな反論が行われた。建設的な反論としては表10.4のようなものがある。

このように多様な論についてそれぞれ説明することは難しいので，ここでは最後の論点，すなわち首尾一貫性という考えについて考えてみたい。これは相互作用論的性格論としてとらえることができる。まず相互作用論

表 10.4　ミシェルの状況主義に対する反論

エプシュタイン	集積原理（さまざまな時点や状況の行動観察を行うことで傾向がわかり予測ができる）
ベムとアレン	調整変数（一貫性の自己認知）
スナイダー	一貫性自体の個人差を考える自己モニタリング（＝自己の行動を外界に合わせるか，自己内の状態に合わせるか）
スナイダーとイッケス	状況的方略（特性にあった状況選択による特性の安定性）
ベムとファンダー	母型マッチング（特定の状況における典型的行動によるパーソナリティプロフィールと個人のプロフィールの比較から行動の予測をする）
マグヌセンとエンドラー	首尾一貫性（状況との関わり方自体の一貫性＝変化することの一貫性）

者の基本的な仮説について見ておこう（表10.5）。

個人内における首尾一貫性を重視。他者との比較ではない。ここで首尾一貫性とは，他人から見て行動が変化したかどうかではなく，本人の現象世界において（たとえばある目標との関係において）行動が一貫しているかどうかを重視する考え方である。たとえば，卑近な例だと，異性の友人が欲しい人が，常に身近な人にアタックしていたとする。しかしナカナカ色好い返事をもらえない場合，街頭でナンパをすることになる。こうした行動を，性格の変化ととらえるのではなく，首尾一貫性という考えで行動をとらえるのである。

エンドラー（Endler, N.S., 1983）は，パーソナリティを「自分と自分をとりまく環境との間に見られる首尾一貫した行動様式である」と考えた。相互作用論的な定義は特性論的な定義とは異なり，ある個人のパーソナリティを他者との比較によってとらえようとはしていない。個人の行動の法則性を見出そうとしている。ある人と環境との相互作用の様子を記述してその法則を見出そうとしているのである。また，個人の内部における心理的変数間にも相互作用を認めることになったため，反応変数と媒介変数を区別し，後者を重視することになった（図10.3）。

反応変数とは状況刺激と媒介過程を経て現れる反応のことである。観察可能な外顕的行動，心拍のような生理的反応，情動的反応のような内的反応，実験教示に対する反応のような作為的行動，という区別がなされる（クラーエ，1992 ; p.95）。一方，媒介変数には，認知的変数や動機的変数が含まれる。たとえば，自分自身が通状況的に一貫していると思っているか，のような変数が媒介変数として使用された。やや常識的なことであるが，自分自身の行動が常に一貫していると考える人の行動はそうでない人よりも実際に通状況的に一貫していたのである。

表 10.5　**相互作用論者の基本的仮説**（Mugnusson & Endler, 1977；クラーエ, 1992）

1　実際の行動は，個人とその個人が直面している状況との間の，多方向的な相互作用あるいはフィードバック過程と関数関係にある。
2　個人は，この相互作用の過程における意図をもった能動的なエージェント（遂行者）である。
3　相互作用を個人の側から見れば，認知的，動機づけ的要因が行動の本質的な決定因となる。
4　状況の側から見れば，状況が個人にとってどのような心理的な意味を持つかということが重要な決定因となる。

状況刺激　→　内的プロセス（媒介変数）　→　反応変数

図 10.3　相互作用論の変数設定

10.2 論争以後の性格心理学

10.2.1 特性論的思考の復活

　人か状況か論争は，きわめて精力的に行われたものであったが，その問題の立て方から言って，どちらかが決定的な勝利を収めるようなものにはならなかった。しかし，こうした論争を踏まえた新しい性格理論が生まれてきた，という意味ではけっして無駄ではなかったと言えるだろう（図10.4）。いわゆる5因子モデル（ビッグファイブであり，これについては後でふれる）。性格特性によって性格の構造を論じようとする風潮が，性格を5つの因子で説明する5因子モデル（FIVE FACTORS MODEL = FFM）として結実したのである。また，この時期の状況論者たちは21世紀において『発達心理学ハンドブック』における理論家として名を馳せるに至っている。つまり，性格という概念をめぐる論争は，それ自体は不毛だったかもしれないが，人間のあり方についてより根源的に問う多くの理論家を育てたのである。

　5因子モデルはある程度の共通性・普遍性を保証したことから，多くの相関研究が行われ，また遺伝学の新しい発展と共に，特性の遺伝的基礎を探る研究を活発にした。

　このような論の立て方は，ミシェルらが批判したものと同じであるが，性格心理学という以上，こうした考え方に戻るのはやむを得ないと評価することができる。

10.2.2 状況の性格心理学

　状況主義的な性格心理学は，行動には通状況的な一貫性がないことをその基本的仮説とする。こうした立場からは，状況の研究を行うことで人間を理解しようとする考えが生まれてきた。このような研究が「性格心理学」的かどうかは議論の余地はあるのだが，状況がどのように人間に影響するのか，という研究に加えて，人間が状況を選んだり維持したり変えたりすることに焦点を当てる研究も現れつつある（図10.5）。

　状況が人間に与える影響を重視する立場の研究には，状況の客観的記述

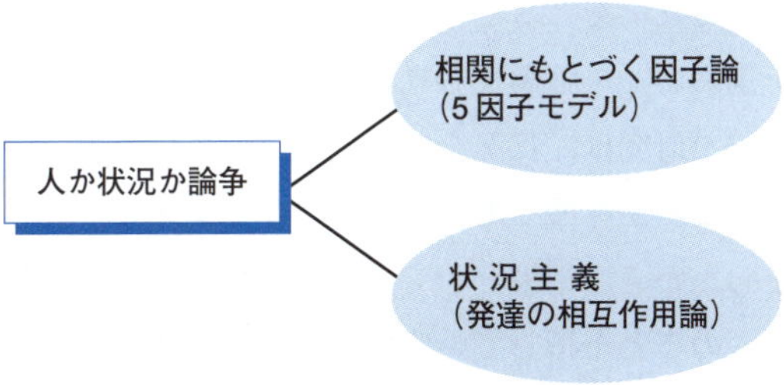

```
人か状況か論争 ─┬─ 相関にもとづく因子論
                │      （5因子モデル）
                │
                └─ 状況主義
                       （発達の相互作用論）
```

図10.4　人か状況か論争後の展開

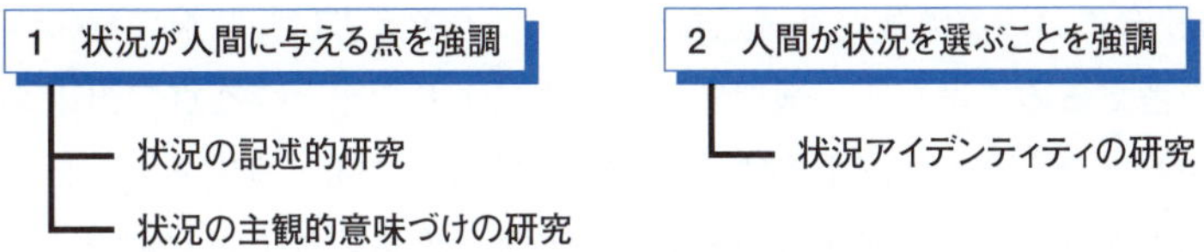

1　状況が人間に与える点を強調	2　人間が状況を選ぶことを強調
─ 状況の記述的研究	─ 状況アイデンティティの研究
─ 状況の主観的意味づけの研究	

図10.5　状況主義的な立場からの研究

を重視する立場と主観的な意味づけを重視する立場がある（図10.6）。たとえば，戦争や事故の影響を扱う場合にも全体的な被害の大きさのようなものを記述することで，出来事と人間の関係を全体的にとらえようとする立場と，個人にとってのその出来事の意味を記述することで，個人個人の理解を目指す立場がある。こうした2つの立場は，心理的ストレス論争（佐藤，1990を参照）などでも見られたが，心理学者は当然ながら個人の意味づけを重視する立場をとることを好むようになる。

人間が状況を選ぶことを強調する立場には，状況アイデンティティの研究がある。こうした研究は，状況を独立変数として扱うのではなく，従属変数として扱うところが特徴である。状況アイデンティティとは，ある状況である行動をしたときに結果として生じる自分らしさの予期（アイデンティティの予期）のことを指している。個人がいくつかの状況の選択肢からある状況を選んで何かを行うときには，それぞれの状況アイデンティティを勘案して状況を選ぶ，と考えるのである。ある個人が同窓会に出席するか家族サービスを選ぶか，ということを考えてみれば，過去もしくは現在の自分についてそれなりに自信がある人でなければ，同窓会状況における状況アイデンティティは好ましくないものになるだろうから，そうした状況を選択することは少ないと考えられる。

状況が選べない場合には，状況アイデンティティが低下する場合もある（義務教育における勉強が不得意な生徒）。この考え方は，状況の意味づけのみを考えるのではなく，選択までを考慮に入れた，という点で興味深い。

しかし，そもそも状況主義的な立場は，個人の内部に興味をもたないという面もあり，その定義からいって性格心理学から離れていく傾向にあることも事実であり，こうした研究は性格心理学というより，社会心理学の領域で好まれているようだ。

10.2.3　個性記述的研究

類型論にせよ特性論にせよ，多くの人々の性格との関係で個人の性格を理解しようとする。人か状況か論争の副次的な産物として，統計的理解を離れて個人を見ようという動向も力を得た。個性記述的アプローチによる

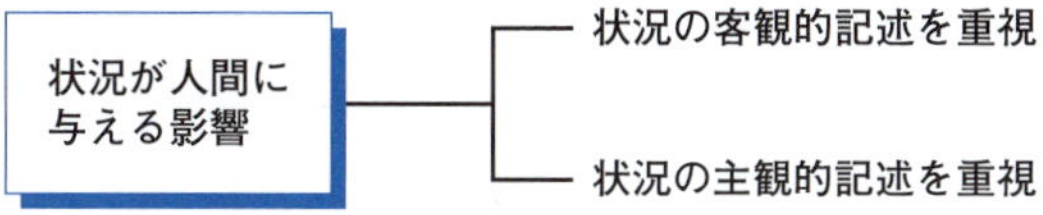

```
                           ┌── 状況の客観的記述を重視
    ┌─────────────┐       │
    │ 状況が人間に │───────┤
    │ 与える影響   │       │
    └─────────────┘       └── 状況の主観的記述を重視
```

図10.6　状況をどうとらえるかの2つの考え方

表10.6　性格研究における個性記述的アプローチの課題（Runyan, 1983）

個人に特有な特性や傾性の研究。
個人の伝記にみられる中心的テーマの同定。
個人内のさまざまな反応の（独自）の順序性の分析。
単一事例におけるさまざまな変数のパターンの発見。
単一事例におけるさまざまな変数の相関の検討。
個々人を測査（assessment）するための特定の特性の選択。
単一事例におけるさまざまな変数間の因果関係の探索。
単一事例についての記述的一般化。
個人に特有な事象や環境に関する主観的意味の分析。
単一事例のデータにおける傾向やパターンにもとづく個性記述的な予測。

研究である。個性記述的（idiographic）という語は，ドイツの哲学者ウィンデルバンドがその論文「歴史と自然科学」において，法則定立的（nomothetic）アプローチと対置させて使ったものである。自然科学が一般法則追求的であるのに対して，一回性の出来事を扱う歴史など文化科学においては個性記述的な研究が必要であるとしたのである。個性記述的研究の重要性については，すでにp.245で扱ったオルポート兄弟の弟，ゴードン・オルポートが性格心理学に導入を行ったが，必ずしも支持されていなかった。オルポートの性格の定義は良くも悪くも折衷的なものであったが『ジェニーからの手紙』など，個性記述的なアプローチを実践していたことは紛れもない事実であり，彼の重要な業績の一つである（Allport, 1965）。

ラニアン（1983）が性格研究における個性記述的アプローチについてその課題を整理している（**表10.6**）。

「特性」など，大量データが前提となっている概念もふんだんに使われているという意味で，これらの課題も折衷的であると言えるが，個の理解を特性というある程度公共的な概念によって行うのも，意味のないことではないだろう。

ただし，本来的に言えば，個人の性格や人生のあり方の特殊性・個別性を追究すべきであり，そうした研究志向は質的研究になっていく。

以下ではそうした個性記述的かつ質的研究志向の研究のうち，マクアダムスに代表されるナラティブ心理学に焦点を当てて紹介したい。しかし，その前に個性記述的研究への批判も紹介しておきたい（**表10.7**）。

これらの批判を細かく見ていくことはできないが，法則定立的研究，量的研究，大量データ研究の優位性を前提とした議論であることは否めない。大量データによる平均値や相関係数による人間理解が，果たして人間の個々に当てはまるのか，と問い直すことが必要だし，何より，どちらかを優位なものとして考える必要はなく，必要に応じて研究を行っていけばよいのではないだろうか。最後に，平均値によってかえって個々の様相が見えなくなってしまう，ということについて西條（2003）が「平均値処理による非線形打ち消し効果」及び「平均値処理による因果関係誤解効果」と

表10.7 クラーエ（1992）による個性記述的研究への批判

1 個性記述的研究は一般化可能性をもたない。
2 単一個人だけに適用できるような独自の特性はない。
3 個々の事例の研究は仮説を引き出すには有益であるが，それを検証するためには役立たない。
4 あらゆる個人の個性記述的研究を実施することは実質的に不可能である。
5 個人についての個性記述的研究を行うことは間違ってはいないが，科学ではない。
6 個性記述的アプローチに関する理論的な議論は魅力だが，それを実現するために利用できる適当な方法がない。
7 個性記述的アプローチをとったところで，法則定立的研究の可能性を超えて達成される進歩はない。

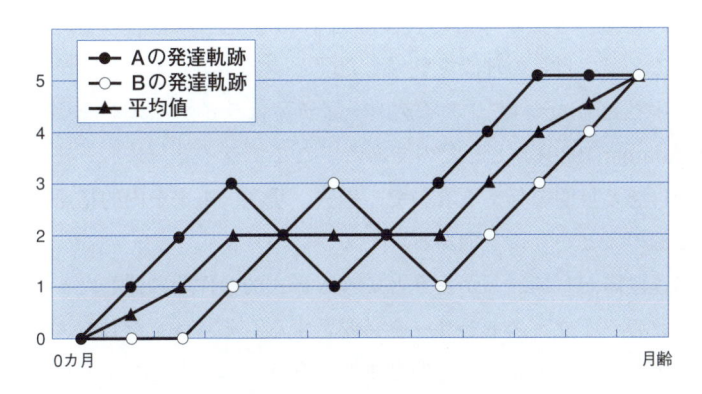

図10.7 平均値処理による非線形打ち消し効果（西條，2004）

して分かりやすく図示しているので紹介しておく。図10.7は，架空の発達曲線である。たとえば何らかの成績だとして，A，B共に一度ピークを迎えた後に下がってからまた上がるという現象が見られたとする。黒丸がAで白丸がB。ところが，両者を平均してしまうと，ある時期まで成績が上がった後，高原現象（プラトー）が見られてからまた上がる，というように見えてしまう（図の▲）。図10.8もまた架空の例である。要因Aの発現と行動Bの発現の時間的順序を，乳児a，b，c 3人バラバラに見てみると行動Bの発現が早い乳児が3名であるのに，平均すると，要因Aのほうが先に起きたように見えてしまうのである。これでは因果関係を逆に推論してしまいかねない。個々の現象を見る必要があると言えるのである。

10.2.4 ナラティブの心理学

マクアダムスのライフナラティブ（人生物語；life narratives）研究は個性記述的研究の中のもっとも豊かな成果だととらえることも可能である。したがって，広義には「人か状況か論争」の産物であるとも言える。彼は，マレイの影響を受け，性格はその人自身による生活史の構成の仕方によって定義され得るべきだと考えた。彼は図10.9に見られる心理学の遺産を統合することで，自らの理論を整備した。とくに，アイデンティティという概念を中核としつつも，「アイデンティティはライフ・ストーリーである（McAdams, 1989）」としたのである。ここでライフ・ストーリーとは，人生に統一感と目的を与えるもので，過去，現在，未来を内的物語として統合したもの，ということである。

認知発達段階がピアジェが言うところの形式的操作期に達したとき，人は自分なりのライフ・ストーリーを必要とする。それはすなわちエリクソンのアイデンティティ確立の時期と重なり合う。エリクソンなど精神分析学派は一般に過去を重視するので，人生初期の数年を重視する。マクアダムスもそれに準拠しながらも，マレイの重視する人生の見通しや動機づけも考慮するのである。

彼は図10.10のような3つの概念が，ライフ・ストーリーの「資材」で

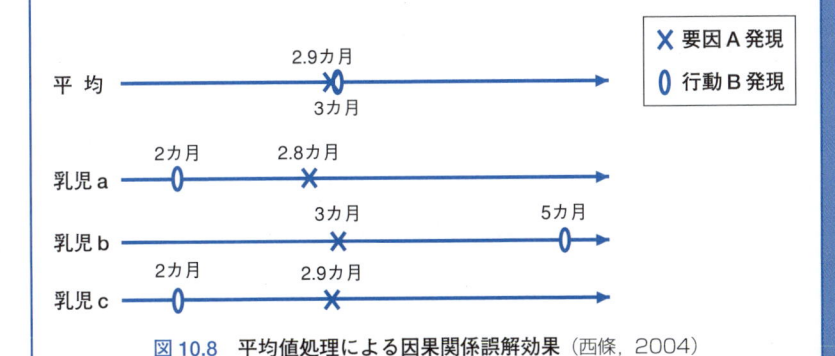

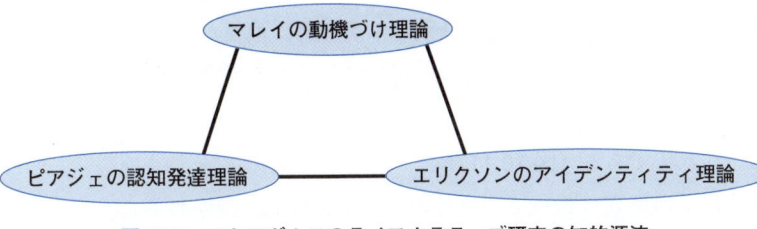

図10.8 平均値処理による因果関係誤解効果（西條, 2004）

図10.9 マクアダムスのライフナラティブ研究の知的源流

あるとする。

　トーンとは人生全体の全体的な情緒的な調子である。エリクソンの心理社会的発達理論では，人生初期（とくに1年目）に養育者（生物学的母親とは限らない）との間に形成される情緒的絆を重視し，それが人生全体のトーンとなるという。世界や自分に対する信頼か不信か，というようなことである。イメージとは，ピアジェの前操作期にあたる時期に見られるもので，現実というよりはファンタジー（幻想）にもとづく自己像や未来に対する展望のことである。これは将来のライフ・ストーリーの原材料となる。その後の時期（ピアジェの具体的操作期）になると，個人は現実的な目標を模索し，また，それに到達するための具体的な道筋を組み立てるようになる。目標は単に存在するだけでなく，自分の時間展望の中でさまざまな時間的・因果的な脈絡の中におかれるようになる。

　ライフ・ストーリーという方法論は，ピアジェが児童期，エリクソンが青年期に焦点を当てたのとは異なり，その主な焦点を成人期後期に当てている。まず成人期初期までに，トーン，イメージ，テーマを原材料とし，さらに自分を首尾一貫させるものとして「イデオロギー」の確立が重要となる。ここでイデオロギーとは価値観・価値体系である。日本語のイデオロギーという語は政治的価値という意味合いが強いが，けっしてそれだけではない。価値体系の中で重視されるのが「力」と「親和」の次元である。これはマレイが提唱した動機・欲求の中から特に重要だとマクアダムスが考えたものである。テーマの実現に対してどのような力の行使を好むのか，また周囲との関係をどのように考えるのか，ということがここでの価値体系という意味である（図 10.11）。

　価値体系の確立によって，自身の物語が試行的に描かれるようになる。トーン，イメージ，テーマはあくまで素材であり，それに筋をつけるのが価値体系（イデオロギー）なのである。そして，数多くの（文字通り無数の）自分の経験のうちから，場面やシーンを取り出して自分なりの意味づけをすることになる。

　ライフ・ストーリーは一度に書き上げられ完成するのではなく，何度も書き直しが行われる。そして，成人期後期には，理想化され個性化された

```
┌─ トーン（人生初期に決定される情緒的な調子）
├─ イメージ（ファンタジーにもとづいた未加工の原料）
└─ テーマ（人生を作り上げる現実的な目標やそれへの到達過程の見通し）

 → イデオロギー（価値体系）の確立
```

図 10.10　マクアダムスによるライフ・ストーリーの資材
　　　　　（クラーエ，1992 の p.209 をまとめたもの）

自分の追求する人生のテーマのために重視するのはどちら？

力（egency）の次元	親和（communion）の次元
権力，統制，支配	親密，協同，愛

図 10.11　価値体系（イデオロギー）の 2 つの次元

ものとしてのライフ・ストーリーが一応の完成をみる。ただし，それ以前の時期，つまり成人期中期には，次世代のために何を残すかというような観点も見られるようになる。つまり，自分のライフ・ストーリーが周囲の人や社会との関係で形成されてきたのと同様，未来における社会との関係が展望として描かれるのである。ここでの中核概念が「Generativity」である（McAdams & de St. Aubin, 1998）。この語には定訳がないのであるが，生成世代性あるいは世代継承性などと訳される場合がある。世代継承性スクリプト（generativity script）が生成され，ライフ・ストーリーが過去と未来をつなぐものとして一応の完成を見るのが成人期後期である。

なお，マクアダムスはこうした研究を行うために，長期にわたって「アイデンティティ日記」をつけること，そして詳細な面接を行うこと，を行っている。

測定主義からの脱却を目指し，豊かなリアリティを追求することは，個人の人生の変化を変化としてとらえることにもつながっている（図10.12）。ただし，その変化があまりにも主観に依存しているという批判はあり得る。また，それによって個人を差異化し得るのか，という疑問もある。したがって，こうした研究も性格というよりは自己の研究として確立していった。また，自分についての語り（＝ナラティブ）をゆるやかに変えていくような動向は構成主義的アプローチによって取り入れられている。「人は生き直すことはできないが，語り直すことはできる」というのがナラティブ研究の根本にあるという（やまだ，2000などを参照）。

以上，本節では人か状況か論争の産物について検討してきたが，状況主義は社会心理学へ，相互作用論は発達心理学へ，個性記述的アプローチは質的心理学へ，ナラティブ研究は自己研究へ，とそれぞれ回収される傾向にあり，5因子モデルに代表されるネオ特性論が性格心理学の主流へと躍り出る結果となったのである（図10.13）。

ただしこのことをそれ以前の単純な特性論の延長としてとらえてはならない。人の行動に時や状況を越えたゆるぎない一貫性を仮定しその原因を特性に求める，いわゆる「純粋特性」を仮定するような特性論はほとんど

測定主義 ~~→~~ 豊かなリアリティの追求

図 10.12　測定ではなくリアリティ

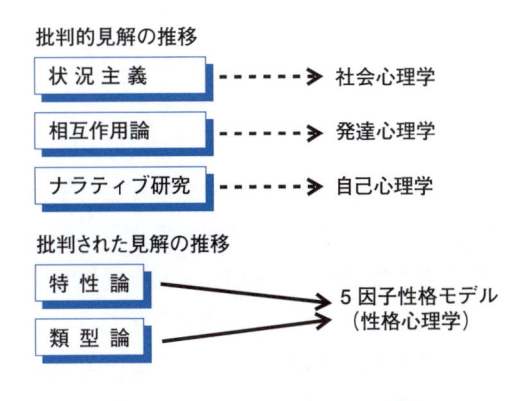

批判的見解の推移

状況主義	------▶ 社会心理学
相互作用論	------▶ 発達心理学
ナラティブ研究	------▶ 自己心理学

批判された見解の推移

特性論 ──┐
　　　　　├─▶ 5因子性格モデル
類型論 ──┘　　（性格心理学）

図 10.13　人か状況か論争後の推移

存在していなかったし（Kenrick & Funder, 1988），この議論の結果復活したわけでもないのである。そういう意味で性格5因子モデル（FFM）に代表される特性論はネオ特性論と呼ばれ，それ以前の特性論とは区別されるべきなのである。

10.3 個人の多様性の記述と理解へ向けて

10.3.1 安定性記述からの脱却——相関係数からの脱却

　右の図は経時的研究を模した形での相関図である。よく見慣れた図である。ある性格検査を2時点で行ったとしよう。横軸をTime1，縦軸をTime2としておく。上（図10.14）は相関係数が0.2，下（図10.15）は相関係数が0.8である。こうしたデータがあれば，図10.14であれば低めではあるが被験者が多ければ有意な相関，図10.15であれば高い相関ということになり，性格の安定性を補強するデータとなる。しかし，そうだろうか。図10.14については，それがたとえ有意でも安定性を表すわけではないことはよくわかる。しかし，それと同様に図10.15についても安定しない変動の部分を読みとることが大事なのである。

　こうした表現は説明できる部分のみをその範囲内で説明しようとするにすぎない。これはよく使われる比喩——財布を落としたときに街灯がついている所だけを探す誤り——に当てはまるだろう。もちろん，こうした手法によって非常に限られた安定的で普遍的な傾向を探り出し，それを物質的な意味で安定している遺伝子その他との関連を見ていくことは可能であるし有望であるし——それが優生劣廃学的にならないように配慮されれば——意味のあることである。しかし，ここで再度強調したいのは，そのような手法では個々人の変化とその記述は難しいということであり，相関係数にもとづく人間理解は最初から人間の多様性を理解するのには不向きな方法だと認識すべきだということである。

　性格心理学の目的は何か。個人の理解がその一つであることは間違いない。一方では，個人の変化をとらえる理論的枠組み，方法論的枠組みが，他方では数量的ではない方法による個人の理解が求められている。

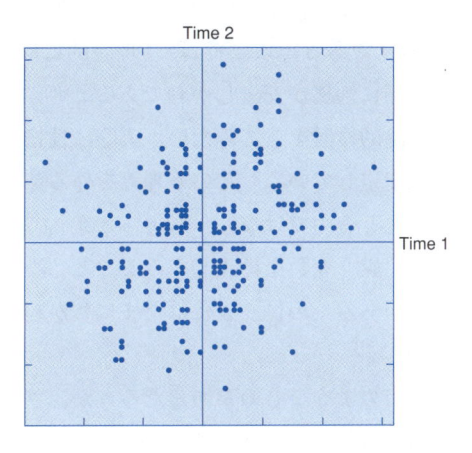

図 10.14　相関係数＝ 0.2 の例

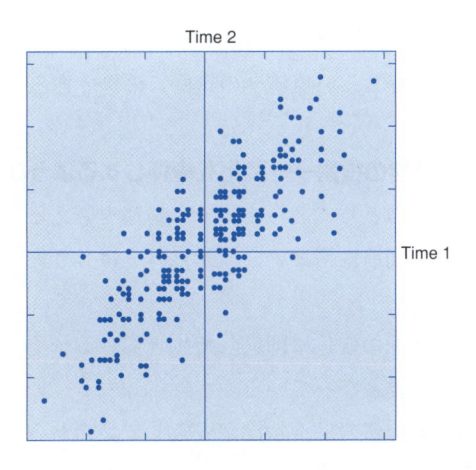

図 10.15　相関係数＝ 0.8 の例

10.3.2 性格が安定するのはなぜか？——変化を妨げる変数の検討

　実際には変化しているかもしれない個人の行動や性格が，安定しているのはなぜか。データをとると安定しているという結果になりがちであることは前節で述べた通りである。ここでは，「理論的には性格は変化する」と仮定した場合，実際に性格が安定しがちであるという現状をどう説明できるのか，という理論的検討をしてみたい。実際に性格が安定していることをもって「性格は安定している」という理論を作ることは可能だが，ここではそうした思考をとるのではなく，ちょっと考えてみたいということである。理論的には，媒介変数を挿入してみることになる。つまり，変化を妨げるような変数があるために，変化はたまにしか起こらない，と考えるのである（図10.16）。

　こうした変数にはどのようなものがあるだろうか。ざっとではあるが以下のようなものが挙げられるだろう（表10.8）。

　性格を変える，ということとは少し違う話だが，たとえば恋愛においても，若いときはちょっと背伸びして素敵な人と付き合いたいと思ったりするものだが，年をとると，自分に合った人を求めるようになる。素の自分を出しても大丈夫な人と一緒だとほっとする，ということになるのは表10.8では5（自分の好ましい環境への選好）の例である。

10.3.3 性格心理学の役割——変化を後押しするような枠組みを

　性格を内在的なものとしてとらえ，その構造を考えるような性格心理学の役割は精神医学の病前性格という概念以外ではもう終わったのではないだろうか。

　私たちは多様な状況の変化に即応して生きている。そのことが明確に分かるような概念が必要となっている。

　安定的な性格を求めるのは，状況が安定していたからである。戦争なども，戦場という場所が悪い意味で安定しているので，その場所に適切な人を送り込もうとしたのである。現在は，激動の時代である。人間も常に変化していくことが望まれる。性格概念はそうしたことの支えになるべきであろう。その際に注意すべきことは，誰がそれをやるのか，ということで

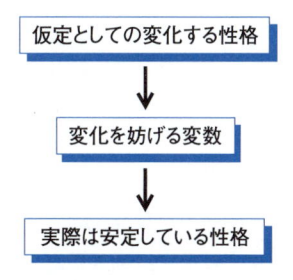

```
仮定としての変化する性格
        ↓
   変化を妨げる変数
        ↓
  実際は安定している性格
```

図 10.16　変化を妨げる変数の挿入

表 10.8　性格の変化を妨げる変数の例

1　変化は望ましくないという価値観
2　「性格は変化しない」という思い込み
3　ステレオタイプ的フィードバック
4　環境の安定
5　自分の好ましい環境への選好（preference）

コラム　傾性概念とは何か

　ある条件のもとで，あることを行うと，ある結果になる，という3つの要素にもとづいて事態を理解するのが傾性という概念の基本である。

　燃える，という性質のことを考えてみよう。一時期は化学の領域でもフロジストン（燃素）という考え方があり，燃素があるものは燃える，と考えられている時期があった。

　鉄は燃えるだろうか？

　紙は燃えるだろうか？

　普通，鉄は燃えないし，紙は燃える。この場合，鉄は「燃えない性質」があり，紙は「燃える性質」だと言えるだろうか。日常生活では，言える。

　しかし，鉄は燃えないわけではない。紙も燃えない場合がある。

　鉄を数千度に熱すれば燃える。濡れた紙は燃えない。

　ヘリクツだ！　と思うかもしれないが，考えてみて欲しい。

　私たちの日常生活では，熱を数千度にまであげるという状況がないから，鉄は燃えない。そして，紙を濡らしたら燃えないということが分かっているから，燃やそうとしない。

　ある条件のみを取り出して，鉄は燃えない，紙は燃える，と言っているにすぎないことに気づかされるのである。

　性格についてもこれと同じことが言えるのではないだろうか。ある条件で＊＊をするから，××だという性質が付与される。男女が2人でいるときに男が「肩を抱く」という行為について考えてみよう。ふたりの関係が上司（男）と部下（女）であれば，そのような行為はセクハラかもしれず，上司（男）は「ヤラシイ」奴という性格が与えられる。ふたりの関係が付き合いだしてから1年目ということであれば，「なかなか煮え切らない」奴，ということになる。人間の性格は，条件との関連で性格づけられているのである。これは，いま取り上げた例以外でも同様なのである。

図 10.17　燃える紙，燃えない紙

ある。知能検査のところで検討したように，心理検査はパノプティカルなまなざしを持っている。簡単に言えば管理の視線である。新しい時代の性格概念は，少数の誰かが多数の誰かを管理するのではなく，自分が自分らしさを発揮するようなものであることが望まれるのである。

　8章の冒頭で述べたように，性格心理学の過去は長いが歴史は短い。検査によって安定した性格をとらえるような性格心理学の歴史もまた短い。測定して安定を取り出すのではなく，自由に変化するという側面を後押しするような性格心理学が成立するなら，それは今まで以上長く続く性格心理学となっていくのではないだろうか。

● **参考図書**

Krahe, B.　1992　*Personality and social psychology: Towards a synthesis.*　Sage　堀毛一也（編訳）　1996　社会的状況とパーソナリティ　北大路書房

　人か状況か論争とその後の性格心理学の発展について簡潔に見ることができる。

Mischel, W.　1968　*Personality and assessment.*　New York: Wiley.　詫摩武俊（監訳）　1992　パーソナリティの理論──状況主義的アプローチ　誠信書房

　人か状況か論争の火付け役になった書。もはや歴史的古典とも呼び得る。

引用文献

1章
福島　章　1984　性格をどう生きるか　彩古書房
一丸藤太郎　1989　解離性同一性障害（多重人格）　大塚義孝（編）　心の病理学　現代のエスプリ　至文堂　Pp.67-80.
河合隼雄　1967　ユング心理学入門　培風館
河合隼雄　1987　影の現象学　講談社
前田重治　1985　図説臨床精神分析学　誠信書房
東京大学医学部心療内科　1995　エゴグラム・パターン　金子書房
和辻哲郎　1937　面とペルソナ　岩波書店

2章
福島　章　1985　非行少年学入門　中公新書
福島　章　1991　イメージ世代の心を読む　新曜社
伊藤美奈子　1995　不本意就学類型化の試みとその特徴についての検討　青年心理学研究, **7**, 30-41.
伊藤美奈子　1998　学校における心の悩みへの対応　無藤　隆・市川伸一（編）　学校教育の心理学　学文社　Pp.175-191.
伊藤美奈子　2000　教師のバーンアウトを規定する諸要因　教育心理学研究, **48**, 12-20.
清永賢二・麦島文夫・高橋良彰　1989　いじめに関わる非行の実態調査研究　西村春夫（編）少年非行──その実態・原因・対応の分析　ソフトサイエンス社　Pp.418-430.
桑原和子　1996　スクールカウンセラーは誰のもの　大塚義孝（編）　スクールカウンセラーの実際　こころの科学増刊　日本評論社　Pp.92-95.
緑川尚夫　1995　学校教師から望むスクールカウンセラー　村山正治・山本和郎（編）　スクールカウンセラー　ミネルヴァ書房
森田洋司　1991　「不登校」現象の社会学　学文社
森田洋司・清永賢二　1994　いじめ──教室の病い　金子書房
村山正治　1992　カウンセリングと教育　ナカニシヤ出版
長尾　博　1991　学校カウンセリング　ナカニシヤ出版
Shirom, A. 1989 Burnout in work organization. In C.L. Cooper, & I. Robertson (Eds.), *International review of industrial and organizational psychology.*
田尾雅夫・久保真人　1996　バーンアウトの理論と実際　誠信書房

3章
福島　章　1985　非行少年学入門　中公新書
福島　章　1991　イメージ世代の心を読む　新曜社
井上忠司　1977　「世間体」の構造　日本放送出版協会
笠原　嘉　1977　青年期──精神病理学から　中公新書
笠原　嘉　1996　軽症うつ病──「ゆううつ」の精神病理　講談社
近藤章久　1970　対人恐怖について──森田を起点として　精神医学, **12** (5), 382-388.
町沢静夫　1997　ボーダーライン──青少年の心の病い　丸善

永井　撤　1986　対人恐怖　詫摩武俊（監修）　パッケージ・性格の心理　自分の性格と他人の性格　ブレーン出版　Pp.223-231.
永井　撤　1994　対人恐怖の心理――対人関係の悩みの分析　サイエンス社
野上芳美　1998　摂食障害　日本評論社
大平　健　1996　やさしさの精神病理　岩波書店
小此木啓吾　1978　モラトリアム人間の時代　中央公論社
清水將之　1985　学校・社会と思春期問題　作田　勉・猪股丈二（編）　思春期対策　誠信書房　Pp.92-128.
杉村省吾　1995　カウンセラーが診た震災後遺症　中央公論10月号
杉村省吾　1998　心的外傷後ストレス障害（PTSD）　大塚義孝（編）　心の病理学　現代のエスプリ別冊　Pp.36-50.
鈴木裕也　1986　彼女たちはなぜ拒食や多食に走る　女子栄養大学出版部

4章

Barnland, D.C.　1973　*Public and private self in Japan and United States.*　西山　千・佐野雅子（訳）　1979　日本人の表現構造――公的自己と私的自己　サイマル出版会　Pp.102-103
浜口恵俊　1982　間人主義の社会日本　東洋経済新報社
井上忠司　1977　「世間体」の構造　日本放送出版協会
河合隼雄　1967　ユング心理学入門　培風館
河合隼雄　1976　母性社会日本の病理　中央公論社
Markus, H., & Kitayama, S.　1991　Culture and the self: Implications for cognition, emotion, and motivation. *Psychological Review*, **98**, 224-253.
Mead, M.　1935　*Sex and temperament in three primitive societies.*　New York:Morrow.
南　博　1997　日本人論――明治から今日まで　岩波書店
村田孝次　1983　教養の心理学　培風館
NHK放送世論調査所　1979　日本人の県民性　日本放送出版会
祖父江孝男　1971　県民性　中公新書
和辻哲郎　1979　風土――人間学的考察　岩波書店
矢野喜夫・落合正行　1991　発達心理学への招待――人間発達の全体像をさぐる　サイエンス社

5章

安藤寿康　1999　行動遺伝学と双生児法から性格をとらえる　杉山憲司・堀毛一也（編著）　性格研究の技法　福村出版　Pp.126-135.
Buss, A.H., & Plomin, R.　1984　*Temperament: Early developing personality traits.* Hillsdale, NJ: Erlbaum.
Capsi, A.　1998　Personality development across the life course.　In Damon, W., & Eisenberg, N.（Eds.）, *Handbook of child psychology. Fifth edition.* Vol.3.　Social, emotional, and personality development.　Wiley.　Pp.311-388.
Cicchetti, D., & Toth, S.L.　1998　Perspectives on research and practices in developmental psychopathology.　In Damon, W., & Eisenberg, N.（Eds.）, *Handbook of child psychology. Fifth edition.* Vol.4. Child psychology in practice. Wiley. Pp.479-583.
de Wolf, M.S., & van IJzendoorn, M.H.　1997　Sensitivity and attachment: A meta analysis on parental antecedents of infant attachment.　*Child Development*, **68**, 571

-591.
堂野恵子 1996 幼児の自己制御機能の発達と親が期待する子どもの将来像――日米比較 安田女子大学紀要, **24**, 125-134.
Ebstein, R.P., Novick, O., Umansky, R., Priel, B., Osher, Y., Blaine, D., Bennett, E.R., Nemanov, L., Katz, M., & Belmaker, R.H. 1996 Dopamine D4 receptor (DRD4) exon III polymorphism associated with the human trait of novelty seeking. *Nature Genetics*, **12**, 78-80.
遠藤純代 1995 遊びと仲間関係 麻生 武・内田伸子 (責任編集) 講座生涯発達心理学 第2巻 人生への旅立ち――胎児・乳児・幼児前期 金子書房 Pp.229-263.
Flavell, J.H., Everett, B.A., Croft, K., & Flavell, E.R. 1981 Young children's knowledge about visual perception: Further evidence for the level1-level2 distinction. *Developmental Psychology*, **17**, 99-103.
藤永 保・斎賀久敬・春日 喬・内田伸子 1987 人間発達と初期環境 有斐閣
藤生英行 1991 現代の家族とは 高野清純 (監修) 図で読む心理学 発達 福村出版 Pp.85-94.
浜崎信行・依田 明 1985 出生順位と性格 (2) ――3人きょうだいの場合 横浜国立大学教育紀要, **25**, 187-196.
Hogrefe, G-J., Wimmer, H., & Perner, J. 1986 Ignorance versus false belief: A developmental lag in attribution of epistemic states. *Child Development*, **57**, 567-582.
飯野晴美 1996 きょうだい関係 青柳 肇・杉山憲司 (編著) パーソナリティ形成の心理学 福村出版 Pp.133-142.
井森澄江 1997 仲間関係と発達 井上健治・久保ゆかり (編) 子どもの社会的発達 東京大学出版会 Pp.50-69.
Jacobson, J.L., & Wille, D.E. 1986 The influence of attachment pattern on developmental changes in peer interaction from the toddler to the preschool period. *Child Development*, **57**, 338-347.
Kagan, J., Reznick, J.S., & Snidman, N. 1988 Biological bases of childhood shyness. *Science*, **240**, 167-171.
柏木恵子 1988 幼児期における「自己」の発達 東京大学出版会
柏木恵子 1997 行動と感情の自己制御機能の発達 柏木恵子・北山 忍・東 洋 (編) 文化心理学 東京大学出版会 Pp.180-197.
数井みゆき 1996 赤ちゃんにとって母親のやさしさとは 正高信男 (編) 別冊発達19 赤ちゃんウォッチングのすすめ ミネルヴァ書房 Pp.63-71.
久保ゆかり 1997 他者理解の発達 井上健治・久保ゆかり (編) 子どもの社会的発達 Pp.112-130.
LaFreniere, P.J., & Sroufe, A. 1985 Profiles of peer competence in the preschool: Interrelations between measures, influence of social ecology, and relation to attachment history. *Developmental Psyochology*, **21**, 56-69.
松本光之・山口時男 1998 ドーパミンD4レセプターの多型と人格傾向 *Molecular Medicine*, **35** (12), 1488-1493.
三宅和夫 1990 シリーズ人間の発達5 子どもの個性 東京大学出版会
Miyake, K., Chen, S., & Campos, J. 1985 Infant temperament, Mother's mode of interaction, and attachment in Japan. In I. Bretherton, & E. Waters (Eds.) *Growing points of attachment theory and research. Monographs of the society for*

research in child development. **50**, 1-2 (serial no. 209).
岡野雅子 1995 仲間関係の発達 佐藤眞子（編） 人間関係の発達心理学2：乳幼児期の人間関係 培風館 Pp.103-130.
Renken, B., Egeland, B., Marvinney, D., Mangelsdorf, S., & Sroufe, A. 1989 Early childhood antecedents of aggression and passive-withdrawal in early elementary school. *Journal of Personality,* **57**, 257-281.
Rothbart, M. K., & Bates, J. 1998 Temperament. In Damon, W., & Eisenberg, N. (Eds.), *Handbook of child psychology.* Fifth edition. Vol.3. Social, emotional, and personality development. Wiley. Pp.105-176.
佐藤公治 1990 「泣き」や「ぐずり」と乳児の発達 三宅和夫（編著） 乳幼児の人格形成と母子研究 東京大学出版会 Pp.77-94.
菅原ますみ 1992 気質 東 洋・繁多 進・田島信元（編集企画） 発達心理学ハンドブック 福村出版 Pp.723-742.
菅原ますみ 1996 気質 青柳 肇・杉山憲司（編著） パーソナリティ形成の心理学 福村出版 Pp.22-34.
菅原ますみ 2003 個性はどう育つか 大修館書店
鈴木乙史 1998 性格形成と変化の心理学 ブレーン出版
高橋道子 1994 親子関係の形成と発達 若井邦夫・高橋道子・高橋義信・城谷ゆかり 乳幼児心理学——人生最初期の発達を考える サイエンス社 Pp.115-138.
高井清子 1993 ひとりっ子に関する研究（1）——きょうだい構成と友人関係に関して 日本女子大学家政学部紀要, **40**, 15-19.
Thomas, A., Chess, S., & Birch, H.G. 1968 *Temperament and behavior disorder in children.* New York University Press.
Thomas, A., & Chess, S. 1977 *Temperament and development.* New York: Brunner/Mazel.
戸田まり・渡辺純子 1994 「ひとりっ子」に対する否定的性格イメージ 日本性格心理学会第3回発表論文集 p.26.
臼井 博・森田亜希子・山田真由美・岩宗威晴・二宮 香・桜井 亮 1994 2, 3歳児の対人的問題解決行動の発達——いざこざ場面における行動の縦断的分析 北海道教育大学紀要（第I部C）, **45** (1), 43-55.
Warren, S.L., Huston, L., Egeland, B., & Sroufe, L.A. 1997 Child and adolescent anxiety disorders and early attachment. *Journal of the American Academy of Child and Adolescent Psychiatry,* **36**, 637-644.
依田 明・深津千賀子 1963 出生順位と性格 教育心理学研究, **11**, 239-246.
依田 明・飯嶋一恵 1981 出生順位と性格 横浜国立大学教育紀要, **21**, 117-127.

6章

蘭 千壽 1992 セルフ・エスティームの形成と養育行動 遠藤辰雄・井上祥治・蘭千壽（編） セルフ・エスティームの心理学——自己価値の探求 ナカニシヤ出版 Pp.168-177.
蘭 千壽 1992 セルフ・エスティームの形成と学校の影響 遠藤辰雄・井上祥治・蘭千壽（編） セルフ・エスティームの心理学——自己価値の探求 ナカニシヤ出版 Pp.178-199.
遠藤由美 2000 青年の心理——ゆれ動く時代を生きる サイエンス社
榎本博明 1991 自己開示と自我同一性地位の関係について 中京大学教養論叢, **32**

(1), 187-199.
榎本淳子　1999　青年期における友人との活動と友人に対する感情の発達的変化　教育心理学研究, **47** (2), 180-190.
Evans, R. I.　1967　*Dialogue with Erik Erikson.*　New York, Harper & Row.　岡堂哲雄・中園正身（訳）　1973　エリクソンとの対話　金沢文庫
Dodge, K.　1980　Social cognition and children's aggressive behavior.　*Developmental Psychology,* **51**, 162-170.
平石賢二　1995　青年期の異世代関係　落合良行・楠見　孝（責任編集）　講座生涯発達心理学4　自己への問い直し　金子書房　Pp.125-154.
井上信子　1986　児童の自尊心と失敗課題への対処との関連　教育心理学研究, **34** (1), 10-19.
伊藤裕子　2001　青年期女子の性同一性の発達──自尊感情，身体満足度との関連から　教育心理学研究, **49**, 458-468.
苅谷剛彦　1991　学校・職業・選抜の社会学──高卒就職の日本的メカニズム　東京大学出版会
笠原　嘉　1984　アパシー・シンドローム──高学歴社会の精神病理　岩波書店
川井望美　2002　思春期前期における身体的発達と心理的適応との関連──縦断的研究　聖心女子大学大学院論集, **24**, 63-79.
河村茂雄　1999　学級崩壊に学ぶ──崩壊のメカニズムを絶つ教師の知識と技術　誠信書房
小林　真　2001　幼稚園教諭・保育士と小学校教諭の間に見られる子どもに指導すべき目標についての意識の違い　富山大学教育学部紀要, **55**, 73-78.
熊谷信順　2002　進路指導の意義と課題　高橋　超・石井眞治・熊谷信順（編著）　生徒指導・進路指導　ミネルヴァ書房　Pp.135-159.
楠見幸子・狩野素朗　1986　青年期における友人概念発達の因子分析的研究　九州大学教育学部紀要（教育心理学部門）, **31** (2), 97-104.
楠見　孝　1995　青年期の認知発達と知識獲得　落合良行・楠見　孝（責任編集）　講座生涯発達心理学4　自己への問い直し　金子書房　Pp.57-88.
Marcia, J. E.　1966　Development and validation of ego-identity status.　*Journal of Personality and Social Psychology,* **3**, 551-558.
Marcia, J.E.　1967　Ego-identity status: Relationship to change in self-esteem, general maladjustment, and authoritarianism.　*Journal of Personality,* **38**, 119-133.
松井　豊　1993　恋ごころの科学　サイエンス社
松井　豊　1996　親離れから異性との親密な関係の成立まで　斎藤誠一（編）　人間関係の発達心理学4　青年期の人間関係　培風館　Pp.19-54.
南　博文　1995　子どもたちの生活世界の変容──生活と学校のあいだ　内田伸子・南　博文（責任編集）　講座生涯発達心理学3　子ども時代を生きる　幼児から児童へ　金子書房　Pp.1-26.
宮武朗子・鈴木信子・松井　豊・井上果子　1996　中学生の恋愛意識と行動　横浜国立大学教育紀要, **36**, 173-196.
文部科学省　1998（平成10年）　中学校学習指導要領
文部科学省　学校保健調査（平成14年）　http://www.mext.go.jp/b_menu/toukei/001/h14.htm
文部科学省　平成15年学校基本調査　http://www.mext.go.jp/b_menu/toukei/001/04011501/005/008.pdf

無藤清子 1979 「自我同一性地位面接」の検討と大学生の自我同一性 教育心理学研究, **27**, 178-187.
無藤清子 1999 青年期とアイデンティティ 鑪幹八郎・山下 格（編） アイデンティティ 日本評論社 Pp.49-60.
内閣府政策統括官（総合企画調整担当） 2001 日本の青少年の生活と意識 第2回調査
内閣府政策統括官（総合企画調整担当） 2001 青少年の社会的適応能力と非行に関する研究調査
中村淳子・秋葉英則 1992 青年期における家族機能認知について——自我同一性地位との関わりから 大阪教育大学紀要 第Ⅳ部門, **41** (1), 11-23.
日本性教育協会 2001 「若者と性」白書 第5回青少年の性行動全国調査報告 小学館
日本性教育協会ホームページ 「青少年の性行動調査」 http://www.jase.or.jp/kenkyu_zigyo/2_f.html
落合良行・佐藤有耕 1996 青年期における友だちとのつきあい方の発達的変化 教育心理学研究, **44**, 55-65.
岡堂哲雄 1973 臨床的人間学〔解説〕 Evans, R. I. 1967 *Dialogue with Erik Erikson.* New York, Harper & Row. 岡堂哲雄・中園正身（訳） 1973 エリクソンとの対話 金沢文庫 Pp.151-179.
岡本清孝・上地安昭 1999 第二の個体化の過程からみた親子関係および友人関係 教育心理学研究, **47**, 248-258.
岡本祐子（編著） 2002 アイデンティティ生涯発達論の射程 ミネルヴァ書房
三枝惠子 1999 悩みの相談相手と癒し モノグラフ・高校生 Vol.60. Pp.65-77. ベネッセ教育総研
三枝惠子・深谷野亜 2001 中学生が抱く悩み モノグラフ・中学生の世界 Vol.70. Pp.28-62. ベネッセ教育総研
斎藤誠一 1995 自分の身体・性とのつきあい 落合良行・楠見 孝（責任編集） 講座生涯発達心理学4 自己への問い直し 金子書房 Pp.23-56.
佐方哲彦 1988 同一性拡散の心理的特徴の一側面——自己愛傾向および共感性との関連 日本心理学会第52回大会発表論文集, 108.
佐藤寛之 1997 思考の発達 新井邦二郎（編著） 図でわかる発達心理学 福村出版 p.133.
柴田利男 2000 青年期の対人関係 藤村邦博・大久保純一郎・箱井英寿（編著） 青年期以降の発達心理学——自分らしく生き，老いるために 北大路書房 Pp.56-74.
進野智子・小林小夜子 1999 幼稚園から小学校への移行に関する発達心理学的研究Ⅰ 長崎大学教育学部紀要——教育科学, **56**, 63-70.
杉村和美 1998 青年期におけるアイデンティティの形成——関係性の観点からのとらえ直し 発達心理学研究, **9** (1), 45-55.
高橋惠子 1983 対人関係 三宅和夫ほか（編） 波多野・依田児童心理学ハンドブック 金子書房 Pp.607-639.
Tanner, J.M. 1989 *Foetus into man : Physical growth from conception to maturity.* Second edition. Castlemead Publications. 林 正（監訳） 1993 成長の「しくみ」をとく——胎児期から成人期までの成長のすすみ方 東山書房
谷 冬彦 2001 アイデンティティ・ステイタス・パラダイムに対する批判的検討（Ⅰ）

──基本的問題　神戸大学発達科学部研究紀要, **9** (1), 31-39.
樽木靖夫　1992　中学生の自己評価に及ぼす担任教師によるフィードバックの効果　教育心理学研究, **40** (2), 130-137.
鑪幹八郎　1986　エリクソン・E・H　別冊発達4　ミネルヴァ書房　Pp.193-215.
寺沢宏次・西條修光・柳沢秋孝・篠原菊紀・根本賢一・正木健雄　2000　GO/NO-GO実験による子どもの大脳発達パターンの調査　日本の'69, '79, '98と中国の子どもの'84の大脳活動の型から　日本生理人類学会誌　Vol.5　No.2, 47-54.
矢川晶子　2001　児童期の自己制御の発達的変化──コンピテンスとの関連から　和歌山大学教育学部紀要──教育科学, **51**, 153-168.
山本　力　1984　アイデンティティ理論との対話　鑪幹八郎・山本　力・宮下一博（共編）　自我同一性研究の展望　ナカニシヤ出版　Pp.9-38.

7章

Brewer, W.F.　1986　What is autobiographical memory.　In D.C.Rubin (Ed.), *Autobiographical Memory.*　Cambridge University Press.
遠藤由美　1998　自己認知　池上知子・遠藤由美　グラフィック社会心理学　サイエンス社
遠藤由美　2004　社会的認知　無藤　隆・森　敏昭・遠藤由美・玉瀬耕治　心理学　北大路書房　Pp.303-322.
榎本博明　1999　〈私〉の心理学的探求──物語としての自己の視点から　有斐閣選書
Freedman, M., & Rosenman, R.H.　1959　Association of specific overt behavior pattern with blood and cardiovascular findings.　*Journal of American Medical Association*, **169**, 1286-1296.
Fry, P.S., & Addington, J.　1984　'Professionals' negative expectations of boys from father-headed single-parent families:Implications for the training of child-care professionals'.　*British Journal of Developmental Psychology*, **2**, 337-346.
藤田綾子　1990　老年期のリハビリテーション　山内光哉（編）　発達心理学（下）　ナカニシヤ出版　Pp.130-140.
福丸由佳　2000　共働き世帯の夫婦における多重役割と抑うつ度との関連　家族心理学研究, **14** (2), 151-162.
福丸由佳　2003　父親の仕事と家庭の多重役割と抑うつ度──妻の就業の有無による比較　家族心理学研究, **17** (2), 97-110.
Guttman, D.L.　1975　Parenthood: A key to the comparative study of the life cycle.　In Datan, N., & Ginsberg, L.H.(Eds.), *Life span developmental psychology.*　Academic Press.
Hagberg, B., Samuelsson, G., Lindberg, B., & Dehlin, O.　1991　Stability and change of personality in old age and its relation to survival.　*Journal of Gerontology*, **46**, 285-291.
浜嶋　朗・竹内郁郎・石川晃弘（編）　1997　社会学小辞典［新版］　有斐閣
Holland, J.L.　1985　*Making vocational choices.*　2nd. ed.　Prentice-Hall.　渡辺三枝子・松本純平・舘　暁夫（共訳）　1990　職業選択の理論　雇用問題研究会
飯島婦佐子　2001　発達段階　斎藤耕二・本田時雄（編著）　ライフコースの心理学　金子書房　Pp.156-171.
池上知子　2001　対人認知の心理機構　唐沢　穣・池上知子・唐沢かおり・大平秀樹　社会的認知の心理学──社会を描く心のはたらき　ナカニシヤ出版　Pp.14-45.

イリイチ, I. 玉野井芳郎・栗原　彬（訳）　1982　シャドウ・ワーク――生活のあり方を問う　岩波現代選書
稲葉昭英　2004　仕事と家庭の葛藤の調整　石原邦雄（編著）　家族のストレスとサポート　放送大学教育振興会　Pp.236-257.
岩永　誠　2003　ワークストレスの臨床社会心理学的問題　横山博司・岩永　誠（編著）　ワークストレスの行動科学　北大路書房　Pp.106-149.
Jung, C.G. 1933 The stage of life. In the collected works of Carl G. Jung, Vol.7. Princeton Univ. Press. Pp.387-403. 1960.（岡本祐子　1995　人生半ばを越える心理　講座生涯発達心理学5　老いることの意味　Pp.41-80.より引用）
梶田叡一　1988　自己意識の心理学［第2版］　東京大学出版会
神谷俊次・伊藤美奈子　2000　自伝的記憶のパーソナリティ特性による分析　心理学研究, **71** (2), 96-104.
笠原　嘉　1984　アパシー・シンドローム　高学歴社会の精神病理　岩波書店
柏木惠子・若松素子　1994　「親となる」ことによる人格発達――生涯発達的視点から親を研究する試み　発達心理学研究, **5**, 72-83.
国立社会保障・人口問題研究所ホームページ　http://www.ipss.go.jp/　「日本の将来推計人口（平成14年1月推計）」
キューブラー＝ロス, E. 川口正吾（訳）　1971　死ぬ瞬間――死にゆく人々との対話　読売新聞社
久保真人　2004　バーンアウトの心理学――燃え尽き症候群とは　サイエンス社
ラザルス, R. S.・フォルクマン, S. 本明　寛・春木　豊・織田正美（監訳）　1991　ストレスの心理学――認知的評価と対処の研究　実務教育出版
Levinson, D.J. 1978 The seasons of a man's life. Alfred A. Knopf. 南　博（訳）　1992　ライフサイクルの心理学（上・下）　講談社学術文庫
Levinson, D.J. 1996 The seasons of a woman's life. Alfred A. Knopf.
Lewinsohn, P.M., & Rosenbaum, M. 1987 Recall of parental behavior by acute depressives, remitted depressives and nondepressives. Journal of Personality and Social Psychology, **52**, 611-619.
ロフタス, E. F. 仲真紀子（訳）　1997　偽りの記憶をつくる――あなたの記憶は本物か　日経サイエンス1997年12月号, 18-25.
ロフタス, E. F.・ケッチャム, K. 仲真紀子（訳）　2000　抑圧された記憶の神話――偽りの性的虐待の記憶をめぐって　誠信書房
Marcus, H. 1977 Self-schemata and processing information about the self. Journal of Personality and Social Psychology, **35**, 63-78.
Marcus, H., Crane, M., Bernstein, S., & Siladi, M. 1982 Self-schemas and gender. Journal of Personality and Social Psychology, **42**, 38-50.
宮城音弥　1967　性格　岩波新書
宗方比佐子・渡辺直登（編著）　2002　キャリア発達の心理学――仕事・組織・生涯発達　川島書店
内閣府　少子・高齢化対策ホームページ　http://www8.cao.go.jp/kourei/index.html　「平成15年度『年齢・加齢に対する考え方に関する意識調査』結果について」
中村陽吉　1972　心理学的社会心理学　光生館
中野敬子　1995　女性を対象としたTypeA行動パターン測定法――日常行動質問票の作成　心理学研究, **66**, 121-126.
中里克治・下仲順子　1989　青年前期から老年期にいたる不安の年齢変化　教育心理学

研究, **37**, 172-178.
那須光晃　2000　キャリア発達　久世敏雄・斎藤耕二（監修）　青年心理学事典　福村出版　p.236.
西田祐紀子　2000　成人女性の多様なライフスタイルと心理的 well-being に関する研究　教育心理学研究, **48**, 433-443.
丹羽洋子　1999　今どき子育て事情　ミネルヴァ書房
落合良行　1999　孤独な心——淋しい孤独感から明るい孤独感へ　サイエンス社
岡本祐子　1985　中年期の自我同一性に関する研究　教育心理学研究, **33**, 295-306.
岡本祐子　1997　中年からのアイデンティティ発達の心理学　ナカニシヤ出版
岡本祐子　2001　成人期——中年の危機　下山晴彦・丹野義彦（編）　講座臨床心理学5　発達臨床心理学　東京大学出版会　Pp.151-172.
岡本祐子（編著）　2002　アイデンティティ——生涯発達論の射程　ミネルヴァ書房
大芦　治　2003　タイプ A 行動パターンの心理学的研究　心理学評論, **45**, 417-436.
Palmore, E.B.　1982　Predictors of the longevity defference: A 25-year follow-up. *The Gerontologist*, **22**, 513-518.
Schaie, K.W.　1980　Intelligence and problem solving. In J.E. Birren, & R.E. Sloane (Eds.), *Handbook of mental health and aging.*　Prentice-Hall.　Pp.262-284.
Sheehy, G.　1974　*Passages: Predictable crises of adult life.*　New York: Dutton & Co. 深沢道子（訳）　1978　パッセージ——人生の危機　プレジデント社
下仲順子　1995　高齢化社会における新しい老人像　南　博文・やまだようこ（責任編集）　講座生涯発達心理学5　老いることの意味——中年・老年期　金子書房　Pp.81-116.
下仲順子・中里克治　1999　老年期における人格の縦断研究——人格の安定性と変化および生存との関係について　教育心理学研究, **47**, 293-304.
下仲順子・中里克治・河合千恵子　1990　老年期における性役割と心理的適応　社会老年学, **31**, 3-11.
菅原健介・山本真理子・松井　豊　1986　Self-Consciousness の人口統計学的特徴　日本心理学会第50回大会発表論文集　p.658.
スーパー, D.E.　日本職業指導学会（訳）　1957　職業生活の心理学　誠信書房
高橋雅延　2000　記憶と自己　太田信夫・多鹿秀継（編著）　記憶研究の最前線　北大路書房　Pp.229-246.
高田利武　1992　他者と比べる自分　サイエンス社
高田利武　1994　日常事態における社会的比較の様態　奈良大学紀要, **22**, 201-210.
詫摩武俊　1967　性格はいかにつくられるか　岩波新書
玉瀬耕治　2004　性格　無藤　隆・森　敏昭・遠藤由美・玉瀬耕治　心理学　北大路書房　Pp.213-234.
氏家達夫　1996　親になるプロセス　金子書房
氏家達夫　1999　親になること，親であること　東　洋・柏木惠子（編）　社会と家族の心理学　ミネルヴァ書房　Pp.137-162.
Vandewater, E. A., Ostrove, J. M., & Stewart, A. J.　1997　Predicting women's well-being in midlife: The importance of personality development and social role involvements. *Journal of Personality and Social Psychology*, **72** (5), 1147-1160.
Van Egeren, L.F.　1979　Cardiovascular changes during social competition in a mixed-motive game. *Journal of Personality and Social Psychology*, **37**, 858-864.
山崎勝之　1995　タイプ A 性格の形成過程　心理学評論, **38** (1), 1-24.

8章

Allport, G.W. 1937 Personality: A psychological interpretations. 詫摩武俊・青木孝悦・近藤由紀子・堀 正（訳） 1982 パーソナリティ——心理学的解釈 新曜社
天野正輝 1989 教育評価史研究——第一次，第二次小学校令期を中心に 京都大学教育学部紀要, **35**, 92-114.
アリストテレス 島崎三郎（訳）1998 動物誌 岩波書店
フーコー, M. 田村 俶（訳） 1977 監獄の誕生——監視と処罰 新潮社
藤井 薫 1992 教科書記載のある神話からの解放 精神医学, **4**, 1272-1273.
Kretschmer, E. 1955 *Korperbau und Charakter*. (22.Auflage) 相場 均（訳） 1960 体格と性格——体質の問題および気質の学説による研究 文光堂
黒田 亮 1948 支那心理思想史 小山書店
溝口 元 1997 性格研究の源流をさかのぼる 朝日新聞社（編） 多重人格とは何か 朝日新聞社
大村政男 1990 血液型と性格 福村出版
佐藤達哉 1997a なぜ性格を測るのか 朝日新聞社（編） 多重人格とは何か 朝日新聞社
佐藤達哉 1997b 知能指数 講談社現代新書
佐藤達哉 2000 心理学と変態 『変態心理』解説
瀬川 晃 1998 犯罪学 成文堂
Shryock, J. K. 1937 *The study of human abilities*. New Haven: American Oriental Society.
テオフラストス 森 進一（訳） 1982 人さまざま 岩波文庫
上山隆大 1994 身体の科学——計測と器具 大林信治・森田敏照（編著） 科学思想の系譜学 ミネルヴァ書房 Pp.149-173.

9章

Abramson, L., Seligman, M., & Teasdale, J. 1978 Learned helplessness in humans:Critique and formulation. *Journal of Abnormal Psychology*, **87**, 49-74.
Allport, G.W. 1937 Personality: A psychological interpretations. 詫摩武俊他訳 1982 パーソナリティ——心理学的解釈 新曜社
Dahlstrom, W. G., Welsh, G. S., & Dahlstrom, L. E. 1975 *An MMPI Handbook*, Vol.1: Clinical interpretation (rev. ed.). Minneapolis, MN: University of Minnesota Press.
星野真由美 1997 「個性」研究から調査および錬成心理学へ 佐藤達哉・溝口 元（編著） 通史日本の心理学 北大路書房 Pp.258-265.
岸本惣吉 1935 我国に於ける応用心理学書 応用心理研究, **3**, 328-366.
近藤喬一 2001 森田療法の理論 中島義明（編） 現代心理学理論事典 朝倉書店 Pp.773-780.
小谷英文 2002 人格障害と人格理論 下山晴彦・丹野義彦（編） 講座臨床心理学4 異常心理学Ⅱ 東京大学出版会 Pp.27-48.
大村政男 1990 血液型と性格 福村出版
Peterson, C., Maier, S. F., & Seligman, M. E. P. 1993 *Learned helplessness:A theory for the age of personal control*. Oxford University Press. 津田 彰（監訳） 2000 学習性無力感——パーソナル・コントロールの時代をひらく理論 二瓶社
Popplestone, J. A., & McPherson, M. W. 1994 *An illustrated history of American psychology*. Brown a Benchmark, Wisconsin. 大山 正（監訳） 2001 写真で読むア

メリカ心理学のあゆみ　新曜社
佐藤達哉　2002　日本における心理学の受容と展開　北大路書房
Seligman, M.E.P.　1975　Helplessness.　Freeman.（平井久・木村駿監訳　学習性絶望感とは何か　誠信書房　1985年刊）
Seligman, M. E. P.　1990　*Learnd optimism.*　Pocket Books.　山村宜子（訳）　1991　オプティミストはなぜ成功するか　講談社
Stuart, R. Mc.　1896　*Gobolinks or shadow pictures.*　Albert Bigelow Paine.
戸川行男・外岡豊彦・内田純平　1983　心理学者内田勇三郎のこと　日本・精神技術研究所
津田　彰　2001　生理学的研究　下山晴彦・丹野義彦（編）　講座臨床心理学2　臨床心理学研究　東京大学出版会　Pp.261-274.
内田勇三郎・松井三雄・本田実昌・谷本揆一・山根　薫　1930　素質の実験類型心理学的研究　教育心理研究, **5**（5）, 17-39.
渡邊芳之・佐藤達哉　1993　パーソナリティの一貫性をめぐる「視点」と「時間」の問題　心理学評論, **36**, 226-243.
Watson, J.B., & Rayner, R.　1920　Conditioned emotional reactions.　*Journal of Experimental Psychology,* **3**, 1-14.
Woodworth, R. S.　1919　Examination of emotional fitness for warfare.　*Psychological Bulletin,* **16**, 59-60.

10章

Allport, G. W.　1961　*Pattern and growth in personality.*　今田　恵（監訳）　1968　人格心理学　誠信書房
Allport, G.W.　1965　*Letters from Jenny.*　New York:Harcourt Brace Jovanovich.　青木孝悦・萩原　滋（訳）　1982　ジェニーからの手紙――心理学は彼女をどう解釈するか　新曜社
Endler, N.S.　1983　Interactionism: A personality model not yet a theory.　In M.M. Page, & R. Dienstbier（Eds.）, *Nebraska Symposium on Motivation, 1982: Personality-Current theory and research.*（Pp.155-200）. Lincoln: University of Nebraska Press.
堀毛一也　2002　社会心理学とパーソナリティ　大橋英寿（編著）　社会心理学特論――人格・社会・文化のクロスロード　放送大学教育振興会
Hartshorne, H., & May, M.A.　1928　*Studies in deceit.*　New York: McMillan.
Jones, E., & Nisbett, R.　1972　The actor and the observer: Divergent perceptions of the causes of behavior.　In E. Jones, D. Kanouse, H. Kelly, R. Nisbett, S. Valins, & B. Weiner（Eds.）, *Attribution: Perceiving the causes of behavior.*（Pp.79-94）. Morristown, NJ: General Learning.
Kenrick, D.T., & Funder, D.C.　1988　Profiting from controversy: Lessons from the person-situation debate . *American Psychologist,* **43**, 23-34.
Krahe, B.　1992　*Personality and social psychology: Towards a synthesis.*　London Sage Publication.　堀毛一也（編訳）　1996　社会的状況とパーソナリティ　北大路書房
大渕憲一・堀毛一也　1996　パーソナリティと対人行動　誠信書房
McAdams, D.P.　1989　The development of a narrative identity.　In D.M. Buss, & N. Cantor（Eds.）, *Personality psychology: Recent trends and emerging directions.*　New York: Springer.　Pp.160-174.
McAdams, D.P., & de St. Aubin, E.（Eds.）　1998　*Generativity and adult development:*

How and why we care for the next generation. Washington D.C.: American Psychological Association.
Mischel, W. 1968 *Personality and assessment.* New York: Wiley. 詫摩武俊（監訳）1992 パーソナリティの理論――状況主義的アプローチ 誠信書房
Mugnusson, D., & Endler, N. S. 1977 Interactional psychology:Present status and future prospects. In D. Mugnusson, & N.S. Endler(Eds.), *Personality at the crossroad.* Hillsdale, NJ: L.Erlbaum. Pp.3-35.
Runyan, W.M. 1983 Idiographic goals and methods in the study of lives. *Journal of Personality,* **51**, 683-706.
西條剛央 2004 母子間の抱きの人間科学的研究 北大路書房
佐藤達哉 1990 心理的ストレス論争について 人文学報（東京都立大学）, **214**, 103-120.
Shweder, R. E. 1975 How relevant is an individual difference theory of personality. *Journal of Personality,* **43**, 455-484.
渡邊芳之・佐藤達哉 1993 パーソナリティの一貫性をめぐる「視点」と「時間」の問題 心理学評論, **36**, 226-243.
やまだようこ（編著） 2000 人生を物語る――生成のライフストーリー ミネルヴァ書房

人名索引

ア行

アイゼンク　Eysenck, H. J.　260
アリエス　Aries, P.　216
アリストテレス　Aristoteles　216
アルバート坊や　262
ウィンデルバンド　Windelband, W.　286
内田勇三郎　252, 253
ヴント　Wundt, W.　222, 223, 234, 248, 258
エリクソン　Erikson, E.H.　60, 96, 152, 153, 192, 290
小此木啓吾　268
小幡勘兵衛　229, 230
オルポート　Allport, G.W.　214, 244, 247, 272, 286

カ行

カーンバーグ　Kernberg, O. F.　266
ガル　Gall, F.　220, 221, 234
ガレノス　Galenus　214, 215
北山　忍　70
キャッテル　Cattell, J.M.　234
キューブラー＝ロス　Kübler-Ross, E.　206
呉　秀三　250
クレッチマー　Kretschmer, E.　164, 224, 254
クレペリン　Kraepelin, E.　222, 223, 252, 266
ケーガン　Kagan, J.　90
ケリー　Kelly, G. A.　274
コスタ　Costa, P.T.　198
ゴルトン　Galton, F.　226, 228, 234, 235

サ行

シモン　Simon, T.　236
シュナイダー　Schneider, K.　224
シュプランガー　Spranger, E.　164
スキナー　Skinner, B.F.　265
セリグマン　Seligman, M.E.P.　262
セルマン　Selman, R.L.　109
祖父江孝男　78

タ行

ダーウィン　Darwin, C.　226
詫摩武俊　164
チェス　Chess, S.　86
テュリエル　Turiel, E.　161
土居健郎　268
トーマス　Thomas, A.　86

ナ行

日本性格心理学会　268
日本パーソナリティ心理学会　268

ハ行

バーン　Berne, E.　6
ハザウェイ　Hathaway, S.R.　244, 256
バス　Buss, A.H.　88
パブロフ　Pavlov, I.P.　258, 261
浜口恵俊　68
ピアジェ　Piaget, J.　109, 118, 288, 290
ビネ　Binet, A.　236, 237
ピネル　Pinel, P.　264
ヒポクラテス　Hippocrates　214, 215
福来友吉　250
古川竹二　254, 255
フロイト　Freud, S.　12, 152, 224, 266

ブロカ　Broca, P.　234
プロミン　Plomin, R.　88
ベネディクト　Benedict, R.　68
ホール　Hall, G.S.　226

マ行

マーカス　Markus, H.　70
マクアダムス　McAdams, D.P.　286, 288, 292
マクレー　McCrae, R.R.　198
マレイ　Murray, H.A.　22, 258, 288
ミード　Mead, M.　72
ミシェル　Mischel, W.　275
三宅和夫　98
元良勇次郎　230, 231, 250
森　有礼　232
森田正馬　250, 251

ヤ行

ユング　Jung, C.G.　4, 164, 194

ラ行

ラザルス　Lazarus, R.S.　190
レヴィンソン　Levinson, D.J.　194
ロールシャッハ　Rorschach, H.　256, 258, 259
ロジャーズ　Rogers, C, R.　28
ロフタス　Loftus, E.F.　172
ロンブローゾ　Lombroso, C.　218, 219

ワ行

和辻哲郎　76
ワトソン　Watson, J.B.　258, 261

事項索引

ア行

愛着行動　94
アイデンティティ　152, 196, 288
アイデンティティ拡散　156
アイデンティティ・ステイタス　154
アイデンティティ達成　156
アタッチメント　94
「甘え」の理論　268
安全基地　96
暗黙の性格観　276

育児　182
いじめ　38
一望監視装置　238
イデオロギー　290
遺伝　74
イニシエーション　176
イメージ　290
陰性転移　12

内田—クレペリン検査　252
うつ　188
うつ病　262

エゴグラム　6, 8
エス　10
横断研究　198

応答性　98

カ行

外向型　4, 166
解離現象　52
カウンセリング・マインド　28
学習指導要領　150
学習性無力感　188, 262
影　14
影の病　16
過食症　58
学級崩壊　122
過渡期　194
環境　74

間人主義　68

記憶容量　136
危機　156
気質　86, 164
基本的帰属の錯誤　276
基本的信頼　152
基本的信頼感　96
基本的生活習慣　120
逆転移　14
共感性　106
協調性　120
恐怖条件づけ　260
共有環境　88
拒食　136
拒食症　58

具体的操作期　118, 136
クロスオーバー　186

形式的操作期　136, 288
傾性概念　298
血液型気質相関説　254
権威主義的性格　156
言語連想法　18
県民性　78

5因子モデル　282, 292, 294
交感神経系　188
攻撃性　106
高原現象　288
交差効果　186
構成主義的心理学　274
公的自意識　198
行動遺伝学　88
行動主義　258
行動療法　262
光背効果　174, 232
ゴーレム効果　175
心のサイン　40
個人主義　68
個人票　244
個人方程式　226
個性化　194
個性記述的　286

個性記述的アプローチ　292
個性記述的研究　284, 288
骨相学　220, 234
孤独感　196
個の倫理　68
コホート効果　204
コミュニケーション　70
コンサルテーション　34
コンピュータを介したコミュニケーション　210
コンプレックス　18

サ行

砂漠型　76
三項随伴性　265

自我　10
自我機能　206
自我状態　6
自我同一性地位　154
時間的展望　198
自己愛　65, 156
自己意識　166
自己開示　70
自己概念　166, 182, 202
自己主張　110
自己スキーマ　168
自己制御　124
自己調整　110
自己評価　200
自己抑制　110
思春期　72, 140, 148
思春期のスパート　132
自然選択　220
自尊感情　168, 124, 204
自尊心　124
実験神経症　260
私的自意識　198
自伝的記憶　170
児童虐待　52
死の受容段階　206
社会規範　56
社会視点取得　109
社会性　106
社会的情報処理　130

社会的スキル　115
社会的スキル・トレーニング　115
社会的比較　168
シャドウ・ワーク　178
縦断研究　204
熟達化　138
主題統覚検査　258
首尾一貫　280, 290
消去　262
状況アイデンティティ　284
状況主義　292
状況論　274
少子化　200
状態不安　196
情動焦点型対処　190
職業的社会化　178
女性性　136, 204
人格　164, 230
人格障害　264, 266, 267, 269
神経症傾向　266
神経伝達物質　90
人国記　228
人生物語　288
心的外傷後ストレス障害　50
人物査定　232
親密性　158
心理・社会的発達漸成説　152
心理・性的発達説　152
心理的離乳　140
進路指導　150

頭蓋計測学　234
スクールカウンセラー　32
ステレオタイプ　174
ストレス　182, 190, 200
ストレッサー　190
ストレンジ・シチュエーション法　100
スピルオーバー　186

性意識・性行動　146
性格　230
性格検査　234, 244
『性格と測査』　272, 274
性格の5因子モデル　166, 198

性格の素朴実在論　272
生活満足感　186
成人期　192
成人儀礼　176
「精神疾患の診断と統計の手引き」第4版　50
精神病質　222
精神分析　10, 226, 266
青年期　140, 148
性役割　204, 204
生来性犯罪人説　218
生理の覚醒　188
世界保健機関　264
世代継承性　292
摂食障害　56
前操作期　118
戦争神経症　266

躁うつ病　222
早期完了　156
相互依存的　70
相互協調的な自己　70
相互作用論　292
相互独立的な自己　70
操作の診断基準　264
相乗的相互作用　92
双生児研究　88
相貌学　216
組織社会化　180

タ行

第1次評価　190
体液心理学　214
ダイエット行動　136
対人恐怖　54
第2次性徴　132, 148, 192
第2次評価　190
第2反抗期　140
タイプA　188
タイプ論　2, 4
他者理解　110
多重役割　184
男性性　204

知能　230
知能検査　234, 244
知能指数　238
超自我　10

罪の文化　68

テーマ　290
徹底的行動主義　258
転移　12

同一視　126
投影（映）法　20
投影法検査　256
統合失調症　222
道徳意識　161
道徳性狂気　264
トーン　290
特性不安　196
特性論　2, 6, 164, 272
独立的な枠組み　70

ナ行

内向型　4
内向性　166
仲間関係　104
ナラティブ研究　292
ナラティブ心理学　286

二重人格　16
ニューヨーク縦断研究　90
人間常相　68

年齢曲線　204

ハ行

パーソナリティ　164, 246
パーソナルコンストラクト　274
バーンアウト　40
恥の文化　68
発達加速現象　134, 140
発病状況論　12
パノプティコン　238
場の倫理　68
反社会的不適応　48
半知り　54
阪神・淡路大震災　52
汎性欲説　226

比較文化的性格論　68
非共有環境　88
非社会的不適応　48

ビッグファイブ　166, 282
人か状況か論争　268, 272,
　　274, 288, 293
ヒューマン・サービス　42
ヒューリスティックス　174
病前性格　222
病前性格論　10
敏感さ　98

不安　196, 204
風土　76
不適応　48
不登校　34
不本意就学　44
フラストレーション　200
フラストレーション耐性
　　120
文芸論的性格学　214
文章完成法　196, 202

ペルソナ　24

防衛　224
防衛機制　10
法則定立　286
ボーダーライン　62
牧場型　76
ボランティア　241

マ行
3つ山課題　108
ミネソタ多面人格目録　244,
　　256

無意識　18

メタ認知　126
メンタル・テスト　234

モデリング　108, 126
モラトリアム　60, 156
モラトリアム人間　268
森田神経質学説　250
森田療法　252
モンスーン型　76
問題焦点型対処　190

ヤ行
役割　176
やさしさ　65

夢　16

要求水準　124, 188
陽性転移　12

ラ行
ライフ・ステージ　194
ライフ・ストーリー　290,
　　292
ライフナラティブ　288

力動論　274
流出効果　186
領域特殊理論　161

類型論　2, 164, 272

連想実験　254

老年期　200
ロールシャッハ・テスト
　　20, 274
ロールシャッハ法　254
論理的過誤　174

英字
character　230
CMC　210
Computer Mediated
　　Communication　210
crisis　156
DSM　264, 266
DSM-IV　50, 264
FFPQ　166
GO/NO-GO 実験　122
Gobolinks　259
ICD　264
IQ　238
MMPI　244, 256
NEO-PI-R　166
personality　230, 246
PTSD　50, 52
SST　115
TAT　22, 258
WHO　264

執筆者紹介

戸田まり（5〜7章）
1982年　東京女子大学文理学部心理学科卒業
1987年　東京都立大学大学院人文科学研究科単位取得退学
現　在　北海道教育大学名誉教授
主要著書
「わたしそしてわれわれ　ミレニアムバージョン」（分担執筆）　北大路書房
「認知心理学者新しい学びを語る」（分担執筆）　北大路書房
「ストレスと健康」（共著）　三共出版

サトウタツヤ（8〜10章）
1985年　東京都立大学人文学部卒業
1989年　東京都立大学大学院人文科学研究科心理学専攻博士課程中退
現　在　立命館大学総合心理学部教授　博士（文学）（東北大学）
主要編著書
「知能指数」　講談社
「日本における心理学の受容と展開」　北大路書房
「TEMではじめる質的研究」（編著）　誠信書房

伊藤美奈子（1〜4章）
1984年　京都大学文学部国文学科卒業
1995年　京都大学大学院教育学研究科単位取得退学
現　在　奈良女子大学研究院生活環境科学系教授
主要編著書
「スクールカウンセラーの仕事」　岩波書店
「思春期の心さがしと学びの現場」　北樹出版
「学校臨床心理学入門」（共編）　有斐閣

グラフィック 性格心理学

2005年8月10日 ⓒ	初版発行	
2025年2月10日	初版第12刷発行	

著　者　戸田まり
　　　　サトウタツヤ
　　　　伊藤美奈子

発行者　森平敏孝
印刷者　山岡影光
製本者　小西惠介

発行所　株式会社　サイエンス社
〒151-0051　東京都渋谷区千駄ヶ谷1丁目3番25号
営業　☎(03)5474-8500㈹　振替　00170-7-2387
編集　☎(03)5474-8700㈹
FAX　☎(03)5474-8900

印刷　三美印刷　　製本　ブックアート
《検印省略》

本書の内容を無断で複写複製することは，著作者および出版者の権利を侵害することがありますので，その場合にはあらかじめ小社あて許諾をお求め下さい。

ISBN4-7819-1102-1

PRINTED IN JAPAN

サイエンス社のホームページのご案内
http://www.saiensu.co.jp
ご意見・ご要望は
jinbun@saiensu.co.jp　まで．

新心理学ライブラリ 12
臨床心理学への招待
無意識の理解から心の健康へ

森谷 寛之 著

A5 判／ 256 頁／本体 2,300 円（税抜き）

本書は，臨床心理学をはじめて学ぶ人のための教科・参考書です．前著『臨床心理学』を基に，著者がその後の講義経験から得た知見を加え，記述をより詳しく分かりやすくしました．豊富な図版や，詳細な年表なども，長い科学史の一環ともとらえ得る臨床心理学誕生への大きな流れをとらえやすくしています．

【主要目次】
第 0 章　科学史における 2 つの心理学の誕生
　　　　　―精神物理学（実験心理学）と精神分析（臨床心理学）
第 1 章　臨床心理学とは何か
第 2 章　臨床心理学以前―原始心理療法
第 3 章　メスメルと動物磁気（催眠術）の発見
第 4 章　催眠から自由連想法へ
　　　　　―臨床心理学におけるコペルニクス的転回
第 5 章　フロイト以後の展開
第 6 章　臨床心理学の基礎理論 1
　　　　　―無意識をどう理解するか？
第 7 章　臨床心理学の基礎理論 2
　　　　　―心の構造，対人関係，神話，発達モデル
第 8 章　心理療法―さまざまなアプローチ
第 9 章　アセスメント―心をどう測るか
第 10 章　臨床心理学の現在

サイエンス社

心理測定尺度集 堀 洋道監修

第Ⅴ巻：個人から社会へ〈自己・対人関係・価値観〉
吉田富二雄・宮本聡介編　B5判／384頁／本体3,150円

第Ⅵ巻：現実社会とかかわる〈集団・組織・適応〉
松井 豊・宮本聡介編　B5判／344頁／本体3,100円

2007年までに刊行された第Ⅰ～Ⅳ巻は，現在まで版を重ね，心理学界にとどまらず，看護などの関連領域においても，一定の評価を得てきました．従来の巻では，社会心理学，臨床心理学，発達心理学を中心とする心理学の領域で，それぞれの発達段階の人を対象として作成された尺度を選定し，紹介してきました．第Ⅴ巻，第Ⅵ巻ではこれまでの4巻の編集方針を基本的に継承しながら，主に2000年以降に公刊された学会誌，学会発表論文集，紀要，単行本の中から尺度を収集し，紹介しています．

【第Ⅴ巻目次】 自己・自我　認知・感情・欲求　対人認知・対人態度　親密な対人関係　対人行動　コミュニケーション　社会的態度・ジェンダー

【第Ⅵ巻目次】 集団・リーダーシップ　学校・学習・進路選択　産業・組織ストレス　ストレス・コーピング　ソーシャルサポートと社会的スキル　適応・ライフイベント　不安・人格障害・問題行動　医療・看護・カウンセリング

～～～～ 好評既刊書 ～～～～

第Ⅰ巻：人間の内面を探る〈自己・個人内過程〉
山本眞理子編　B5判／336頁／本体2,700円

第Ⅱ巻：人間と社会のつながりをとらえる
〈対人関係・価値観〉
吉田富二雄編　B5判／480頁／本体3,600円

第Ⅲ巻：心の健康をはかる〈適応・臨床〉
松井 豊編　B5判／432頁／本体3,400円

第Ⅳ巻：子どもの発達を支える〈対人関係・適応〉
櫻井茂男・松井 豊編　B5判／432頁／本体3,200円

＊表示価格はすべて税抜きです．

サイエンス社